부생육기

부생육기

발행일
문고판 1쇄   1969년 8월 25일
문고판 23쇄 1991년 3월 30일

개정판 1쇄   1992년 1월 10일
개정판 7쇄   2003년 7월 30일

제3판 1쇄   2004년 9월 25일
제3판 7쇄   2024년 7월 5일

지은이 심복
옮긴이 지영재
펴낸이 정무영, 정상준
펴낸곳 (주)을유문화사

창립 1945. 12. 1
등록번호 1-292
등록날짜 1950. 11. 1

주소 서울시 마포구 서교동 469-48
전화 02-733-8153
FAX 02-732-9154
홈페이지 www.eulyoo.co.kr
ISBN 89-324-5226-1 03820

값 8,000원

*옮긴이와의 협의하에 인지를 붙이지 않습니다.

심복 자선

부생육기

심복 지음 · 지영재 옮김

을유문화사

나는 '영원 세세토록 부부되어지이다〔願生:世:爲夫婦〕'라고 새긴 도장 2개를 만들었다. 나는 양각을 가졌고 운이는 음각을 가졌다. 그리고 서로 왕래하는 서신에 찍기로 정했다. —본문 p.29

전각 : 회정襄亭 정문경鄭文卿(1922~2008)

| 역자의 말 |

〈부생육기浮生六記〉는 18세기 말에서 19세기 초에 걸쳐 청淸나라 소주蘇州에 살았던 심복沈復의 자서전이다. 작자가 이 책을 집필하게 된 동기는 그의 아내 운芸이에 대한 사랑의 추억에 있었다. 운이는 "중국 문학에 있어서 가장 사랑스러운 여인"[1]이었으며 뛰어난 재녀才女였다. 그녀의 용모는 이 책의 묘사로 봐서는 썩 미인은 아니었다. 그러나 그녀는 세상의 모든 아름다움을 사랑하는 마음을 지녔다. 남편과 더불어 오이·두부를 재치 있게 얘기하거나 문학·미술을 진지하게 토론하기도 했으며, 시부모 몰래 만년교萬年橋의 뱃놀이에 나가거나 남장하고 수선묘水仙廟의 축제를 구경하기도 했으며, 예쁘고 멋있는 감원憨園이란 기생을 자기 남편의 첩으로 삼으려고 진심으로 열중하기도 했다. 또 교외 꽃놀이에서 따끈한 술 마시는 법을 안출하거나 꽃꽂이에 벌레를 배치하는 법을 고안하기도 했다.

---

[1] "Six Chapters of a Floating Life," trans. Lin Yutang, *The Wisdom of China and India*, (New York: Random House, 1942), p. 964

작가 심복은 사회 관습에 구애되지 않는 자유분방한 생활을 동경했다. "한가롭게 멋지게"를 이루는 요소는 그의 보헤미안 정신이다.[2] 그가 좋아한 것은 다만 분경盆景을 꾸미고 꽃나무를 가꾸고 그림을 그리는 것, 뜻 맞는 벗들과 시를 짓고 산책하는 것, 그리고 명산 대천을 탐방하는 것이었다. 직업으로는 마음 내키지 않는 막우幕友 —지방관 업무를 보좌하는 개인 비서, 전문직 — 가 되어 반생 동안 여러 고을의 아문衙門을 전전했다. 그가 지방의 세도가들과 결탁하기만 했으면 돈을 좀 벌 수도 있었겠지만, 그러기에는 너무나 선량한 사람이었고, 또 그 고장 산천 유람에 더 마음을 썼으므로 결국 자주 실직되고 끝내 궁핍한 생활을 면치 못했다.

운이와 심복의 이러한 성품은 마침내 현실 세계와의 갈등을 일으키지 않을 수 없었다. 대가족 제도는 자연적인 정情으로써 이루어지는 것이 아니라, 형식적인 예禮로써 세워지는 것이다. 너무나 다정다감했던 이들 부부는 대가족 제도에 용납되지 못했다. 사람을 의심할 줄 모르는 이들 보헤미안은 약삭빠른 사람에게 속고, 완고한 집안에서 두 번씩이나 쫓겨났다. 대가족 경제에 의뢰하던 생활이 갑자기 거기서 제외되면 살림을 지탱하기 어려울 것은 뻔한 일이다. 엎친 데 덮친 격으로 병마에 시달려 사랑스러운 운이는 1803년, 41세의 나이로 타향에서 남편이자 지기知己였던 심복을

---

2) 佐藤春夫·松枝茂夫 譯, 〈浮生六記〉(東京: 岩波書店, 1967), p.188

버려 두고 세상을 떠났다. 칠석七夕날 직녀織女에게 백년해로를 빌었던 보람도 없이, 결혼 생활 23년 만의 일이었다. 정녕 지상의 참으로 아름다운 것은 조물주가 시기하는 것일까? 그러나 작자인 남편의 붓에 의해 그녀는 오히려 구원久遠의 여인상女人像으로 오늘날 우리 앞에 서 있는 것이다.

부생浮生—덧없는 인생이란, 되돌아보면 모든 것이 꿈인 듯 아득하기만 한, 생애의 짧은 즐거움과 끝없는 슬픔을 이야기하려는 생각에서 이백李白의 글,

덧없는 인생은 꿈만 같아,

즐거움을 얼마나 누리리?

(浮生若夢, 爲歡幾何?「春夜宴桃李園序」.)

라는 말에서 택한 것이다. 이 책은 육기六記—여섯 토막—이야기로 장章을 달리한 데에 그 구성의 독특한 운치가 있다.

1장에서는 사랑하는 아내와 엮는 즐거운 에피소드를, 2장에서는 생활 주변의 하찮은 것에서 느끼는 취미를, 3장에서는 깊은 사랑과 자유로운 정신으로 해서 겪어야 하는 현실적인 금전·대가족 문제 등의 비극을, 4장에서는 국내 명산대천의 유람을, 5장에서는 바다 밖 유구琉球 나라의 풍정風情을, 6장에서는 건강 문제를 다루면서 인생의 해탈을 각각 얘기하고 있다. 이 여섯 토막 이야기는

거의 따로따로 독립된 단편처럼 보이지만, 자세히 살펴보면, 그 속에는 미묘한 구성을 작자가 마련해 두었음을 볼 수 있다. 사랑의 이야기는, 1장의 밝은 면과 3장의 어두운 면을 대조·부각시켰으며, 보헤미안 정신은 2장의 취미, 4장의 유람, 5장의 풍정으로 연결·발전시켰으며, 6장의 해탈은 1장의 기쁨, 3장의 슬픔, 2·4·5장의 멋에 있어,

> 즐겁지만 질탕치 아니하고,
> 슬프지만 상심치 아니하다.
> (樂而不淫, 哀而不傷.〈論語〉「八佾」.)

라는 중용中庸을 갖게 했다. 여느 전기 문학에서처럼 단조로운 연대순年代順으로만 전개되었더라면 이 자서전은 재미가 덜했을 것이다.

〈부생육기〉는 일상적日常的인 하찮은 곳에서 사랑을 느끼는 그 마음을 움직인다. 이 책은 경직硬直된 권위주의 도덕률 앞에 일견 패배한 것 같지만 패배하지 않은 사랑의 찬가讚歌이다. 이 책은 근세 말기 사회의 모순과 고뇌를 호소한 귀중한 역사적 문헌이다. 작자 심복은 한평생 사람답게 살려고 노력했으며, 또 이것을 가장 성실하게 기술했다. 그리하여 여섯 토막 이야기로 된 그 구성의 운치와 함께 이 성실한 기술記述은 위인·영웅의 전기처럼 휘황한 업

적을 내용으로 하는 것이 아니라 얼핏 평범하게 보이는 한 독서인 讀書人의 사랑·아름다움을 추구하는 이 자서전으로 하여금 독자들의 보편적인 공감을 얻게 만들었다. 이 책은 인생을 사는 방법을 관찰하고 논평한 새로운 고전이 되었다.[3]

심복은 세속적인 의미에서는 특별히 주목될 가치를 성취하지 못했다. 따라서 우리가 그에 대해서 알고 있는 것은 거의 모두가 이 책에 의한 것이다. 그는 1763년에 중국 강소성江蘇省 소주蘇州에서 출생했다. 그의 아버지가 그러했던 것처럼 그는 약 20년간 막우幕友 노릇을 했다. 중간에 상업도 일시 경영해 봤으나 결과는 신통치 못했다. 그리고 그의 그림은 상당한 수준이었던듯 하지만, (심복이 그린 "물 모임 동산 옛터[水繪園舊址]"가 상해박물관에 있음[4]) 역시 금전적으로는 도움되지 못했다. 다만 4장을 쓴 것이 1808년의 일이니 그 뒤에 죽었으리라는 짐작뿐이다.

이 책은 1877년에 양인전楊引傳이 소주蘇州의 한 노천 책가게에서 발견하여 출판했다. 이때에는 1장에서부터 4장까지뿐으로, 아깝게도 5·6장은 빠지고 없었다. 그 뒤 1936년에 왕균경王均卿이 발견했다는 전권全卷을 상해上海 세계서국世界書局에서 출판했다. 그런데 그 끝의 두 장章은 앞의 네 장에 비하여 필치가 약간 다른

---

3) 仁井田陞 評, "浮生六記", 〈中國の名著〉 (東京: 勁草書房, 1968), p. 257
4) 夏昌世, 〈園林逃要.〉 (廣州: 華南理工大學出版社, 1995), p. 54.

점, 연월일에 모순이 있는 점으로 해서, 일부에서는 위작僞作으로 간주한다. 그러나 이설異說이 있는 대로 5·6장은 지금도 존속되고 있다. 이 책 5장은 19세기 초의 유구국琉球國을 누구든 간에 실지로 견문하고 기록했다는 점에서도 제 나름의 가치를 가지고 있다. 작자 심복도 유구 나라를 견문한 내용을 5장에 썼던 것만은 확실하다. 이것은 지금 남아 있는 원서의 차례, 원서의 5장을 본 관태악管跆萼이 지은 제시題詩로써 알 수 있다.

역본의 텍스트는 沈復, 〈浮生六記〉(台北, 世界書局, 1959)이다.

1969년 7월
역자 씀

이 〈부생육기〉는 《을유문고》로 나와 판을 거듭하면서 많은 독자들의 큰 사랑을 받았다. 정말 감사하게 생각한다. 책이 나온 지 오래되므로 새 독자들에게 새 판을 드리는 것이 도리이겠기에, 읽기 좋은 글자를 써서 새로 꾸민다. 근년에는 대만·중국에서도 인기가 높아 주석을 붙인 책이 여럿 나왔다. 이를 참고할 수 있어 번역과 주석을 다소 정정·증보하였다.

2004년 9월
역자 또 씀

| 차례 |

역자의 말   5

1. 사랑의 기쁨   13

2. 한가롭게 멋지게   63

3. 슬픈 운명   89

4. 산 넘고 물 건너   133

5. 유구국琉球國 기행   211

6. 양생養生과 소요逍遙   289

부생육기 약도   337

창랑정

작자 심복은 창랑정 옆에 집이 있었다. -본문 p.13
심복과 운이는 창랑정으로 갔다. 돌다리를 건너 대문으로 들어가니, 크고 작은 바위들이 쌓여서
산을 이루었고, 정자는 산꼭대기에 있었다. -본문 p.33

1 | 사랑의 기쁨

나는 1763년, 즉 건륭乾隆[1] 28년 계미癸未, 동짓달 스무이튿날에 태어났다. 마침 때는 태평 성대였고, 곳은 선비의 가문으로 창랑정滄浪亭[2] 옆이었다. 그러니 하느님께서는 내게 특별한 은총을 베푸셨다 할 수 있을 것이다. 소동파蘇東坡(이름은 식軾)의 시에,

> 옛일은 봄꿈 같아서 전혀 흔적이 없네.
> (事如春夢了無痕。)[3]

---

1) 청淸나라 고종高宗(弘曆, 1736~1795)의 연호. 역문에서 기년紀年은 서기를 밝히고 월일月日은 음력을 씀.
2) 강소성 소주蘇州 시내에 있는 유명한 정원. 원래 오대五代 오월吳越나라 광릉왕廣陵王의 별장이었는데, 송대 시인 소순흠蘇舜欽이 얻어 정자를 지은 것임. 지금 공원이 되어 있음. 1997년 7월 28일 역자가 현장을 탐방함.
3) 제목은 「반·곽 두 사람과 교외로 나가 봄을 찾다(與潘郭二生出郊尋春)」임.

란 구절도 있는데, 만약 이를 기록해 두지 않는다면 저 하늘의 크신 은총을 저버리는 것이 될 것 같다. 〈시경詩經〉 삼백 편 가운데에서도 「관저關雎」[4]가 맨 첫머리에 실린 예를 좇아 나도 부부의 이야기를 첫째 장에 싣고 나머지를 차례차례 적겠다. 다만 부끄럽게 여기는 바는 어렸을 적에 공부를 제대로 못해서 몇 자 알지 못하는 점이다. 나는 오직 실정實情과 실사實事를 기록할 뿐이다. 만약 문장의 법에 대해 살피려 한다면 그야말로 때묻은 거울에서 밝은 상像을 찾으려는 게 될 것이다.

내가 어려서부터 혼약하고 있었던 금사金沙(지금 南通)의 우于씨는 여덟 살의 나이로 요절하였으므로 나는 진陣씨에게 장가 들었다. 진씨는 이름이 운芸, 자字가 숙진淑珍으로 나의 외숙인 심여心餘 선생의 따님이었다. 나면서부터 총명해서 말을 배울 때에 「비파행琵琶行」[5]을 불러 주었더니 그대로 외우더라고 한다. 네 살 적에 아버지를 여의자 집안에는 어머니 금金씨와 아우 극창克昌이뿐, 서발 막대 휘둘러야 거칠 것이 없었다. 운이는 자라면서 수놓기와 바느질에 재주가 뛰어나, 세 입이 그의 열 손가락이 벌어 주는 것에 매달렸으며, 극창이의 학비도 거르

---

4) 〈시경詩經〉의 첫편 이름. 부부의 사랑을 노래한 것임.
5) 당唐나라 백거이白居易가 지은 612자의 장편시.

지 않을 수 있었다. 어느 날 책 궤짝을 뒤지다 우연히 「비파행」이 나왔다. 그는 이것을 한 글자씩 짚어 가며 익혀서 비로소 글자를 알게 되었으며, 수놓는 틈을 타서 시를 짓는 법도 점차 깨우치게 되었다. 그가 지은 시에는 이런 구절도 있었다.

> 가을이 엄습하여 사람 그림자 여위고,
> 서리가 물들여 국화 꽃송이 살찌네.
> (秋侵人影瘦, 霜染菊花肥。)

나는 열세 살 되던 해에 어머님을 따라 외갓집에 갔다. 둘의 나이가 어린 탓이라 아무 스스럼없이 나는 이런 시를 얻어 읽을 수 있었던 것이다. 비록 그 재주나 생각이 뛰어난 점에는 감탄했으나 너무 총명해서 오히려 박복할까 슬며시 염려되기도 했다. 그렇지만 마음이 그에게 쏠리는 것을 걷잡을 수 없어서 나는 어머님께 이렇게 여쭈었다.

"제게 색시를 골라 주신다면, 숙이 누나라야 해요. 그렇잖으면 전 장가가지 않겠어요."

어머님께서도 역시 그의 온순한 성품을 사랑하셔서 곧 금반지를 빼어 혼약을 맺어 주셨다. 이날이 1775년, 즉 건륭 40년 을미乙未, 칠월 열엿샛날이었다.

그해 겨울, 그의 육촌 언니가 출가할 때, 나는 또 어머님을 따라 외갓집에 갔다. 운이는 나와 동갑이었으나 생일은 열 달 먼저였으므로 우리는 어려서부터 누나 동생으로 불렀다. 그래서 나는 그냥 '숙淑이 누나'라고 했다.

그때 방 안에는 온통 화사한 옷을 입은 이들뿐이었는데, 운이만 홀로 아래위로 소박한 옷을 입고 있었다. 다만 그의 신만은 새것이었다. 신에 놓은 수가 아주 정교하기 이를 데 없었으므로 내가 물어보니, 손수 수놓은 것이라 했다. 비로소 나는 그의 총명함은 글짓기에만 있는 것이 아니란 것을 알게 되었다.

그의 모습은 어깨는 좁고 목은 길었으며, 마르긴 했으나 뼈마디가 두드러지지 않았고, 눈썹은 둥글게 굽었으며, 눈은 감정이 풍부하고 맑았다. 그러나 앞니 두 개가 약간 내다보이는 점은 관상적으로 좋아 보이지 않았다. 그의 찰싹 달라붙는 듯한 태도는 사람의 넋을 송두리째 빼앗았다.

내가 그의 시고詩稿를 졸라서 보니, 단지 한 연聯뿐이거나 서너 구절 짓다 만 것이 대부분이었고, 완성된 것은 극히 적었다. 까닭을 묻는 말에, 그는 웃으면서 이렇게 대답했다.

"선생 없이 혼자 지은 것이라서요. 뒷날 선생이 될 만한 지기知己가 생기면 고쳐 주길 바랄 뿐이어요."

나는 장난삼아, '비단 주머니 속의 아름다운 구절들錦囊佳句'[6]이라고 평을 써 주었다. 일찍 죽을 운명이 이때 이미 이 속에 들어 있는 줄은 모르고서.

이날 밤에 나는 친척을 성 밖까지 배웅하고 돌아오니 벌써 자정이 지났다. 나는 배가 출출해서 먹을 것을 찾으니 계집종이 대추와 육포를 가져왔다. 나는 너무 달아서 먹질 못했다. 운이가 살며시 내 소매를 당기므로 그를 따라 그의 방으로 들어갔다. 거기엔 따뜻한 흰죽과 나물접시가 마련되어 있었다. 나는 좋아라고 수저를 드는데,

"숙이야, 얼른 와!"

하고 부르는 그의 육촌 오빠 옥형玉衡의 소리가 들렸다. 운이는 급히 방문을 닫아 걸면서,

"고단해서, 자려고 해요."

라고 말했다. 그러나 옥형이는 문을 밀어젖히면서 들어왔다. 내가 흰죽을 먹으려고 하는 것을 보고는 웃음을 띠고 운이 쪽으로 눈을 흘기면서 말했다.

"아까 내가 죽 좀 달랬을 때는 다 먹고 없다고 하더니! 여기다 숨겨 두고 너의 신랑님 오시기만 기다렸구나!"

　운이는 난처하게 되자 숨어 버렸고, 온 집안 사람들은 한바탕 크게 웃었다. 나도 골이 나서 머슴을 데리고 일찍 집으로 돌아와 버렸다.

---

6) 당나라 시인 이하李賀의 시집에 〈금낭집錦囊集〉이 있음. 이하는 귀재鬼才로 불렸으나 27세의 나이로 요절했음. 그래서 다음 말이 '일찍 죽을……'이라 하는 것임.

흰죽 먹다가 놀림받은 일이 있은 뒤로부터는 내가 다시 가도 운이는 나를 피했다. 남의 놀림감이 될까봐 그러는 것이라는 점을 나는 알고 있었다.

1780년, 즉 건륭 45년 경자庚子, 정월 스무이튿날, 화촉을 밝히던 저녁에 보니 운이의 마른 몸매는 여전했다. 내가 그의 붉은 면사포를 걷어 주었더니, 나를 곱게 쳐다보았다. 합환주合歡酒를 마신 다음 서로 어깨를 나란히 하고 앉아 밤참을 들 때, 나는 상 밑으로 슬쩍 그의 손목을 잡아 보았다. 따뜻하고 매끈한 살갗이 닿자 나는 가슴이 펄떡펄떡 뛰었다. 음식을 들라고 권해도 벌써 수년 동안이나 재계齋戒하는 중이라면서 육식에는 젓가락도 대려 하지 않았다. 나는 속으로 가만히 그가 재계를 시작한 날짜를 짚어 보니, 바로 내가 마마를 앓던 때였다. 그래서 나는 웃으며 이렇게 말했다.

"지금 내가 이처럼 곰보도 안 되고 깨끗이 나았으니, 오늘부터는 숙이 누나도 재계를 푸는 것이 어때요?"

운이는 눈웃음을 띠며 고개를 끄덕였다.

스무나흗날은 나의 누나가 시집갈 날이었다. 그런데 스무사흗날이 마침 국기國忌여서 풍악을 잡힐 수 없었으므로 집에서는 스무이튿날 밤에 바로 잔치를 하게 되었다. 그래서 운이는 큰방에 나가 잔칫상에 앉았다. 나는 신방에서 수모手母와 '가

위바위보'를 하면서 술을 먹다가 많이 지는 바람에 크게 취해 잠이 들고 말았다. 잠이 깨어 보니 운이는 막 아침 화장을 하는 중이었다.

이날은 친척과 손님들이 연락 부절이었다. 저녁에 등불을 켜단 다음에야 풍악을 울렸다. 그날 밤, 즉 스무나흗날 자정에 나는 상객이 되어 누나를 시집으로 바래다주었다. 새벽 세 시쯤〔丑末〕집으로 돌아오니, 마당의 등불은 이미 다 꺼지고 사방은 괴괴하기만 했다. 가만히 우리 방으로 들어서니 몸종은 침대 아래에서 졸고 있었고, 운이는 치장은 지웠으나 아직 눕지 않고 있었다. 은빛 촛불이 환하게 타오르고 있는 아래에 분결 같은 고개를 다소곳이 숙이고 무슨 책을 보는지 사람이 들어오는 기척도 모르고 그냥 열중하고 있었다. 나는 곁으로 가서 어깨를 쓰다듬으며, 이렇게 말했다.

"숙이 누나는 여러 날 동안 애를 많이 쓰고서도 피곤하지 않은가봐? 이처럼 열심히 책을 보고 있으니."

운이는 급히 돌아보며 일어섰다.

"아까 누우려고 하다가, 책장에서 이 책을 봤어요. 읽느라고 그만 고단한 것도 잊었어요. 〈서상기西廂記〉[7]란 책 이름은 들은 지 오래됐으나, 오늘에야 비로소 보게 됐군요. 정말 재자才

---

7) 원元나라의 왕실보王實甫가 지은 잡극雜劇. 연애 이야기로 이름남.

子[8]란 이름에 합당해요. 하지만 형용이 너무 날카롭군요."

"재자이기 때문에 그 필치가 날카로울 수 있는 게 아니어요?"
하고 나는 웃으면서 말했다. 몸종이 곁에서 빨리 자라고 재촉하므로 먼저 가서 자라고 내보냈다. 그리고는 둘이 나란히 앉아 웃으며 이야기했다, 마치 다정한 친구가 오래간만에 다시 만난 것처럼. 장난삼아 그의 가슴을 더듬어 보니 역시 그의 가슴은 팔딱팔딱 뛰고 있었다. 그래서 귀에다 입을 대고,

"숙이 누나는 어째서 가슴이 이처럼 뛸까?"
하고 물어봤다. 운이는 눈동자를 굴리며 살짝 웃고 만다. 한 가닥 보이지 않는 사랑의 실이 감겨 오는 듯, 사람의 넋을 송두리째 흔들어 놓는다. 나는 운이를 보듬고 침대로 가서 그만 동창이 환히 밝는 줄도 모르도록 자고 말았다.

운이는 신부가 된 뒤로 처음엔 통 말도 없었고, 종일 가야 노한 빛을 띠는 일도 없었다. 말을 걸면 그저 미소로써 대답할 뿐이었다. 웃어른은 공경스럽게 모셨고, 아랫사람은 화목하게 대했다. 그는 모든 언동에 있어 꼼꼼하고 조금도 빈틈이 없었다. 매일 아침 동창이 훤해지기가 무섭게, 마치 누가 부르기라도

---

8) 청나라 금성탄金聖嘆은 중국 고전 가운데, 〈이소離騷〉·〈남화南華〉·〈사기史記〉·〈두시杜詩〉·〈수호水滸〉·〈서상西廂〉의 6종을 재자서才子書라 추켰음.

하는 듯이 옷을 걸치며 부랴부랴 일어났다. 나는 웃으면서 이렇게 말했다.

"지금은 흰죽 먹던 때와는 다르잖아요? 어째서 여전히 남들이 놀릴까 겁을 내지?"

"이전에 당신을 위해 죽을 숨겨 뒀던 일은 그만 두고두고 얘깃거리가 되고 말았어요. 지금은 남들의 놀림이 두려운 게 아니라, 부모님께서 새 며느리가 게으르다고 하실까봐 그래요."

나는 함께 자리에 더 누워 있기를 바랐지만, 그 옳은 생각을 사서 또한 자연히 일찍 일어나게 되었다. 이때부터 늘 그림자처럼 서로 붙어 다녔고, 그 사랑하는 마음은 말이나 글로써는 이루 다 형용할 수 없는 것이었다.

그런데 즐거운 시절은 빨리 흐르는 법, 눈 깜짝할 사이에 한 달이 훌쩍 지나가 버렸다. 이때 회계會稽(지금 紹興)의 관청에서 일 보고 계시던 나의 아버님 가부공稼夫公께서 사람을 시켜 나를 부르셨다. 원래 나는 항주杭州의 조성재趙省齋 선생님 문하에서 글공부를 하고 있었던 것이다. 선생님께서는 차근차근히 일깨워 주셨으므로, 오늘날 내가 그나마 붓대를 쥘 줄 알게 된 것은 오로지 선생님의 덕분이다. 애초에 혼인 예식을 올리러 집에 돌아올 때에 식이 끝난 다음에는 아버님 곁에 가서 글방에 다시 나갈 작정이었었다. 그러나 당장 기별을 듣고 보니 마음이 언짢았다. 운이가 혹시 눈물이라도 흘리면 어쩌나 싶었는데, 오히려 그는 웃음까지 띠며 나를 격려해 주었고 또 행장까지 수습해 주었다. 그날 밤에야 낯빛이 약간 달라졌을 뿐이었다. 떠날 임시에는 나에게 이렇게 속삭였다.

"보살펴 줄 사람 없을 테니, 스스로 조심하셔요."

배가 떠날 때에는 마침 복사꽃·오얏꽃이 곱게 피어날 때였으나, 나는 숲속의 새가 무리를 잃은 듯, 하늘과 땅도 달라 보였다. 내가 글방에 당도하자 아버님께서는 곧 강동江東 지방으로 건너가셨다.

석 달을 지낸 것이 마치 10년이나 되는 듯했다. 운이는 가끔 편지를 보내오긴 했지만, 언제나 이쪽에서 두 번 편지해야 한 번쯤 답장했으며, 또 나를 격려하는 말이 대부분이었고, 그 나머지는 늘 판에 박은 듯한 말이어서, 내 마음은 늘 속에 차지 않아 즐겁지 아니했다. 대숲에 바람이 일 때에나, 파초잎이 너울거리는 들창에 달이 오를 때에는 언제나 멀거니 경치를 바라보며 임을 그리워했고, 마치 꿈속을 헤매는 듯 넋을 잃고 있었다. 선생님께서는 나의 이러한 형편을 살펴 주셔서, 곧 나의 아버님께 편지를 띄우신 다음, 나에게 열 문제의 숙제를 내어서 잠시 집으로 돌아가 있도록 해 주셨다. 나는 마치 수자리 살러 간 사람이 사면이나 받은 것처럼 기뻤다.

배를 타고 나니, 오히려 한 시각이 1년같이 지루했다. 집에 다다라서 어머님께 안부를 여쭌 다음, 우리 방으로 갔더니 운이는 일어나서 맞아 주었다. 서로 손을 마주 잡고서는 아무 말도 하지 못했다. 두 사람의 넋은 흐리멍텅하게 안개가 끼었고, 귓속에서는 조용한 소리가 울려 나왔을 뿐, 몸이 이 세상에 있는지 없는지도 느끼지 못했다.

  때는 바로 유월, 방 안은 찌는 듯 더웠다. 그러나 집이 창랑정滄浪亭 안 애련거愛連居의 서쪽에 있었던 것은 퍽 다행스러웠다. 거기엔 널로 된 다리 안쪽으로 물가를 따라 별당이 한 채 있었다. 현판에는 아취헌我取軒이라고 씌어 있었다. 그 뜻은,

    물이 맑으면 갓끈을 씻고,
    물이 흐리면 발을 씻놋다.
    (淸斯濯纓, 濁斯濯足。)[9]

에서 '나의 뜻으로 가려서 취한다我取'라는 것을 끌어낸 것이다. 처마 앞에는 고목이 한 그루 있었는데, 그 짙은 그늘은 창문을 덮고 있어 사람의 얼굴도 온통 초록빛으로 보였다. 강 건너편으로는 산책하는 사람이 끊임없었다. 여기는 나의 아버님 가부공께서 손님을 청하여 발을 드리우고 연석을 베푸시던 곳

---
9) 〈맹자孟子〉「이루상離婁上」에 보임.

이었다. 나는 먼저 어머님께 여쭙고 운이를 데려다 여기서 여름 한철을 보냈다. 더위 때문에 수놓기는 미루어 두고 종일토록 나와 함께 고전古典을 토론하거나 달과 꽃을 감상할 뿐이었다. 운이는 술을 잘 마시지는 못했으나 억지로 권하면 석 잔쯤은 마셨다. 나는 수수께끼를 내어 벌주 마시게 하는 놀이를 운이에게 가르쳐 주었다. 우리는 인간 세상에서의 즐거움은 이때보다 더 좋은 것이 없으리라고 믿었다.

어느 날 운이는 나에게 이렇게 물었다.
"여러 가지 고전 가운데 어느 것을 모범으로 삼아야 하나요?"
"〈전국책戰國策〉과 〈장자莊子〉는 사상의 경쾌함과 표현의 풍부함으로써 뛰어나고, 광형匡衡과 유향劉向은 고상하고 엄격한 점으로써 뛰어나고, 사마천司馬遷과 반고班固는 박식한 점으로써 뛰어나고, 한유韓愈는 원숙한 점으로써 뛰어나고, 유종원柳宗元은 준엄한 점으로써 뛰어나고, 구양수歐陽修는 호탕한 점으로써 뛰어나고, 소순蘇洵·소식蘇軾·소철蘇轍의 삼부자는 변론에 능통한 점으로써 뛰어나요.

그 밖으로는 가의賈誼와 동중서董仲舒의 책대策對, 유신庾信과 서릉徐陵의 변체騈體, 육지陸贄의 주의奏議 등등, 훌륭한 것이야 많다 뿐이겠소? 총명한 마음으로 어느 것을 택하느냐 하는 데 달려 있을 뿐이오."

"고전이란 것은 모두 식견이 높고 기상이 큰 점에 있으니까 여자로서는 제대로 배우기가 힘에 겨울 것이어요. 다만 시 한 가지만은 저도 좀 깨우친 바가 있다고 생각해요."

운이가 이렇게 말하자 나는,

"당唐나라에서는 과거科擧에 시로써 선비를 뽑았소. 그런데 그 중에서 으뜸가는 시인으로는 이백李白과 두보杜甫를 손꼽을 수 있는데, 그대는 어느 사람을 따르려 하오?"
하고 물었다. 그러자 운이는 이런 의론을 내는 것이었다.

"두보의 시는 공들여 다듬어지고 예술성이 순수한 것이고요, 이백의 시는 깨끗하고 산뜻하며 표현이 자연스러워요. 두보의 삼엄함보다는 이백의 활발함을 배우고 싶어요."

"두공부杜工部(두보의 별칭)는 시를 집대성시킨 이로서, 학자들은 대체로 그를 으뜸으로 치는데, 그대는 어이하여 홀로 이태백李太白을 좋아하오?"

"시의 체제가 근엄하고, 사상이 성숙된 것은 실로 두보의 독보적인 점이라고 할 수 있겠지요. 그러나 이백의 시는 마치 고야산姑射山(신선 세계)에 있는 선인仙人같이 낙화유수落花流水의 멋이 있어 참으로 사랑스런 것이어요. 그러니까 두보가 이백보다 못하다는 말이 아니라, 단지 저의 사심私心이 두보를 높이는 마음이 엷고 이백을 사랑하는 마음이 두터울 뿐이어요."

나는 웃으면서,

"애초에 진숙진陳淑珍이 이청련李靑蓮(이백의 號)의 지기知己란 것을 몰랐구려!"

하고 말하자, 운이도 따라 웃으면서 말을 이었다.

"제게는 또 계몽사啓蒙師, 처음 글을 가르쳐 준 선생으로서 백낙천白樂天(이름은 居易)이란 선생님이 계셔요. 늘 마음속으로 감사를 드리고 있지요."

"무슨 얘기요?"

"그분이 「비파행琵琶行」을 짓지 않았나요?"

나는 웃으면서,

"희한한 일이오, 이태백은 지기요, 백낙천은 계몽사요, 마침 나의 자字가 삼백三白인데 또 그대의 낭군이 됐으니! 그대와 백白자와는 어찌 그리 인연도 많소?"

하고 말하니, 운이도 따라 웃으면서 대답했다.

"백자와 인연이 있으니, 앞으로 글 짓는 데는 백자 투성일 거예요."

이 말은 잘못 쓴 글자, 즉 별자別字를 소주蘇州의 방언에서는 백자白字라 하기 때문이었다. 그래서 우리는 함께 크게 웃었다.

"그대가 시를 안다 했으니, 또한 부賦의 취할 점과 버릴 점을 알겠구려?"

"초사楚辭는 부의 근원이 되지만 저로서는 학문이 옅어서 잘 알 수 없어요. 한漢나라와 진晉나라에 와서는 사마상여司馬相如의 부가 그 격조의 높은 점이나 어휘의 다듬어진 점으로 봐서 제일인 것 같아요."

나는 장난기가 되어 이렇게 물었다.

"당시에 탁문군卓文君¹⁰⁾이 사마상여를 따른 것은 거문고 때문이 아니라, 여기에 그 까닭이 있었던 게요?"

그래서 둘은 다시 한바탕 웃었다.

나는 성격이 솔직하고 또 자질구레한 일에 매이지 않았는데, 운이는 고리삭은 선비처럼 예절을 지나치게 지켰다. 어쩌다가 내가 그에게 옷을 걸쳐 주거나 소매를 바로잡아 주면 그는 반드시 미안하다는 말을 몇 번씩이나 했고, 수건이나 부채 같은 것을 건네주면 또 반드시 일어서서 받았다. 나는 처음에 이렇게 하는 것이 마음에 들지 않았다.

"그대는 예절로써 나를 옭아매려는 거요? 속담에, '예절을 너무 차리면 속임수가 꼭 있다'고 하잖소?"

운이는 금방 두 뺨이 발갛게 되어,

"공손하게 예절을 차리는 것을 어째 거꾸로 속임수가 있다고

---

10) 한漢나라 임공臨邛의 부호 탁왕손卓王孫의 딸. 과부로 있는 중에 사마상여의 거문고 소리에 반해 어른 몰래 따라나섰다 함.

하서요?"

"공경하는 것은 마음속에 있는 것이지, 헛된 형식에 있는 것이 아니오."

"지극히 친밀한 경우로서는 부모보다 더한 것이 없지만, 자식이 마음속으로만 공경한다 하고 겉으로는 아무렇게나 행동해도 괜찮은가요?"

그래서 나는 그만,

"지금 한 말은 장난이었소."

하고 얼버무리자, 운이는 정색을 하면서 말했다.

"세상에서 사이가 버성겨지는 것은 대개 장난에서 생기는 거예요. 다음부터 저를 원통하게 하지 마셔요. 그러면 억울해서 죽을 거예요."

나는 그를 끌어다 꼭 껴안고 한참 동안 쓰다듬어 주었더니, 비로소 화를 풀고 웃었다. 이때로부터 '미안해요'라든가, '죄송해요'란 말은 우리의 말끝마다 붙어 다니게 되었다. 양홍梁鴻[11]과 그의 아내 맹광孟光의 사이처럼 서로 존경하면서 스물세 해를 지냈는데, 날이 갈수록 정은 더욱 도타워졌다. 집안에서라도, 가령 어두운 방 안이나 좁은 낭하에서 서로 만나게 되면 늘 서로 손을 잡고, '어디 가요?' 하고 물었다. 그러면서도 이때 혹시 누

---

11) 후한後漢 사람. 부부의 금실이 좋았다 함.

가 보지나 않았나 하고 가슴이 뛰었다.

　실은 같이 걷거나 자리를 함께 할 때, 처음엔 사람 눈을 피하려고도 했으나 나중엔 이런 것에 개의치 않게 되었다. 운이는 간혹 다른 사람들과 앉아서 이야기하다가도 내가 가는 것을 보면 반드시 일어서서 자리를 내주었으므로 나는 그 옆에 나란히 앉곤 했다. 우리는 서로 그렇게 되는 줄도 모르고 했다. 처음엔 생각이 나서 부끄러웠지만 점점 그렇게 하지 않으려 해도 그리 되곤 했다. 늘그막에 든 부부가 서로 원수처럼 여기는 것은 무슨 뜻인지 도무지 이해가 안 갔다. 그러나 '이런 사이가 아니라면 어찌 백년해로를 할 수 있으랴!'는 말이 있는데, 이것이야말로 참으로 옳은 말이다.

　이 해 칠석七夕에 운芸이는 아취헌에다 향·초·오이·과일을 차려 놓고 나와 함께 직녀織女에게 배례拜禮를 올렸다. 나는 '영원 세세토록 부부되어지이다〔願生生世世爲夫婦〕라고 새긴 도장 두 개를 만들었다. 나는 양각陽刻을 가졌고, 운이는 음각陰刻을 가졌다. 그리고 서로 왕래하는 서신에 찍기로 정했다. 이 날은 달빛이 퍽 고왔다. 강물을 내려다보니 물결은 흰 깁과 같았다. 우리는 얇은 비단옷을 입고 조그마한 부채를 들고서 물가를 향한 창 앞에 나란히 앉아, 하늘을 가로질러 가는 변화 많은 구름장을 쳐다보았다.

운이가 이렇게 말했다.

"우주宇宙의 크기는 이 달과 같아요. 오늘 저녁 우리 두 사람과 같이 다감하게 지내는 사람이 이 세상에 또 있을까 모르겠어요."

"시원한 바람을 쐬며 달을 쳐다보는 것이야 도처에 흔할 것이고, 구름과 놀의 아름다움까지 얘기하는 것도 간혹 깊숙이 들앉은 안방 속 같은 데를 찾아보면 멋을 아는 총명한 여인들이 또한 적지는 않을 것이오. 하지만 만약 부부가 함께 앉아 있다면 그 화제는 이 구름이나 달에 대한 것은 아닐 것이오."
하고 내가 말했다. 얼마 지나지 않아 촛불도 다 타고 달도 기울었으므로, 우리는 과일들을 물려 내고 방에 들어가 자리에 누웠다.

칠월 보름은 속칭 귀절鬼節이라고 하는 날. 운이는 또 조촐한 술상을 마련하여 달님을 청해 마시려고 했다. 그런데 하늘이 갑자기 어두워지며 구름이 잔뜩 끼었다. 운이는 언짢아서 이렇게 말했다.

"제가 당신과 함께 머리가 파뿌리처럼 되도록 백년해로할 수 있는 운으로 태어났다면 달님이 나올 것이어요."

나도 쓸쓸해졌다. 다만 강 건너편으로 둑 위의 버드나무 사이, 그리고 물가의 여뀌풀 위로 무수한 반딧불만 켜졌다 꺼졌다 하며 날고 있었다. 나는 답답한 마음을 풀어 보려고 운이와 운자韻字를 맞추는 말짓기 놀이를 했다. 두 마디를 지은 다음부터는 점점 말이 헝클어지기 시작하여 괴상한 것이 나왔고, 나중에는 그냥 입에서 나오는 대로 운자도 따지지 않고 함부로 지껄이게 되었다. 운이는 벌써부터 웃느라고 눈물·콧물을 가누지 못하다가 마침내는 나의 품 속에 쓰러지며 배꼽을 잡았다. 그의 살쩍에 꽂힌 말리화茉莉花의 짙은 향기가 내 코에 물씬 풍겨 왔다. 나는 그의 등을 토닥이며 말을 돌렸다.

"아마 옛사람들은 말리화의 형색을 구슬 같다고 생각한 모양이지? 그렇기에 살쩍을 이것으로써 치장한 게요. 그런데 이 꽃은 부인네의 머릿기름과 분 냄새에 젖었을 때, 더욱 좋은 것 같소. 차려 놓은 불수감佛手柑은 저리 나앉으라 하오."

운이는 웃음을 멈추고 말했다.

"불수감은 향기 가운데의 군자君子라서 향기가 나는 듯 마는 듯하지요. 말리화는 향기 가운데의 소인小人이라서, 반드시 남의 힘을 비는 것이고 또 그 향기도 아첨하는 것 같아요."

"그대는 어이하여 군자를 멀리하고, 소인을 가까이 하오?"

"저는 군자를 비웃고 소인을 사랑할 뿐이어요."

이렇게 말이 오가는 사이에 밤은 벌써 자정이 가까웠다. 바람이 슬슬 구름을 쓸어 내어, 둥그런 달이 꿈틀하고 튀어나왔다. 우리는 아주 즐거워서 창문 곁에 앉아 대작했다. 그러나 술이 미처 세 순배도 돌기 전에 갑자기 다리 아래서 '풍덩' 하는 소리가 났다. 마치 사람이 빠지는 것 같았다. 창문으로 고개를 내밀고 자세히 살펴보았으나, 물은 거울처럼 맑았고 아무것도 보이지 않았다. 다만 한 마리의 오리가 물가로 허둥지둥 달려가는 소리만 들렸을 뿐. 나는 전부터 창랑정 아래 물귀신이 있다는 것을 알고 있었지만, 운이가 겁낼까봐 바로 말하지 않고 있었다. 운이는,

"아아, 이 소리! 어이하여 나는 것이뇨?"

라고 말하며 낯빛이 흐려졌다. 나도 소름이 오싹 끼쳤다. 급히 창문을 닫아 걸고는 술병을 챙겨서 침실로 들어갔다. 콩알만한 등불에 비단 장막이 낮게 드리워져 있었다. 벽에 걸린 활의 그림자가 술잔 속에 비친 것을 뱀이 들어 있는 것으로 잘못 보고 병이 났다는 옛이야기[12]와 같이 우리는 제물에 놀란 마음을 가라앉힐 수 없었다. 등불을 끄고 침상에 올랐다. 운이는 벌써 오한과 신열이 났고 나도 따라서 나기 시작했다. 그래서 스무 날이나 고생했다. 이야말로 즐거움이 지나치면 슬픔이 생긴다는 말인가? 또한 우리 두 사람이 백년해로하지 못할 것이라는 조짐이었던가?

---

12) 이 이야기는 〈진서晉書〉「악광전樂廣傳」에 보임.

추석秋夕이 돼서야 우리 병은 겨우 나았다. 운이는 신부 된지 이미 반년이 넘었으나 바로 옆에 있는 창랑정에 한 번도 구경간 적이 없었다. 그래서 나는 먼저 늙은 머슴에게 정자지기 보고 바깥 사람을 들이지 말라고 이르라 한 다음, 저녁 때 운이와 나의 누이동생을 데리고 어멈과 계집종의 부축을 받게 하면서 머슴을 앞세워 창랑정으로 갔다. 돌다리를 건너 대문으로 들어가 동쪽으로 꺾이는 지름길로 나서니, 크고 작은 바위들이 쌓여서 산을 이루었고 숲 속의 나무들이 짙푸른 그늘을 짓고 있었다. 정자는 산꼭대기에 있었다. 돌층계를 밟으며 정자 위에 올라가니, 주위 사방이 툭 트였으며, 저녁 짓는 연기가 여기저기서 피어 올랐고, 저녁놀이 참 아름다웠다. 강 건너편은 근산림近山林이라는 숲으로, 총독總督(一省의 長官)이나 순무巡撫(一省의 次官)가 연회를 베푸는 곳이었다. 이때 정의서원正誼書院은 아직 열리지 않았었다. 가지고 온 담요를 정자 가운데에 깔아 놓고 빙 둘러앉았다. 그러자 정자지기가 차를 달여서 내왔다. 조금 있으려니, 쟁반 같은 보름달이 수풀 위로 올라왔고, 시원한 바람이 소맷자락을 가벼이 날렸다. 달이 강 한복판에 이르자, 세속의 근심 걱정은 단번에 씻은 듯 가셔졌다. 운이가 이렇게 말했다.

"오늘 참 즐거워요. 나뭇잎 같은 조그만 배라도 띄우고 정자 아래에서 오르내리면 더욱 멋지겠어요."

벌써 집집마다 등불이 새어 나왔다. 지난 칠월 보름날 밤에 놀랐던 일이 생각나서, 우리는 서로 손을 잡고 정자 아래로 내려왔다. 소주蘇州 풍속은 이날 밤에 대갓집이나 여염집을 막론하고 부녀자들이 몰려나와 줄을 지어 놀러 다녔는데, 이것을 '달걷기〔走月〕'라고 했다. 창랑정은 깨끗하고 조용한 곳이었지만 오히려 아무도 오는 사람이 없었다.

나의 아버님 가부공께서는 수양아들 삼는 것을 좋아하셨으므로, 내게는 성이 다른 형제가 스물여섯 명이나 있었다. 나의 어머님께서는 또 아홉 명의 수양딸을 두셨다. 그 아홉 명 가운데 왕이고王二姑와 유육고俞六姑가 가장 운이와 절친했다. 왕은 사람이 어리숙하고 술을 잘 마셨으며, 유는 성품이 선선하고 말을 잘했다. 그들이 모이면 언제나 나를 밖으로 따돌리고는 셋이서 침상을 차지해 버렸다. 이것은 오로지 유육고의 꾀였다.

어느 날 내가 웃으면서,

"누이가 시집간 뒤에는 매부를 불러다가 열흘씩이고 묵혀야지."

하고 말했더니 유는,

"그땐 저도 와서 새언니와 함께 자겠어요. 재미있지 않겠어요?"

라고 척 받아넘겼다. 운이와 왕이고는 미소만 지을 뿐이었다.

이때 나의 아우 계당啓堂이 장가들게 됐으므로, 우리집은 음마교飮馬橋 옆에 있는 창미항倉米巷으로 이사했다. 집은 넓었으나 창랑정같이 조용한 멋은 없었다.

어머님 생신에 부른 광대들의 연극을 운이는 처음에 신기하게 구경했었다. 그러나 아버님은 성품이 기휘하시는 것이 없는 분이라 '참별慘別'[13] 같은 극을 주문하셨고, 또 광대들의 연기가 아주 핍진했으므로 연극을 관람하는 사람들은 모두 슬픔에 젖었다. 나는 운이가 어떻게 하고 있나 하는 생각에서 안식구들이 앉은 구슬발 속을 들여다보니까 운이가 벌떡 일어나서 밖으로 나간다. 한참 지체해도 돌아오지 않으므로 나도 집 안으로 들어가 보았다. 뒤미처 유육고와 왕이고도 따라왔다. 운이는 혼자 경대 앞에 턱을 괴고 외로이 앉아 있었다.

"왜 기분이 언짢은가봐?"

"연극을 보는 것은 원래 즐겁자고 하는 것이죠? 그런데 오늘 연극은 공연히 사람을 슬프게만 만들어요."

유와 왕은 이 말을 듣고 웃었다.

"정말 다정다감한 사람의 진실한 생각이오!"

내가 이렇게 말하자, 유는 운이에게 물었다.

---

13) 명대 혜제惠帝(1398~1402 재위)가 성이 깨어져 도망 나간 이야기를 다룬 연극.

"새언니는 온종일 여기서 혼자 앉아 있을 참이어요?"

"나중에 볼 만한 것이 있으면 다시 가보겠어."

운이가 이렇게 대답하자, 왕은 횡하니 밖으로 나갔다. 그는 나의 어머님께 '자량刺梁'14), '후색後索'15) 같은 소극笑劇을 주문하도록 여쭙고 돌아와서는 운이를 끌고 나갔다. 비로소 운이는 즐거워했다.

나의 당백부이신 소존공素存公께서는 일찍 돌아가시고 자손이 없으셨으므로, 나의 아버님께서는 나를 그 댁의 후사後嗣로 보내셨다. 산소는 서과당西跨塘 복수산福壽山의 선산 아래에 있었다. 나는 해마다 봄이면 반드시 운이와 함께 성묘하러 다녔다. 왕이고에게서 그 곳에 과원戈園이라는 명승지가 있다는 말을 듣고, 어느 해 함께 따라 나섰다. 운이는 가는 길에 이끼가 예쁘게 무늬져 있는 돌을 발견하고 내게 손으로 가리키며 이렇게 말했다.

"이 돌로 분경盆景을 만들면 선주宣州에서 나는 흰 돌보다 훨씬 좋을 거예요."

---

14) 청대 주좌조朱佐朝 연극 〈어가락漁家樂〉 중 1마당. 한 여자 어부가 청탁을 받고 량기梁冀의 저택으로 잠입하여 신침神針으로 '량기를 찔러〔刺梁〕' 죽이는 내용.
15) 청대 요자의姚子懿 연극 〈후심친기後尋親記〉 중 1마당.

"아마 이런 것을 많이 구하기는 힘들 거요."

하고 내가 말하니, 왕이 곁에서,

"새언니가 정말 마음에 드신다면 제가 주워 드리겠어요."

하고 말하며 곧 산지기에게서 마대麻袋 하나를 얻어 왔다. 그는 성큼성큼 걸어가면서 돌을 주워 올렸다. 주울 때마다 내게 보여서 내가 좋다면 자루 속에 집어넣고, 나쁘다면 내버렸다. 얼마 지나지 않아, 왕은 구슬 같은 땀을 흘리며 운이에게 자루를 내밀었다.

"더 주우면 가져가기 힘들겠어요."

운이는 여기서 다시 골라 버리며,

"산속의 과일을 따 모으려면 원숭이 힘을 빌려야 한다더니, 과연!"

하고 놀리자, 왕은 분이 나서 열 손가락을 꼬부려 간지럼을 태우려 덤볐다. 나는 중간에 들어가 막으면서 운이를 나무랐다.

"남은 애쓰는데, 당신은 편히 있다가 이런 말까지 하다니! 누이도 화가 나게 됐지."

돌아오는 길에 우리는 과원에 들러 놀았다. 파릇파릇한 새싹, 울긋불긋한 꽃잎, 마치 서로 아름다움을 시새우는 듯했다. 왕은 사람이 주책없이 꽃만 보면 꺾었다. 운이가,

"꽃병도 가져오지 않았고, 또 머리에 꽂을 것도 아닌데, 어쩌자고 꽃을 그렇게 꺾지?"

하고 나무라자, 그는 아무렇지도 않게 이렇게 대꾸했다.

"아픈 줄도 가려운 줄도 모르는 것인데, 어때요?"

나는 웃으면서 말했다.

"그 벌로 장차 곰보에다가 털보인 신랑에게 누이를 시집보내야지! 꽃의 한을 풀어 주게."

왕은 나를 흘겨보면서, 꽃을 땅바닥에 내팽개치고 발끝으로 밀어서 연못 속에 처넣었다. 그리고는 이렇게 한마디 내뱉었다.

"어쩜, 절 그렇게 심하게 깔보셔요?"

운이가 웃으면서 왕의 화를 풀어 주었다.

운이는 처음에 통 말이 없었다. 다만 내가 이야기하는 것만을 잠잠히 듣기만 했다. '풀잎으로 귀뚜라미를 건드려서 울게 하는 방법'을 운이에게 적용했더니 운이도 차츰 말하는 법을 알게 됐다. 예를 들면 이런 일이 있었다.

운이는 밥을 찻물에 잘 말아 먹었다. 찻물에 말아서는 개로 유부芥滷乳腐[16]를 반찬으로 했다. 이것은 냄새가 굉장히 고약해서 소주蘇州에서는 '냄새가 나는 유부乳腐'라고 부르는 것이었다. 그리고 또 하로과蝦滷瓜[17]도 잘 먹었다. 이 두 가지는 내

---

16) 두부에 소금·겨자를 버무려서 말린 다음, 다시 된장 속에 묻어서 띄운 것.
17) 새우젓에 절인 오이.

가 평생에 가장 싫어하던 음식이었다. 그래서 나는 운이를 놀리는 투로 이렇게 말했다.

"개는 밥통이 없기 때문에 똥을 먹소. 그것은 냄새나고 더러운 줄 모르는 까닭이오. 그리고 말똥구리는 똥을 굴려야만 매미로 변할 수 있소. 그것은 높은 데로 올라가기 위한 까닭이오. 그대는 개요? 그렇잖으면 매미요?"

"개로유부는 값도 싸고, 또 흰죽이나 밥의 반찬이 되기 때문에 어려서부터 먹는 데 익숙해졌어요. 지금 당신 집에 와 있으니, 말똥구리가 매미가 된 셈이죠. 그러나 여전히 그걸 먹고 있는 것은 사람이란 근본을 잊지 않아야 하기 때문이어요. 하로과의 맛으로 말할 것 같으면 여기 와서 처음 알게 된 것이구요."

"그러면 우리집이 개집이란 말이군?"

운이는 난처해서, 억지로 이렇게 풀이했다.

"무릇 똥이란 집집마다 있는 것이지만, 다만 이것을 먹느냐 안 먹느냐는 구별이 있을 뿐이어요. 그리고, 당신이 마늘을 좋아하므로 저도 참고 입에 대고 있어요. 개로유부는 강권할 수 없지만, 하로과는 코를 막고 맛을 봐 보셔요. 목만 넘기면 그 훌륭한 맛을 알 수 있게 돼요. 이것은 마치 무염녀無鹽女[18]처럼

---

18) 전국戰國 시대 제齊 선왕宣王(田辟)의 부인. 이름은 종리춘鍾離春. 무염은 그 출신 지명임. 얼굴은 못생겼으나 덕성이 훌륭했음.

못생기긴 했으나, 그 덕성은 참 아름다워요."

나는 웃으면서 이렇게 말했다.

"그대는 나를 개로 만들 셈이오?"

"저도 개가 된 지 오래됐어요. 미안하지만 맛 좀 보셔요."
라고 하면서 운이는 젓가락으로 하로과를 집어 내 입속에 억지로 틀어넣었다. 나는 할 수 없이 코를 막고 씹었다. 맛이 개운한 것 같았다. 다시 코를 놓고 씹어 보니 뜻밖에도 별미스러웠다. 이때부터 나도 이것을 좋아하게 됐다. 운이는 또 개로유부에다 참기름과 흰 설탕을 조금 섞고 잘 주물러서 내왔는데, 또한 맛이 훌륭했다. 하로과를 잘게 찧어서 개로유부를 섞어 내기도 했는데, 이것은 두 가지의 음식을 합쳐 만든 것이므로, 우리는 이것을 쌍선장雙鮮醬이라고 이름붙였다. 이것 또한 별미였다. 나는 이렇게 말했다.

"처음에 싫었다가 나중에 좋아졌으니, 그 이치를 모르겠소."

"사랑하게 되면 곰보도 보조개로 보인다지 않아요?"

내 아우 계당啓堂이의 처는 왕허주王虛舟 선생의 손녀였다. 신부의 단장을 서두는데 우연히 구슬이 모자라게 됐다. 운이는 제가 전에 받은 납채納采에서 구슬을 꺼내어 나의 어머님께 드렸다. 시중드는 어멈과 계집종들이 곁에서 아까워했다. 그러나 운이는 이렇게 말했다.

"부녀자란 순수한 음기陰氣에 속하는 것이고, 또 구슬은 음기의 정수精粹인데, 이 구슬을 가지고 부녀자들이 머리를 단장하니 양기陽氣는 아주 없어지는 거지. 귀할 것이 없어요."

그런데, 그는 갈피가 떨어진 서적이나 모가 이지러진 서화는 오히려 소중히 여겼다. 서적으로서 갈피가 떨어진 것은 반드시 찾아 모아서 분류·편집하여 책을 엮고, '단장의 편집[斷簡成編]'이란 이름을 붙였다. 서화로서 찢겨 나간 것은 또 반드시 헌 종이로 때워 온전한 한 폭이 되게 한 다음 빠진 곳을 나더러 써 넣게 하거나 그려 넣게 하고는, 이것을 말아서 '여운의 감상[棄餘集賞]'이라고 이름을 붙였다. 바느질이나 부엌일의 틈을 타서 운이는 온종일 이런 일을 꼬물꼬물 하면서 조금도 귀찮게 여기지 않았다. 운이는 헌 상자 속의 해어진 두루마리 가운데에서 혹시 볼 만한 것이라도 얻게 되면 마치 값진 보배나 얻은 듯이 좋아했다. 이웃에 사는 풍馮이란 여자는 헌 두루마리가 생기게 되면 우리 집에 가져와 팔았다. 운이의 이러한 취미는 나와 똑같았다.

운이는 눈치가 여간 빠르지 않아, 일거일동에 눈짓 한 번만 해도 틀림없이 알아들었다.

어느 날 나는 이런 말을 건넸다.

"참 애석한 일이오, 그대가 여자라서 집 안에만 있어야 하는 것은! 남자로 바뀔 수만 있다면 서로 명산이나 고적을 탐방하면서 두루 다녔으면 좋으련만!"

"그게 뭐 어려울 게 있어요? 저의 살쩍이 희끗희끗해진 다음이면, 비록 오악五嶽[19]같이 먼 곳은 놀러 가지 못한다 하더라도, 여기 있는 호구虎丘山·영암靈巖이나, 남쪽의 항주杭州에 있는 서호西湖, 북쪽의 양주揚州에 있는 평산平山같이 가까운 곳은 한껏 놀러 갈 수 있잖아요?"

"그대의 살쩍이 희끗희끗해진 다음에는 아마 걸음 떼기가 힘들 것 아니오?"

"금생今生에 할 수 없다면 내세來世에 기약할 수 있겠죠."

"내세에 가서는 그대가 남자 되고, 내가 여자 되어 서로 같이 살게 됐으면 좋겠소."

"금생의 일을 잊지 말아야 재미있을 거예요."

나는 웃으며 말을 이었다.

"우리가 혼인하던 날은 어렸을 때 흰죽 먹던 얘기도 다 하기 힘들었소. 그런데 만약 내세에 가서 금생의 일을 기억할 수 있다면, 그 첫날밤에는 옛이야기 하느라 눈 붙이기도 힘들 거요."

"옛날 얘기에 월하노인月下老人이 인간의 혼사를 전담하고 있다지 않아요? 금생에 우리가 부부로 된 것도 그 힘일 것이니, 내세의 인연도 그 신력神力을 빌려야 할까봐요. 그의 화상을 한

---

[19] 중국의 오대 진산, 즉 산동山東省의 태산泰山, 섬서陝西省의 화산華山, 호남湖南省의 형산衡山, 산서山西省의 항산恒山, 하남河南省의 숭산崇山.

장 그려다가 빌기로 하셔요."

그때 초계苕谿(지금은 吳興) 사람으로 호를 유제柳堤라 하는 척준戚遵이 인물화를 잘 그렸으므로, 나는 그에게 화상을 한 장 부탁했다. 한 손에는 '빨간 실(부부의 발목을 묶는 데 쓴다고 함)'을 들고, 한 손에는 인연부姻緣簿를 걸친 지팡이를 짚은, 얼굴이 불그레하고 머리카락이 허연 노인이 연기도 안개도 아닌 가운데 바삐 걸어가고 있는 그림이 됐다. 척戚 군은 그림이 썩 마음에 들게 그려졌다고 했다. 내 친구 석탁당石琢堂이 그 위에다가 칭송하는 글을 써 주었다. 우리 부부는 이 그림을 안방에 걸어 두고, 초하루 보름이면 향을 피우면서 예배했다. 뒤에 집안일이 뒤숭숭해지자, 그만 이 그림을 잃고 말았다. 어느 집으로 흘러갔을까?

내세를 점치기도 전에 금생에 끝장이 났구나!
(他生未卜此生休。)[20]

두 사람의 바보짓이 과연 신령님을 감동시켰을까?

창미항으로 이사한 뒤 나는 이층의 우리 침실에 '향기의 귀

---

[20] 당대 이상은李商隱 시 「마외馬嵬」에 보임.

빈〔賓芸閣〕'이라고 현판을 써 붙였다. 이것은 운芸[21]이를 귀빈으로 여긴다는 뜻이었다. 그러나 이 집은 뜰이 좁고 담장만 높아 하나도 취할 점이 없었다. 안채 뒤로 누마루가 있었으며, 이곳으로 해서 도서를 쌓아 둔 골방으로 통하게 되어 있었다. 여기의 창문을 열면 육씨폐원陸氏廢園[22]같이 그저 황량한 모습이 보일 뿐이었다. 창랑정의 풍경을 운이는 늘 그리워했다.

금모교金母橋에서 동쪽으로 난 둑길의 북쪽에 한 노파가 살고 있었다. 그 노파의 말에 의하면,

─집을 돌아가며 사방에 채마밭이 있고, 사립짝으로 만든 문밖에는 6아르(약 180평)쯤 되는 연못이 있고, 울타리에는 환한 꽃과 그늘진 나무가 엉켜 있다고. 또 그곳은 원元나라 말년에 장사성張士誠[23]이 왕부王府로 삼았던 옛터로서, 집 서쪽으로 몇 걸음 안 떨어진 곳에 깨진 기와가 산처럼 쌓여 있으며, 그 위에 올라서면 전망이 매우 훌륭하다고. 그리고 그 주위는 땅이 넓고 사람이 복작거리지 않아 시골의 정취 또한 나쁘지 않다고─하는 것이었다. 노파한테 우연히 이 얘기를 들은 뒤부터 운이의 마음은 벌써 그곳으로 달려가 있었다.

---

21) 芸은 원래 향기로운 풀의 이름임.
22) 황폐한 정원의 대명사. 당나라 최군崔群의 이야기에서 나옴.
23) 원나라 말경에 대주大周라는 나라를 세우고 스스로 임금이 됐으나, 명나라 장수 서달徐達에게 잡혀서 자살했음.

"창랑정에서 떠나온 이후로 저는 꿈마다 거기서 놀고 있어요. 지금은 어쩔 수 없으니 그 다음 길이라도 생각하게 되는군요. 그 노파의 집에 가 있으면 어떻겠어요?"

"요즘 늦더위가 아침부터 사람을 볶아 대는 것 같소. 좀 시원한 곳을 찾아 이 기나긴 여름 해를 보내 볼까 하던 참이오. 그대가 그리로 가기를 원한다면 내 먼저 가서 그 집이 살 만한가 보겠소. 그런 다음에 이불 보따리나 싸 가지고 가서 한 달쯤 지내도록 합시다."

"아마 부모님께서 허락지 않으실 거예요."

"내가 직접 말씀 드려 보겠소."

다음날 그곳에 가 보니, 집은 방이 단 둘밖에 되지 않았으나 앞뒤로 칸살을 막았으므로 네 개로 쓸 수 있었고, 창호지를 바른 들창과 대로 만든 침상이 퍽 정갈스러웠다. 노파는 내 뜻을 짐작하고 선뜻 침실을 빌려줬다. 네 벽을 흰 종이로 발랐더니 갑자기 환해지는 듯했다. 그래서 어머님께 말씀 드린 다음, 나는 운이를 데리고 옮겨갔다.

이웃은 다만 노부부 두 사람뿐이었으며 그들은 채소를 일구어 먹고 있었다. 우리 부부가 피서하러 와 있다는 것을 알고는 먼저 찾아와서 친절을 베풀었다. 연못의 고기를 낚든가 채마밭의 채소를 따든가 하면 우리한테 선물로 가져왔다. 그 값을 셈해 주려 했으나 한사코 받지 않았다. 그래서 운이가 헝겊신을 만들어 주니 비로소 고맙다고 치사하면서 받았다.

　때는 바야흐로 칠월. 우거진 숲 속에는 녹음이 쫙 깔렸고, 물 위로는 바람이 선들선들 불어왔으며, 매미 소리는 귀에 따갑게 들려왔다. 노인이 낚싯대를 만들어 줘서, 나는 운이와 함께 버드나무로 그늘진 곳을 찾아 낚싯대를 드리웠다. 해질녘이면 우리는 토산土山 위에 올라가 저녁놀이 물드는 것을 구경했고, 또 마음 내키는 대로 둘이서 시를 읊기도 했다.

　　구름은 짐승이 되어 지는 해를 삼키고,
　　달은 활이 되어 별똥별을 튕기놋다.
　　(獸雲呑落日, 弓月彈流星。)

　그리고 조금 있으면 달은 못 가운데로 박혀 나왔고, 벌레 소리는 사방에서 들려왔다. 우리는 대나무 평상을 울 밑에 펼쳐 놓았다. 그러면 노파가 밥과 술이 따뜻하게 됐다고 알려 왔다. 그래서 달빛 아래 운이와 대작하고, 술기운이 좀 오른 다음에 밥을 들었다. 그리고 나서 목욕을 마치고, 짚신을 벗고 평상 위에 올라가 눕거나 앉아서, 파초선을 부치며 노인이 하는 인과 응보 이야기를 들었다. 자정을 알리는 북이 세 번 울린 뒤에야 방 안으로 들어가 자리에 누우면 온몸이 시원했다. 몸이 성 안에 살고 있다는 것조차 느끼지 못했다.

울밑에는 노인에게 부탁해서 국화를 사다가 죽 돌아가며 심었다. 구월에 꽃이 피었을 때 나는 또 운이와 함께 와서 한 열흘쯤 지냈다. 나의 어머님께서도 흔연히 꽃을 보러 오셨기에, 우리는 국화 앞에서 게를 뜯으며 하루 종일 즐겁게 지냈다.

운이는 흥이 나서,

"이 다음, 당신과 함께 이곳에 집을 지었으면 좋겠어요. 집 둘레에는 약 60아르 가량의 밭을 더 사서 머슴을 시켜 채소를 부치게 하면 양식은 팔 수 있을 거예요. 당신은 그림을 그리시고 저는 수를 놓아서, 이것을 내다 팔면 시주詩酒의 비용은 충분히 댈 수 있을 거예요. 그렇게 된다면 비록 베옷 입고 나물국 먹더라도 한평생 즐겁게 지낼 수 있잖겠어요? 돈벌이 하러 멀리 가실 생각은 하지 마셔요."

나는 그 말을 옳게 여겼다. 지금, 땅은 생겼으나 지기知己는 세상을 떠난 지 오래되니 어찌 한스럽지 않으랴!

나의 집에서 300미터쯤 떨어진 초고항醋庫巷에 동정군사洞庭君祠[24]라는 당집이 있었다. 속칭으로는 수선묘水仙廟라고도 불렀다. 회랑이 굽이굽이 돌았고, 조그만 정자들도 아담하게 서 있었다. 해마다 '동정군'의 탄신일이 되면, 여러 문중門中에서

---

24) 중국에서 가장 큰 호수인 동정호洞庭湖의 수신水神을 모신 사당.

제각기 한구석을 차지하여 유리등을 빽빽이 달았고, 그 가운데에는 보좌寶座를 설치했으며, 그 옆에는 꽃을 가득히 꽂은 화병들을 죽 늘어놓았다. 그리고는 어느 것이 잘 꾸며졌는가 하고 서로서로 비교하는 것이었다. 낮에는 창극이 공연되고, 밤에는 화병들 사이에 촛불을 켜 놓는데 이것을 '꽃 비추기〔花照〕'라고 불렀다. 꽃들은 환히 빛났고, 유리들은 그늘졌으며, 향로에서는 향이 피어올랐다. 마치 용궁龍宮의 저녁 잔치 같았다. 당집에서는 일을 맡고 있는 사람이 생황과 퉁소를 불거나 창창唱을 하는가 하면 차茶를 달여 놓고 이야기의 꽃을 피우기도 했다. 구경꾼이 개미떼처럼 모여들었으므로 처마 밑에는 난간을 죽 쳐서 사람을 막았다.

나는 친구들에게 이끌려 당집에 가서 꽃을 꽂고 장치를 다는 일을 거들어 줬다. 그래서 이곳의 성황을 직접 보게 됐으므로, 나는 집으로 돌아와서 운이에게 구경이 훌륭하더라고 입에 침이 마르도록 칭찬했다. 그러자 운이는 이렇게 말했다.

"애석하게도 제가 남자가 아니라서 가 볼 수가 없군요."

"내 모자를 쓰고 내 옷을 입어 봐요. 여자가 남자로 가장할 수 있는 한 방법이오."

그래서 운이는 쪽을 풀어서 땋아내리고[25] 눈썹을 고쳐 그린

---

25) 청나라 때 남자들은 머리를 땋아내렸음. 변발辮髮.

다음, 내 모자를 써 봤다. 살쩍은 밖으로 좀 나왔으나 그것은 쉽사리 감출 수 있었다. 운이는 다시 내 장삼長衫(중국식 두루마기)을 입었다. 5센티미터 가량 길었으나, 허리춤을 꺾어서 꿰매어 붙이고 그 겉에 마괘馬掛(마고자 비슷함, 장삼 위에 덧입는 정장)를 입었다.

"발은 어쩌면 좋아요?"

"거리의 점방에서 '나비신〔蝴蝶履〕'이라는 것을 팔고 있소. 그것은 발이 크거나 작거나 적당히 신을 수 있을 것이오. 사기도 쉽고, 나중에는 아침 저녁으로 방 안에서 끌어도 좋을 것이오."

운이는 기뻐했다. 저녁을 먹고 난 다음, 변장을 마친 운이는 남자의 흉내를 내어 팔짱을 끼고 걸음을 크게 떼어 놓는 법을 한참이나 익혔다. 그러다가 운이는 갑자기 마음이 변했다.

"저 안 갈래요. 남이 알아채면 창피스럽기도 하고, 또 부모님께서 아시게 된다면 더 안 될 일이잖아요?"

나는 이렇게 권했다.

"당집에서 일을 맡아보는 사람들이야 날 모르는 사람이 어딨소? 만약 탄로가 난대도 웃고 말 것이오. 어머님께서는 지금 '아홉째 누이'의 집에 가서 묵고 계시니, 몰래 갔다가 몰래 오면 어떻게 아실 수 있겠소?"

운이는 거울을 들어 비춰 보면서 한참이나 킬킬대고 웃었다. 나는 억지로 끌어내 가지고 살며시 나섰다. 당집 안을 두루 돌아다녔으나, 운이가 여자란 것을 알아보는 사람은 없었다. 어쩌다 누가 물을라치면 나는 사촌 동생이라고 대답했고, 운이는 그냥 팔짱낀 손을 아래위로 흔들며 인사하면 그뿐이었다. 맨 나중에 어떤 곳에 이르렀더니, 젊은 색시와 어린 계집애가 보좌를 꾸며 놓은 뒤에 앉아 있었다. 당집에서 일을 맡아보고 있는 양楊씨 성 가진 사람의 안식구였다. 운이는 인사를 나누려고 급히 가다가 몸이 그만 기우뚱해지면서 엉겁결에 그 젊은 색시의 어깨를 짚었다. 옆에 있던 할멈이 화를 내면서 일어나, 호통이 대단했다.

"어떤 미친 작자가 이처럼 법도에 없는 짓을 하오!"

내가 나서서 잘 말하려고 했더니, 운이는 사태가 급하게 된 것을 보고 모자를 훌떡 벗고 발을 드러내 보이며 다급히 말했다.

"저도 여자예요."

그래서 서로 놀랐다가, 그만 웃음바다가 됐다. 그들은 차와 과자를 내어 대접해 주었다. 나중에 가마를 불러다가 운이를 태워서 집으로 돌아왔다.

오강吳江의 전사죽錢師竹이란 분이 병사했을 때, 아버님께서는 나더러 조문을 가라고 편지로 하명하셨다.

운이는 살며시 나에게 속삭였다.

"오강으로 가려면 반드시 태호太湖를 건너야 하죠? 저도 따라가서 견문을 좀 넓혔으면 좋겠어요."

"마침 혼자 가기 적적할 것 같았는데, 그대와 함께 간다면 작히나 좋겠소? 그러나 무슨 핑계가 있어야지……."

"친정에 간다고 핑계대지요. 당신은 먼저 배를 타고 계셔요. 제가 뒤미처 갈 테니."

"그러면 되겠소. 돌아오는 길에는 만년교萬年橋 아래에다 배를 대어 놓고 그대와 함께 달구경을 합시다. 창랑정의 멋을 다시 잇도록 말이오."

유월 열여드렛날이었다. 이날 아침은 퍽 시원했다. 나는 머슴을 데리고 먼저 서강胥江 나루터에 가서 배를 타고 기다렸다. 과연 운이는 뒤미처 가마를 타고 왔다. 배를 띄워 호소교虎嘯橋를 나섰더니, 돛단배와 물새들이 보이기 시작했고 물과 하늘이 아득히 마주 닿아 있었다.

"여기가 태호라는 곳이어요? 이제 천지가 넓은 것을 봤으니, 저의 한평생도 헛되지 않았군요. 아마 규방에 들앉은 여자들은 일생 동안 이런 구경은 못 하고 말 거예요."

이야기하는 동안에, 벌써 둑 위의 버들이 바람에 흔들리는 것이 보이고, 배는 조금 있자 오강의 성 밑에 닿았다.

육지로 올라가 조문을 마치고 돌아왔더니, 배 안이 텅 비어 있었다. 나는 사공을 불러 어쩐 까닭이냐고 물었다. 사공은 손가락으로 가리키면서 이렇게 말했다.

"저어기, 다리 옆 버들 그늘 아래 서 계시며 물수리〔鸚〕가 고기잡는 구경을 하시지 않사와요?"

운이는 사공의 딸과 육지에 올라왔던 것이다. 가까이 가 보니 운이는 구슬 같은 땀을 흘리며, 사공의 딸에 기대어 정신없이 구경하고 있었다. 나는 그의 어깨를 두드리며,

"비단옷이 다 젖어요."

하고 말하자, 운이는 고개를 돌리며 이렇게 말했다.

"전錢씨댁에서 혹시 배웅 나올까봐 잠시 피하고 있는 중이어요. 어떻게 그리 빨리 돌아오셨어요?"

나는 웃으면서,

"도망꾼을 잡으려고!"

그리고는 서로 손을 잡고 배에 올랐다. 돌아오는 길에 배가 만년교에 다다랐을 때, 붉은 해는 아직도 지지 않았다. 배의 봉창을 전부 떼어 놓게 하니까 맑은 바람이 살랑살랑 불어왔다. 얇은 비단부채를 들고 의관을 벗어 놓고 앉아서 수박을 가르면서 더위를 물리쳤다. 조금 있자 저녁놀이 다리를 빨갛게 물들이고, 안개가 어두컴컴한 버드나무 사이로 몰려들고, 은빛 같은 달이 막 떠오르려 하며, 고깃배의 등불들이 온 강 위에 가득했다. 나는 머슴에게 사공과 함께 고물에 가서 술을 마시라고 했다.

사공의 딸은 이름을 소운素雲이라 했다. 나와는 술을 같이 마신 적이 있었는데, 사람이 꽤 속되지 않았다. 나는 그를 불러

운이와 한자리에 앉혔다. 이물에는 등을 달지 않았다. 그것은 달빛 아래에서 술을 마실 작정이기 때문이었다. 우리가 수수께끼를 하면서 술 마시기 내기를 하니까, 소운이는 두 눈을 깜박거리며 열심히 듣다가 이렇게 말했다.

"술 마실 때 하는 놀이는 저도 제법 아는 축이라고 생각하고 있습니다만, 이런 놀이는 처음 봅니다. 좀 가르쳐 주셔요."

운이는 곧 예를 들어 설명해 줬으나, 소운이는 끝내 깨치지 못했다.

나는 웃으며 이렇게 말했다.

"여선생님, 그만두십시오. 제가 예를 하나만 들면 금방 환히 알게 될 것입니다."

"어떤 예를 들겠습니까?"

"학은 춤은 잘 추지만 밭은 못 갈고, 소는 밭은 잘 갈지만 춤은 못 추지요. 그것은 자연의 섭리인 것입니다. 선생님께서는 이 이치를 거슬러 가르치시려 하니 힘만 드실 뿐 아니겠습니까?"

소운이는 웃으면서 내 어깨를 때리며,

"절 막 흉보시네요."

하고 말했다. 운이는 약속으로 이렇게 내걸었다.

"다음부터는, 입은 놀려도 좋으나 손을 놀리면 안 되기예요. 어기는 사람은 큰 사발로 벌주를 받아야 해요."

소운이는 주량에 자신이 있는지라, 술 한 사발을 가득히 부어 단번에 쭉 마셨다. 내가,

"손을 놀리되, 쓰다듬는 것은 괜찮고 때리는 것만 안 되기요."
하니, 운이는 웃으며 소운이를 끌어다가 내 품 안에 안겨 주었다, 그리고는,

"기분 좋게 쓰다듬으셔요!"
하므로, 나도 웃으며 이렇게 덧붙였다.

"그대는 남의 뜻을 모르는군! 쓰다듬는 것은 아는 듯 모르는 듯 하게 하는 거요. 잔뜩 껴안고 마구 주무르는 것이야 촌놈이나 하는 짓이지."

이때 두 여자의 살쩍에 꽂힌 말리화茉莉花는 술기운에 뜨고 기름내와 분내에 배어, 그 향기로움이 내 코로 스며들었다. 나는 다시 장난으로,

"소인小人의 추한 냄새가 이물에 그득해서, 그냥 욕지기가 나는구나!"
하고 말하자, 소운이는 금방 주먹으로 나를 때리면서,

"누가 함부로 맡으랬어요!"
하고 덤벼들었다. 그러자 운이는 큰 소리로 이렇게 말했다.

"약속을 어긴 사람은 두 사발의 벌주를 마셔요!"

소운이도 지지 않고,

"저 분이 또 저를 소인이라고 욕하시는데도 때리지 말란 말

씀입니까?"

한다. 그러자 운이는 이렇게 달랬다.

"저분이 소인이라 한 것은 까닭이 있어요. 먼저 이 술사발을 비우면 내 설명해 주지."

소운이는 그래서 술 두 사발을 연해 마셨다. 운이가 창랑정에서의 이야기를 해 줬더니 소운이는,

"그렇다면 정말 제가 화를 잘못 냈습니다. 다시 벌주를 들지요."

하면서, 또 한 사발을 마셨다, 운이가,

"소운이 노래를 잘 부른단 말 들은 지 오래됐어요. 오늘 한번 꾀꼬리 소리를 들어 볼 수 있을까?"

하자, 소운이는 곧 상아 젓가락으로 사기 접시를 두드리며 노래를 불렀다. 운이는 즐거워서 술을 한껏 마셨으므로 아주 취해 버렸다. 그래서 먼저 가마에 태워 집으로 보냈다. 나는 다시 소운이와 함께 차茶를 들면서 잠시 이야기를 나누다가 달빛을 밟으며 돌아왔다.

이때 우리는 친구 노반방魯半舫의 소상루蕭爽樓를 빌려 들고 있었다. 며칠 뒤에 노魯의 부인이 소문을 잘못 듣고 운이에게 넌지시 물었다.

"전날, 소문을 들으니, 댁의 낭군께서 만년교 아래에다 배를 대어 놓고 기생 둘을 끼고서 술을 마셨다 해요. 알고 계신가

요?"

"그런 일이 있었죠. 그 두 여자 가운데 하나는 바로 전 걸요."
하면서, 운이는 그날 함께 배 타고 논 이야기를 자세히 했더니 노의 부인은 의혹이 풀려서 한바탕 크게 웃고 돌아갔다고 한다.

  1794년, 즉 건륭乾隆 59년 갑인甲寅, 칠월에 나는 광동廣東 省에서 돌아왔다. 일행 중에는 첩을 사 가지고 오는 사람이 있었다. 그는 나의 사촌 누이의 남편인 서수봉徐秀峰이었다. 그는 첩이 예쁜 것을 자랑하면서 운이더러 와서 보라고 청했다. 운이는 뒤에 수봉이에게 이렇게 말했다.
  "예쁘기는 해도 멋이 덜한 것 같아요."
  "그러니까 낭군께서 첩을 두신다면, 반드시 예쁘고도 또 멋을 아는 여자라야 한다는 말씀이겠습니다?"
  "그러믄요!"
  이때부터 운이는 첩을 물색하느라고 골똘했으나, 돈이 모자랐다.
  그 당시, 절강浙江省 기생 온냉향溫冷香이란 여자가 소주蘇州에 와 있었다. 그의 '버들개지의 노래詠柳絮'란 네 수의 율시律詩는 당시 소주 지방을 뒤끓게 하고 있었고, 많은 호사가들이 이에 화답하는 시를 지었다. 내 친구인 오강吳江의 장한감張閑憨은 평소부터 냉향이의 시를 칭찬하는 사람 중의 하나였다.

그는 이 '버들개지의 노래'를 내게 가지고 와서 화답하는 시를 지으라고 요청했다. 운이는 그 기생을 시원찮게 여기고 있었지만, 나는 시상詩想이 근질근질해서 마침내 화답하는 시를 짓고 말았다. 시 가운데,

> 봄날의 나의 수심을 건드려 외곬으로 곱다랗게 굴렸고,
> 떠나는 그의 마음을 헤쳐서 더욱 가느다랗게 이어주놋다.
> (觸我春愁偏婉轉, 撩他離緒更纖綿。)

라는 대구對句가 특히 잘 됐다고, 운이는 아주 무릎을 쳤다.

그 다음해, 즉 1795년, 팔월 초닷샛날에 어머님께서는 운이를 데리고 호구虎丘山로 놀러 가시기로 됐다. 이때 한감이가 홀연히 찾아와서 이렇게 말했다.

"나도 호구에 놀러 가기로 했소. 오늘은 특별히 그대를 탐화사探花使[26]로 청하고자 하오."

그래서 어머님 일행은 호구의 반당半塘에서 만나 뵙기로 하고 먼저 떠나시게 했다. 한감이는 나를 냉향이의 집으로 끌고 갔다.

냉향이는 이미 중늙은이었다. 그에게는 감원憨園이란 수양

---

26) 당나라 때 새로 급제한 진사進士가 초연初宴을 베풀 때에는 연소자 2명을 시켜 꽃을 꺾어 오게 했음. 이것이 탐화사인데, 여기서는 미녀를 찾으러 가는 뜻으로 썼음.

딸이 있었다. 아직 파과破瓜의 나이(16세)도 안된 듯, 그 날씬한 모습은 참으로,

맑은 가을 물이 사람을 차갑게 비추놋다.
(一泓秋水照人寒。)[27]

라고 할 멋이 있었다. 수작을 건네 보니 시·산문·그림·글씨에 대한 소양도 만만치가 않았다. 그 동생으로는 문원文園이란 소녀가 있었는데, 너무 어렸다. 나는 애초부터 아무런 생심도 먹지 않았다. 차 한 잔 마시며 이야기하는 것도 나같이 가난한 선비로서는 감당할 수 없는 부담이란 생각에서였다. 그러나 방 안에 들어가고 보니 마음이 설레어서, 말 대답을 간신히 해 나갈 수 있을 뿐이었다. 한감이에게 슬며시,

"나는 가난한 선비일세. 자네는 굉장한 미인으로써 날 놀릴 셈인가?"

하고 묻자, 한감이는 웃으며 이렇게 말했다.

"그렇지 않네. 오늘 어떤 친구가 감원이를 불러서 나를 대접하기로 되어 있었지. 그런데 그 친구를 다른 손님이 그만 끌고 갔기에, 내가 그 친구를 대신해서 자네를 청한 것일세. 다른 염

---

27) 당대 최각崔珏의 시 「유증有贈」에서 나온 구절.

려는 하지 말게."

그래서 겨우 나는 염려가 놓였다.

반당에서 두 배는 서로 만났다. 감원이에게 건넛배로 가서 어머님께 인사를 여쭙도록 시켰다. 운이와 감원이는 만나자마자 곧 예전부터 친한 사이인 듯 서로 반겼다. 서로서로 손을 잡고 산에 올라가 여기저기 경치를 두루 구경했다. 운이는 '구름 십만 이랑〔千頃雲〕'의 높고 시원한 점이 그리 좋은지 한참이나 거기에 앉아 있었다. 우리는 다시 '들향기의 물가〔野芳濱〕'란 곳으로 내려와서, 두 배를 나란히 매어 놓고 술을 마셨다. 돌아오려고 배를 띄울 때, 운이가 나에게,

"당신은 장張군과 함께 저쪽 배를 타셔요. 감원이는 이쪽 배에 저와 같이 있게 하고 싶어요. 좋겠죠?"

라고 하므로, 나는 승낙했다. 배를 돌려 도정교都亭橋에 이르러서 우리는 다시 먼저대로 배를 옮겨 타고, 감원이와는 작별했다. 집에 돌아오니까 이미 자정이었다.

운이가 먼저 말을 건넸다.

"오늘 예쁘고 멋있는 여자를 찾았어요. 아까, 감원이와 약속했죠, 내일 저한테 놀러 오라고요. 당신을 위해 힘써 보겠어요."

나는 깜짝 놀랐다.

"이런 여자는 황금의 기와를 올린 집이 아니면 받아들일 수 없소. 나같은 꽁생원이 감히 이런 엄청난 생각을 먹을 수 있겠

소? 더구나, 우리 두 사람은 이렇게 금실이 좋은데, 다른 사람을 뭣 하러 찾겠소?"

운이는 웃으며 이렇게 덧붙였다.

"제가 사랑하는 걸요. 당신은 잠자코 계셔요."

감원이는 다음날 점심 때 과연 찾아왔다. 운이는 친절하게 대접했다. 우리는 술상을 차려 놓고 '가위바위보'를 해서, 이긴 사람은 시를 읊고 진 사람은 벌주를 마셨다. 술자리가 다 끝나도록 우리집에 와 있으라는 말은 한 마디도 비치지 않았다. 감원이가 돌아가고 난 다음에 운이는 이렇게 말했다.

"아까 또 비밀 약속을 했어요. 열여드렛날에 우리집에 와서 저와 자매 결의를 하자고요. 당신은 돼지나 잡아 놓고 기다리셔요."

그리고는 웃으면서 팔뚝 위의 비취 팔찌를 가리켰다.

"이 팔찌를 감원이가 차고 있으면 성사되는 줄 아셔요. 아까 뜻은 잠깐 비쳤으나 분명히 말을 맺지는 않았어요."

나는 그저 그럴싸하고 있었다.

열여드렛날은 비가 억수처럼 퍼부었는데도 감원이는 그것을 무릅쓰고 찾아왔다. 둘이서 안방에 들어간 지 한참 만에야 서로 손을 잡고 나왔다. 감원이는 나를 보자 갑자기 부끄러워했다. 비취 팔찌가 벌써 감원이의 팔뚝에 채워져 있었던 것이다. 향을 피우고 자매 결의를 한 다음 우리는 계속해서 술을 마실 작정이었으나, 마침 감원이가 석호石湖 놀이에 나가야 했으므로 그만 작별했다.

운이는 사뭇 기쁜 얼굴로 이렇게 말했다.

"아름다운 여인을 이미 얻었으니, 당신은 무엇으로써 중매인에게 보답하겠어요?"

내가 그 자세한 전말을 물었더니, 운이의 대답은 이러했다.

"지금까지 일을 비밀히 한 것은, 혹시 감원이가 달리 마음을 두는 사람이 있을까 해서였어요. 아까 제가 캐물었더니 다른 사람이 없는 것이 분명했어요. 그래서 제가, '동생도 오늘의 뜻을 알아?' 하고 물었더니, '부인께서 저를 높여 주시는 것은, 말하자면 호박 덩굴이 낙락장송에 의지한 격이 되는 것입니다. 다만 저희 어머님께서 제게 대해 크게 바라고 계시니, 저 혼자 작정하기는 어려울 것 같아요. 일을 천천히 도모하는 것이 좋겠어요'라고 했어요. 저는 또 팔찌를 끌러 그에게 채워 주면서, '비취 팔찌는 그 단단함과 둥글둥글 끊임없는 뜻을 취한 것이야. 동생이 이것을 차서 약속으로 삼았으면 좋겠어'라고 했더니, 감원이는, '함께 있게 되는 것은 모두 부인의 뜻에 달렸습니다'라고 했어요. 이로써 보건대, 감원이의 마음은 이미 얻어 놓은 것이나 다름없어요. 어려운 일은 냉향이인데, 다시 일을 꾸며 보지요."

나는 웃으며 말했다.

"그대는 이입옹李笠翁의 연향반憐香伴[28]을 흉내내는구려?"

"그래요."

이때부터는 감원이에 대한 이야기를 하지 않는 날이 없었다. 그러나 뒤에 감원이는 세도가가 빼앗아 갔다. 그러하여 이 일은 수포로 돌아갔고, 운이는 필경 이때문에 죽었다.

---

28) 청나라 초기의 유명한 극작가이고 문예 비평가인 이입옹李笠翁(이름은 漁)이 지은 〈십종곡十種曲〉의 하나. 수재秀才 범개부范介夫의 처 최운전崔雲箋이 재모才貌를 겸비한 조어화曹語花를 자기 남편에게 시집오도록 해서 1부 2처가 단란하게 산다는 내용임.

2 | 한가롭게 멋지게

나는 어렸을 때, 눈을 뜨고 해를 똑바로 쳐다볼 수 있었던 것을 기억한다. 또 터럭같이 가는 것도 똑똑히 살필 수 있었고, 조그만 미물을 보게 되면 자세히 그 무늬를 관찰했으므로 때때로 세상에 없는 멋을 알게도 됐다.

여름날 모기가 앵앵거리고 있으면 나는 그것들을 하늘에서 춤추는 두루미의 군무群舞에 비겨 봤다. 마음에 그렇게 생각하니, 백 마리 천 마리가 과연 두루미처럼 보였고, 고개를 젖혀 쳐다보느라고 목이 뻣뻣해지기도 했다. 또 모기 몇 마리를 하얀 휘장 속에 가두어 둔 다음, 연기를 살살 뿜으면서 연기 속에서 모기들이 앵앵거리며 날고 있는 것을 '푸른 하늘에 하얀 두루미의 그림'이라 여기면, 구름 위에서는 정말 두루미가 우는 것처럼 들렸으므로, 나는 아주 즐거웠다.

나는 토담이 무너져 울퉁불퉁한 곳이나 화단의 작은 덤불 앞에 잘 쪼그리고 앉았다. 그리고는 눈을 그와 같은 높이에 두고 한참씩 들여다보면서, 작은 덤불은 숲이고 벌레나 개미는 짐승이고 흙덩이나 돌멩이가 볼록하게 튀어나온 곳은 언덕이고 옴폭하게 팬 곳은 골짜기라고 여기면서, 나는 즐겁게 그 속에서 상상의 날개를 펼쳤다. 하루는 두 마리의 벌레가 풀밭에서 싸우고 있는 것이 눈에 띄어서 넋을 잃고 구경하고 있는데, 갑자기 굉장히 큰 괴물이 산을 깔아 뭉개고 나무를 자빠뜨리고 나타났다. 한 마리의 두꺼비였다. 혀를 쑥 내미는가 했더니 그 두 마리의 벌레를 날름 삼켜 버렸다. 내 나이 아직 어렸었고 또 구경에 넋을 잃고 있었기 때문에 놀라서 그만 '앗' 하고 소리를 질렀다. 정신을 차리자, 나는 두꺼비를 잡아다 수십 번이나 매질을 한 다음 마당으로부터 쫓아 버렸다. 나이가 든 다음에 이 일을 생각해 보니, 두 마리의 벌레가 싸운 것은 아마 간음이 이루어지지 못한 때문인 듯했다. 옛말에 '간음은 살인과 이웃 사촌'이라 했는데, 벌레의 세계에서도 타당한 모양인가?

이러한 장난을 좋아했으므로, 한번은 알이—소주蘇州 말로는 양물陽物을 알〔卵〕이라고 부른다—지렁이에게 쏘였다. 그래서 알이 땡땡 부어 소변도 볼 수 없었다. 오리를[1] 붙들어다 그 입을 벌리고 알을 빨리는데, 계집종이 그만 잡고 있던 손을 놓쳐 오리가 목을 구부려 알을 삼키려 했으므로, 나는 놀라서 '으앙'

---

1) 지렁이에게 쏘였을 때에는 오리의 침을 바르면 낫는다는 속설俗說이 있었기 때문임.

하고 울어 버렸다. 이 이야기는 두고두고 웃음거리가 됐다.

위에서 이야기한 것은 모두 어릴 때의 재미있는 이야기이다.

자라난 다음에, 나는 꽃을 아주 사랑했고, 화분에 심은 꽃나무를 잘 가꾸었다. 장난파張蘭坡란 사람을 알게 된 뒤로, 비로소 가지를 전정剪定하고, 마디를 배양하는 법에 정통하게 되었고, 다시 꽃나무를 접붙이고 바위로 석가산石假山 쌓는 법을 깨우쳤다.

꽃은 난초가 제일이다. 그윽한 향기와 고상한 운치가 있기 때문이다. 그러나 제법 계보에 오를 만큼 품위를 가진 난초는 얻기 어렵다. 난파는 임종시에 춘란春蘭 한 분을 나에게 선사했다. 꽃은 연꽃 같은 모양이었는데, 화심花心은 넓고 흰빛이었고 꽃잎은 청초했으며, 그 어깨는 반듯했고 줄기는 가는 것이었다. 이런 것은 계보에도 능히 오를 만한 것으로, 나는 아주 보배처럼 애지중지했다. 내가 막우幕友[2]가 되어 외지로 나갔을 때에는 운이가 손수 물을 주었으므로 꽃과 잎이 퍽 싱싱하여졌다. 그런데 이태가 채 못 되어 하루아침에 시들어 죽어버

---

2) 지방관地方官의 막료. 막우는 사대부士大夫 계층에 속하지만 진사進士가 되지 못한 사람이 맡아보며 보수는 지방관의 사재私財로써 마련됨. 청淸나라에서는 막우에 형석刑席·장방腸房·서계書啓·문안文案·전곡錢穀·교독敎讀·주묵硃墨·징수徵收 등이 있음. 조선朝鮮 왕조 시대의 비장裨將과 같음.

렸다. 내가 그 뿌리를 캐어 보니 뿌리는 모두 백옥같이 희었고, 또 새싹도 곧 솟아오를 듯했다. 처음엔 까닭을 몰라 그저 난초 키울 복도 없구나 하고 한숨만 쉴 뿐이었다. 뒤에 가서야 비로소, 어떤 사람이 그 난초를 좀 나눠 달라는 것을 거절했더니 그만 끓는 물을 몰래 부어 죽였다는 것을 알았다. 이때부터, 나는 다시는 난초를 기르지 않기로 맹세했다.

그 다음으로 나는 철쭉을 좋아했다. 비록 철쭉은 향기는 없으나 꽃이 오래가고 빛깔이 탐스러우며 또 가지를 전정하기가 아주 수월하기 때문이었다. 그런데 운이는 가지나 잎을 몹시 아껴 이것을 마구 쳐내는 것을 좋아하지 않았으므로 나는 나무 모양을 제대로 가다듬을 수 없었다. 이 점은 그 밖의 다른 꽃나무도 마찬가지였다.

해마다 동쪽 울밑[3]에 국화가 피면 나는 가을 흥취가 열병처럼 일어났다. 나는 국화를 항아리에 꽂는 것을 좋아했고 화분에 심는 것은 그다지 즐기지 않았다. 화분에 심은 국화가 볼품이 없대서가 아니라, 집 안에 화단을 만들 마당이 없었으므로 직접 기를 수는 없는데, 저자에서 사 온 국화분은 모두 제멋대로 자라서 보기가 흉했기 때문이었다. 꽃을 꽂는 데는 홀수가

---

[3] 진晉나라의 도연명陶淵明이 음주시飮酒詩에서 '동쪽 울밑에서 국화를 따들고……'라 노래한 뒤로 국화와 '동쪽 울밑'은 불가분의 관계를 맺는 것으로 되었음.

되도록 하는 것이 좋고 짝수가 되도록 하는 것은 좋지 않다. 한 개의 항아리에는 같은 종류를 취해야지 두 빛깔을 취해서는 안 된다. 항아리의 입은 넓고 커야지 좁고 작아서는 못쓰는데, 이는 꽃이 자연스럽게 펼쳐지도록 하기 위해서다.

꽃이 다섯 송이나 일곱 송이, 또는 삼사십 송이가 돼도 반드시 항아리의 입으로부터 한 묶음으로 튀어나오는 듯해서 흩어지거나 촘촘하지 않아야 하며, 또 항아리의 입에 닿지 않도록 유의하지 않으면 안 된다. 이런 것을 '자루는 굳게 잡을 것'이라 부른다. 어떤 것은 날씬하게 세우고 어떤 것은 춤추듯 비껴지게 한다. 꽃은 들쭉날쭉한 것이 좋으니까 사이사이에 받침대를 세워서 너무 단조로운 것을 막아야 한다. 잎은 어수선하지 않은 게 좋고, 가지는 뻗치지 않은 게 좋다. 줄기를 가다듬기 위해서 사용한 바늘은 겉에서 보이지 않도록 감춰야 한다. 바늘이 너무 길면 줄기 밖으로 나오지 않도록 잘라 버린다. 이런 것을 '항아리의 입은 깨끗이 할 것'이라고 부른다.

탁자의 넓이에 따라 항아리는 세 개에서 일곱 개까지 놓는다. 하나의 탁자 위에 너무 많은 항아리를 놓으면 저자의 국화 진열대와 같이 번잡하게 보인다. 탁자의 높이는 대략 10센티미터에서 80센티미터까지로 높이를 각각 다르게 하되, 서로 균형이 잡히고 기운이 연결되는 것이 최상급에 속한다. 국화 항아리의 진열이 만약 가운데가 높고 양쪽 끝이 낮든가 뒤가 높고 앞이 낮든가 줄을 나란히 맞춰 서 있든가 하면, 또 속담에서 말하는 '비단 잿더미'라는 것이 된다. 촘촘한 곳이 있나 하면 성긴 곳도 있고, 또 들어간 곳이 있나 하면 나온 곳도 있어야 하는데, 오로지 미술의 구도構圖에 대한 소양이 있어야 한다.

  돌이나 사기로 만든 수반水盤에 꽃꽂이하는 경우에는 다음과 같이 하는 것이 좋다. 먼저 정제한 송진에 느릅나무 껍질〔楡皮〕과 밀가루, 기름을 섞은 다음 뜨거운 짚재로 이 혼합물을 덥혀서 갖풀처럼 만든다. 그리고는 구리판에 이 풀을 가지고 여러 개의 못을 거꾸로 붙인다. 다시 이 구리판을 뜨겁게 해서 수반의 바닥에 붙이고는 이것이 식은 다음에 꽃들을 철사로 묶어서 그 못 위에 꽂는다. 꽃은 한쪽으로 비스듬히 기울게 하는 것이 좋고 한가운데에 똑바로 서 있는 것은 나쁘다. 또 줄기는 뭉쳐져 있지 않도록 유의해야 한다. 이렇게 한 다음에 물을 붓고 깨끗한 왕모래로 구리판을 덮어서 꽃들이 바로 수반 바닥에서 자라난 것처럼 보이도록 하는 것이 재미있다.

  꽃나무의 가지를 가려서 화병에다 꽂을 경우에는 그 자르는 방법이 중요하다. 왜냐하면, 자신이 언제나 직접 골고루 찾아볼 수도 없고, 또 남을 시켜서 잘라 온 것은 마음에 차기 어렵기 때문이다. 먼저 가지를 손에 쥐고, 이것을 이리저리 기울여 그 자세와 태깔을 잘 살핀다. 마음에 작정한 다음에는 쓸데없는 가지를 쳐버리는데, 가지가 성기고 예스러운 멋이 있도록 하는 것이 좋다. 그 다음에는 다시 그 줄기를 어떻게 구부려서 병 속에 넣을까 하는 점을 생각해야 한다. 그것은 가지를 화병에 넣은 뒤에 잎이 엎어지고 꽃이 기울어지는 폐단을 막기 위해서다.

  꽃이나 과실이 달린 가지를 하나 얻었다고 해서 그냥 곧은 줄기를 화병에다 꽂으면 가지는 너무 산란스럽고 줄기는 너무 뻗치며 꽃은 기울어지고 잎은 엎어져서 태깔과 운치가 없어진다. 곧은 줄기를 구부리는 방법은 줄기의 반을 톱으로 켠 다음 벽돌 조각이나 잔돌멩이를 그 사이에 끼워 놓으면 된다. 만약 줄기가 약해서 쓰러지려고 하면 못을 한두 개 박아서 튼튼히 할 수 있다. 이렇게 하면 단풍잎이나 댓가지, 또는 잡초나 가시나무 같은 것도 모두 꽃꽂이의 재료가 될 수 있다. 푸른 대나무 한 대에 빨간 구기자枸杞子 두어 알로 짝을 지을 수도 있고, 가는 풀잎 몇 가닥에 가시나무 두 가지를 곁들일 수도 있다. 다만 그 배치만 잘 하면 세상에 없는 운치가 있을 것이다.

  꽃나무를 새로 심을 경우에는 땅에 비스듬히 눕도록 해도 괜찮다. 한 해만 지나면 가지나 이파리가 자연히 위로 향하게 되기 때문이다. 만약 무슨 나무든지 모두 꼿꼿하게만 심으면 나중에 멋있는 자세를 얻기 어렵게 된다. 꽃나무를 가꾸려면 먼저 닭의 발톱처럼 생긴 뿌리가 땅 위에 노출된 나무를 골라서 좌우로 땅에서 셋째 마디까지를 자른 다음, 그 윗가지가 자라도록 한다. 그리고는 마디마디 한 개의 가지가 나오도록 하는데, 도합 일곱 개 또는 아홉 개의 가지를 길러 낸다. 가지들이 두 팔처럼 양쪽으로 마주 보는 곳에서 나오거나 학의 무릎처럼 가운데가 불거지거나 하는 것은 금물이다. 모름지기 모든 방향에서 나오도록 할 것이며, 좌우로만 나오도록 하는 것은 나쁘다. 이런 것은 사람들이 '가슴과 등이 드러났다'고 흉본다. 또는 앞이나 뒤에서만 똑바로 나오게 해서도 안 된다. '이중의 기둥' 또는 '삼중의 기둥'이라고 악평되는 것으로, 하나의 뿌리에서 두 줄기 또는 세 줄기의 나무가 솟아오른 것을 말한다. 닭의 발톱처럼 생긴 뿌리가 없는 나무는 그냥 막대기를 땅에 꽂아 놓은 것 같아서 좋지 않다.

그런데 한 그루의 나무를 제대로 가꾸려면 적어도 한 삼사십 년은 걸려야 한다. 나는 평생에 단지 우리 고장에 사는 만채장萬彩章이라는 노인이 일생 동안 걸려서 두 그루의 나무를 제대로 가꾼 것을 보았다. 또 나는 양주揚洲에 사는 상인의 집에서 우산虞山(지금 상숙常熟) 친구가 그에게 주었다는 회양목〔黃楊〕과 측백나무〔翠柏〕 한 그루씩을 보았으나, 이것은 아깝게도 '개발에 주석 편자' 격이었다. 그 밖에는 훌륭한 나무를 보지 못했다. 석탑처럼 가지를 서리서리 말아 놓은 것이라든지, 지렁이처럼 가지를 구불구불 돌려 맨 것은 장인匠人 냄새가 거슬린다.

수반에 꽃이나 돌로 조그만 산수山水를 꾸미는 것을 분경盆景이라 하는데, 이를 작게 만든 것은 그림처럼 보이고, 이를 크게 만든 것은 대자연을 느끼게 한다. 여기에 한 단지의 맑은 차를 곁들이면, 넋은 곧장 신선의 세계로 달려가니, 이런 것은 조용한 서재의 즐거움으로 삼을 수 있을 것이다. 언젠가 나는 수선화를 수반에 심으려 했으나 영벽석靈璧石[4]을 구하지 못했으므로, 돌처럼 보이는 석탄 덩어리로써 대신한 적이 있다. 크고 작은 예닐곱 개의 산동배추〔黃芽菜〕 고갱이를 모래 담은 장방형의 수반에 심고 영벽석 대신에 석탄 덩어리를 배합했다. 백옥같이 하얀 산동배추의 고갱이와 새까만 석탄 덩어리는 서로 분명한 대조를 이루어 퍽 멋이 있었다. 이로써 미루어 보건대, 멋을 찾는 길은 낱낱이 셀 수 없도록 무궁무진한 것이리라.

  또 다른 예를 들자면, 석창포石菖蒲의 씨를 식은 미음과 함께 입에 물고 우물거리다가 석탄 위에 뿜고 그 석탄을 음습한 곳에 놓아두면 가느다란 창포가 자라난다. 이것은 마음대로 수반에 옮겨 놓을 수 있는데, 마치 이끼가 낀 바위처럼 보들보들한 것이 사랑스럽다. 또는 묵은 연밥의 양쪽 끝을 슬쩍 갈아서 달걀 껍질 속에 넣고, 다른 달걀과 함께 어미닭이 품게 하여 병아리들이 깨어 나올 때에 꺼낸다. 한편으로는 오래된 제비집의

---

4) 중국 안휘성安徽省 영벽현靈璧縣의 경석산磐石山에서 나는 새까만 돌.

진흙에다 호라지좆의 뿌리〔天門冬〕를 2할 가량 넣어 잘게 부수고 고루 섞어 작은 그릇에 담아 놓는다. 앞서 마련한 연밥을 여기에 심어서 강물을 붓고 날마다 아침 햇볕을 쐬어 주면 꽃은 술종지만큼 크게 피어나고 잎은 사발같이 오긋하게 줄어들어 그 날씬한 모습은 참으로 아름답게 된다.

정자·누각·별당·회랑을 건축하거나 석가산을 축조하고 꽃나무를 전정하거나 하는 데 대해서 말하자면, 또한 커다란 가운데 조그만 것이 보이도록 하고 또 조그만 가운데 커다란 것이 보이도록 해야 하며, 공허한 가운데 충실한 것이 있도록 하고 또 충실한 가운데 공허한 것이 있도록 해야 한다. 어떤 것은 숨겨지게 하고 어떤 것은 드러나게 하며, 어떤 것은 얕아지게 하고 또 어떤 것은 깊어지게 해야 한다. 이 말은 그저 꼬불꼬불 돌아가기만 하면 된다는 것이 아니다. 그렇다고 해서 정원이 넓고 바위가 많아 쓸데없이 재료와 공임만 많이 들었다고 해서 좋다는 것도 아니다. 땅을 파서 높이 쌓아 올리고 그 사이사이에 바위를 놓고 또 화초를 곁들인 다음, 매화나무를 울타리 삼아 심어 놓고 등나무 덩굴을 담장으로 끌어올린다면 평지에 산이 우뚝 솟게 된다.

어수선하게 퍼져 있는 곳에는 쉬 자라는 대나무를 심고 또 쉬 우거지는 매화를 심어서 그것을 가려 준다. 이것은 '커다란 가운데 조그만 것이 보이도록 한다'는 것의 예다. 마당이 좁으면 담장을 울퉁불퉁하게 만든 다음 여기에 초록색을 칠하고 등나무 덩굴을 올리고 또 비석처럼 보이게 글자를 새긴 넓적한 바위를 붙여 놓는다. 창을 열면, 마치 석벽을 대하는 듯, 그 깎아지른 멋이 마음에 들 것이다. 이것은 '조그만 가운데 커다란 것이 보이도록 한다'는 것의 예다. 겉으로 보기에는 막다른 골목같이 생긴 곳이 갑자기 툭 튀게 꾸미거나, 부엌의 뒷문을 열면 후원으로 통하도록 궁리한다. 이것은 '공허한 가운데 충실한 것이 있도록 한다'는 것의 예다. 들어갈 수 없는 후원에 문을 만들어 단 다음 그 앞에 대나무를 심고 바윗돌을 놓아둔다면 사실은 아무것도 없는 것이지만 무언가 있는 것처럼 보인다. 또 담장 위에 나지막한 난간을 만들어 놓는다면 마치 그 위에 노대露臺가 있는 것처럼 보이나 사실은 공허한 것이다. 이것이 '충실한 가운데 공허한 것이 있도록 한다'는 것의 예다.

가난한 선비로서 방들은 적은데 식솔은 많을 경우에는, 우리 고장의 태평선太平船[5]이라는 배의 고물에 배치되어 있는 것을 본따서 다시 방에 적당한 조처를 하는 것이 좋다. 크기가 한정된 고물에는 계단을 침상으로 이용하고 앞뒤를 잘 꾸며 붙이면 침상이 세 개가 된다. 그 사이를 판자로 막고 종이를 바른다면

---

5) 강소성 연수현漣水縣 태평진太平鎭의 나룻배.

앞뒤 위아래가 모두 완전히 격리된다. 마치 골목길을 걷는 듯하지만 비좁게 느껴지지는 않는다. 우리 부부가 양주揚州에 머물고 있을 때 이 방법을 썼는데, 집은 단 두 칸이었지만 아래위 두 개의 침실과 부엌, 대청이 모두 완전히 격리되어서 제법 여유를 가질 수도 있었다. 운이는 웃으면서,

"배치가 정교하기는 해도 아무래도 부귀한 집의 기상은 아니어요" 하고 말했지만, 사실 옳은 말이었다.

나는 언젠가, 산소에 성묘하러 갔다가 결이 예쁜 돌덩이들을 주웠다. 집에 돌아와서 운이와 상의했다.

"사람들이 흰 돌로 만든 수반에 유회油灰, 퍼티[6]를 가지고 선주석宣州石[7]을 쌓아 올리는 것은 빛깔의 조화가 모두 하얗게 어울리기 때문이오. 그런데 이 산에서 나온 노란 돌덩이들은 비록 소박한 멋은 있지만, 유회의 흰빛과는 어울리지 않아서 그 붙인 흔적이 낱낱이 드러날 것이오. 어찌하면 좋겠소?"

"돌덩이 가운데 못생긴 놈을 골라다가 짓찧어 가루를 만든 다음, 이 가루를 젖은 유회에 섞어서 사용해 보시죠. 마르면 빛깔이 같은 노란빛으로 될지도 모르니까요."

---

6) 중국의 복건성福建省과 광동성廣東省에서 나는 석회의 일종(putty).
7) 중국 안휘성 선성현宣城縣에서 나는 하얀 돌.

나는 그의 말을 따르기로 했다. 의흥宜興[8]에서 구워 낸 장방형의 수반에 한 개의 산봉우리를 쌓아 올렸다. 왼쪽으로 약간 치우쳤고 오른쪽은 불끈 튀어나왔다. 그 뒤쪽은 예운림倪雲林[9]의 바위 그림같이 겹겹이 옆으로 누운 장방형의 무늬가 됐으며 우툴두툴한 낭떠러지는 강물 위에 거꾸로 매달린 형국이었다. 한쪽 구석은 비워서 여기에다 개울의 진흙을 펴고 하얀 개구리밥〔白萍〕을 심었으며, 바위에는 속칭 운송雲松이라 하는 담쟁이〔蔦蘿〕를 올렸다. 며칠 동안 애를 쓰고서야 겨우 완성을 봤다.

늦가을이 되니, 담쟁이 덩굴이 온산을 뒤덮어 마치 등나무 덩굴이 석벽에 걸린 것처럼 보였으며, 또 새빨간 꽃이 피었다. 마침 하얀 개구리밥도 물 위로 활짝 피었으므로 빨강과 하양의 대조가 멋졌다. 그것을 들여다보노라니 마음은 어느 새 봉래산 蓬萊山(신선이 산다는 산)을 거닐고 있었다. 이 수반을 처마 밑에 놓아두고, 나는 운이와 함께 산세를 살피면서 여기에는 수각水閣을 지어야 하고, 여기에는 풀잎 정자를 세워야 하고, 여기에는 '꽃 지고 물 흐르는 고장〔落花流水之門〕'이라는 글자를 새겨야 하고, 또 여기에는 살림집을 지을 수 있고, 여기는 낚시터로 만들 수 있고, 여기는 전망대로 삼을 수 있다고—마치 마음속

---

8) 중국 강소성江蘇省 의흥현宜興縣을 가리킴. 보랏빛 진흙으로 만든 도자기가 특산물임.
9) 예찬倪瓚(1301~1374). 원나라 때의 화가로서 산수화에 뛰어남.

에 그린 자연 속으로 지금이라도 곧장 들어가 살 듯이 했다. 그러던 어느 날 저녁에 고양이란 놈이 먹이를 다투다가 처마에서 떨어지는 바람에 수반과 받침대까지 모두 순식간에 부서지고 말았다.

"우리의 이 조그만 경영도 조물주께서는 오히려 꺼리시는가?"

하고 나는 탄식했다. 두 사람은 모르는 결에 눈물을 흘렸다.

조용한 방 안에서 향을 피우는 것도 여가를 즐기는 하나의 멋이다. 운이는 언제나 침향沈香[10]과 속향速香[11]을 사용했다. 먼저 이것을 밥솥에 넣고 속속들이 찐 다음, 화덕 위에 불에서 2센티미터 가량 떨어지게 걸쳐 놓은 구리철사에 올려놓고 천천히 불길에 쬐었다. 그렇게 하니 향기가 더욱 그윽하고 그을음도 나지 않았다. 불수감佛手柑은 술 취한 사람이 향내를 맡으면 안 되는 법으로, 그렇게 하면 쉽게 썩는다. 그리고 모과〔木瓜〕는 겉에 땀이 흐르듯 김이 서리는 것이 나쁜데, 이렇게 김이 서리면 물로 잘 씻어 주어야 한다. 구연枸櫞(레몬)만은 꺼리는 것이 없다. 불수감과 모과를 다루는 법이 따로 있으나 붓끝으로

---

10) 동인도 원산의 향료.
11) 캄보디아 원산의 향료.

설명하기는 어렵다. 가끔 어떤 사람들은 잘 놓여 있는 것을 아무렇게나 집어서 향내를 맡고 또 아무렇게나 갖다 놓는 것을 볼 수 있는데, 이들은 향을 다루는 법을 모르는 사람들이다.

나는 집에 한가하게 있을 때면 책상머리의 화병에 꽃이 떨어지지 않게 하였다. 어느 날 운이는 나에게 이렇게 물었다.

"당신은 꽃꽂이에 바람·햇빛·비·이슬까지 모두 갖추고 있어서 그 정교함은 입신入神의 경지에 든다고 볼 수 있겠어요. 하지만 그림에는 벌레를 그려 넣는 법이 있잖아요? 꽃꽂이에도 이것을 본떠 보시면 어떨까요?"

"벌레는 아무 곳에나 꾸물꾸물 기어다니는데, 어떻게 가만히 있게 할 수 있어야지?"

"한 가지 방법은 있지만 너무 잔인할 것 같아요."

내가 말해 보라고 하니, 이런 설명이었다.

"벌레들은 죽은 다음에도 빛깔이나 모양이 변하지 않죠? 버마재비나 매미, 또는 나비를 잡아다가 바늘로 찔러 죽인 다음, 벌레의 목을 가는 실로 묶어 화초에 매달고, 그 발을 잘 펴서 나무줄기를 끌어안고 있는 것처럼 보이게도 하고, 또 나뭇잎에 앉아 있는 것처럼 보이게도 해 보셔요. 완연히 살아 있는 것 같을 거예요. 좋은 생각이죠?"

나는 기쁜 마음에 곧 그 방법으로 해 봤더니, 보는 사람마다 칭찬하지 않는 이가 없었다.

　부녀자들 가운데 이처럼 사물의 멋을 이해하는 사람은 요즘 세상에 흔치 않을 것이다.

　나와 운이가 석산錫山[12]의 화華씨댁에 머물고 있을 때, 화씨의 부인은 운이한테 두 딸에게 글공부를 시켜 달라고 부탁했다. 시골집이라 마당은 넓었으나, 여름해가 몹시 우렸다. 그래서 운이는 그 집 사람들에게 '움직이는 꽃의 칸막이'를 만들도록 해 주었는데, 그게 참 묘했다. 칸막이는 각각 한 개의 문짝처럼 되어 있었다. 길이가 15센티미터쯤 되는 나무토막 두 개를 가지고 낮은 걸상 모양으로 만들고, 그 허공 위에 넓이 30센티미터 남짓한 선반 네 개를 수평으로 달고, 네 귀퉁이에 둥그런 구멍을 뚫고, 여기에 대나무를 꽂아 창살을 만든다. 칸막이의 높이는 2미터 가량 되게 한다. 사기 분에 강낭콩〔扁豆〕을 심어서 칸막이 안에 넣어 두면 덩굴이 창살 위로 감겨 올라간다. 두 사람이면 이것을 넉넉히 들어 옮길 수 있는 것이다. 이러한 칸막이를 여러 개 만들어, 마음대로 창 앞이나 문 앞에 갖다 놓으면 녹음이 깔려서 햇볕은 가려지고 바람은 그 사이로 불어오게 된다. 이것은 여러 가지 모양으로 바꿔 놓을 수 있으므로 '움직이

---
12) 지금 강소성 무석無錫 서쪽 교외에 있는 작은 언덕.

는 꽃의 칸막이'라고 부르는 것이다. 이 방법을 이용하면 강낭콩 이외에 덩굴이 있는 모든 화초를 마음대로 쓸 수 있다. 이것은 시골살이를 꾸미는 아주 좋은 방법일 것이다.

　나의 친구 노반방魯半舫은 이름을 장璋, 자字를 춘산春山이라 하는데, 소나무·측백나무·매화·국화를 잘 그렸고, 또 예서〔隸書〕를 잘 썼으며, 그 밖에 도장도 잘 새기는 사람이었다. 나는 소상루라는 이름이 붙은 그의 집에서 일 년 반 가량이나 머문 적이 있었다. 소상루는 동향집으로 칸살이 다섯이었는데, 나는 그 가운데 세 칸을 차지했다. 그 집은 날씨가 흐리거나 개거나, 바람이 불거나 비가 오거나, 언제나 전망이 좋았다. 마당 가운데 선 한 그루의 물푸레나무〔木犀〕는 그 맑은 향기가 사람의 마음을 휘젓는 듯했다. 회랑도 있고 곁채도 있으며, 아주 한적한 곳이었다. 그곳으로 옮길 때, 우리는 머슴 내외와 그 작은딸을 데리고 갔다. 머슴은 옷을 지을 줄 알았고, 어멈은 피륙을 낳을 줄 알았다. 그래서 운이는 수를 놓고 어멈은 피륙을 낳고 머슴은 옷을 지어서 이것을 내다 쌀을 팔았다.
　나는 원래 손님을 좋아했으며, 간단한 술자리에서도 언제나 주령酒令(술 마실 때 하는 게임)을 시행했다. 운이는 돈 안 드는 안주의 요리 솜씨가 훌륭했다. 오이·채소·생선·새우같이 흔한 재료라도 운이의 손만 한 번 거치면 특별한 맛이 있었다.

나의 친구들은 내가 가난한 것을 알고 있었으므로 언제나 모일 때에는 술추렴을 내어 하루를 즐기곤 했다. 나는 또 청결한 것을 사랑했으므로 집 안과 마당에는 언제나 검불 하나 떨어진 것이 없었고, 또 친구들과는 조금도 허례를 차리지 않고 자유롭게 지내는 것을 좋아했다.

이때 여러 친구들이 모여들었다. 그 가운데 양보범楊補凡은 본 이름이 창서昌緖였는데 인물화를 능란하게 그렸고, 원소우遠少迂는 본이름이 패沛였는데 산수도를 교묘하게 그렸고, 왕성란王星瀾은 본이름이 암巖이었는데 화조도를 교묘하게 그렸다. 이 사람들은 소상루가 한적한 것이 마음에 들어서 모두 화구를 들고 모여 왔다. 그래서 나도 따라서 그림을 배우게 되었다. 또 초서草書·전서篆書를 쓰기도 하고 도장을 새기기도 해서 돈을 받아서는 운이에게 주어 차와 술을 마련하게 했다.

우리는 온종일 시를 감상하고 그림을 토론할 뿐이었다. 그 밖에 하담안夏淡安·하읍산夏揖山 형제와 목산음繆山音·목지백繆知白 형제, 그리고 장운향蔣韻香·육귤향陸橘香·주소하周嘯霞·곽소우郭小愚·화행범華杏帆·장한감張閑酣 등의 여러 군자들이 있었다. 이들은 "처마끝의 제비 떼같이 오고 싶으면 오고, 가고 싶으면 가곤"[13] 했었다. 운이는 가끔 낯빛도 흐리지

---
13) 두보杜甫의 시 「강촌江村」에서 나온 말.

않고 비녀를 뽑아 술을 받곤 했었는데, 좋은 시절의 아름다운 경치를 그냥 넘길 수 없었기 때문이었다. 지금 이 모든 친구들은 바람에 흩날린 구름장처럼 하늘 끝으로 뿔뿔이 헤어졌고 내 사랑하던 여인은 구슬이 부서지고 꽃이 흙속에 묻히듯 죽었으니, 옛날을 돌아볼 경황이 있으랴!

소상루에서는 금기하는 것에 네 가지가 있었다. 관원들의 영전榮轉에 대한 이야기, 관가의 시사時事에 대한 공론, 과거科擧의 문체에 대한 토론, 그리고 화투나 노름 따위가 그것이었다. 누구든지 이 금기를 어기면 벌로 술 3리터를 내야 했다. 반면에 환영받는 것도 네 가지가 있었다. 넓은 아량, 온건한 풍류, 얽매이지 않는 기상, 조용한 침묵 등이 그것이었다.

기나긴 여름날, 별로 할 일이 없을 때면 우리끼리 백일장을 열곤 했다. 백일장에는 여덟 사람이 참가하는데, 각자가 동전 200문文씩 지참해야 한다. 먼저 제비를 뽑는데, 첫째를 한 사람은 시험관이 되어 상석에 따로 앉아 시험을 감독하고, 둘째를 한 사람은 서기가 되어 제자리에 앉아 기록을 맡는다. 그 나머지는 모두 응시자가 되는데, 응시자들은 서기로부터 도장이 찍힌 종이를 한 장씩 받는다. 시험관이 오언五言(한 행이 다섯 자로 구성되는 詩句)과 칠언七言을 각각 한 구절씩 시험 문제로 내면 거기에 맞춰 대구對句를, 시간을 제한하기 위해 붙여 놓은 선향線香 하나가 다 타기 이전에 지출하는 것이다. 서 있거나 서성거리면서 구상하는 것은 자유지만, 서로 귀엣말을 주고받거나 앉는 것은 금지된다.

　대구가 이루어지면 이를 함 속에 집어넣고는 자리에 가 앉을 수 있다. 응시자들이 모두 답안지를 제출하면 서기가 함을 열고 이를 꺼내어 공책에다 옮겨 적은 다음, 시험관에게 올린다. 이것은 정실을 막기 위해서다. 시험관은 그 열여섯 개의 대구 가운데에서 칠언구七言句 세 개와 오언구五言句 세 개를 뽑는다. 이 여섯 개 가운데 첫째를 한 사람은 시험관이 되고 둘째를 한 사람은 서기가 된다. 자기가 지은 오언구와 칠언구의 두 개 가운데 하나도 뽑히지 않은 사람은 각각 벌금 20문을 물어야 하고, 한 개만 뽑힌 사람은 10문의 벌금을 내야 하며, 제한 시간이 지난 사람은 벌금이 그 두 배가 된다. 한 번의 시험에 있어 시험관은 향값으로 100문을 받는다. 이렇게 해서 우리는 하루에 열 번의 시험을 볼 수 있었고, 1000문의 돈을 모을 수 있었다. 그 돈은 하루의 술값으로는 푸짐한 것이었다. 다만 운이 한 사람만은 특별생의 대우를 해서 자리에 앉아 구상해 볼 수 있도록 했다.

　어느 날 양보범은 꽃을 매만지고 있는 우리 부부의 소묘素描를 한 장 그려 줬는데, 표정이 아주 핍진한 것이었다. 이날 저녁은 달빛이 퍽 고왔으며 회칠한 담벽에 비친 난초의 그림자는 별난 운치를 보여 주었다. 술에 거나해진 왕성란은 흥이 절로 나는지 이렇게 말했다.

"보범이는 당신들의 모습을 그렸지만, 나는 꽃들의 그림자를 그릴 수 있소."

나는 웃으면서 말했다.

"꽃 그림자가 사람 그림자 같을 수 있소?"

왕성란은 흰 종이를 달라 하여 담벽 위에 붙인 다음, 난초의 그림자를 따라 먹을 진하고 엷게 해서 그려 냈다. 낮에 꺼내 보니 비록 그림이라고 부를 수는 없었으나, 꽃에 잎이 얼키설키한 것이 그런대로 달빛 아래의 정취를 풍기고 있었다. 운이는 이것을 보배처럼 여겼고, 나의 친구들은 각각 그 위에 제영題詠을 써 주었다.

소주蘇州省에는 남원南園과 북원北園이라는 두 곳이 있다. 평지〔油菜〕꽃이 노랄 때면 술 한 잔 마실 데가 없는 것이 한이었다. 찬합을 들고 가자니, 꽃을 앞에 놓고 찬 술을 마시는 것이 재미없었다. 어떤 사람은 근처에서 술집을 찾아보자고 했고, 또 어떤 사람은 꽃을 구경하고 돌아와서 마시자 했으나, 아무래도 꽃을 앞에 놓고 따뜻한 술을 드는 것같이 통쾌하지는 못한 것이다. 여러 사람들의 의논은 정해지지 않았다. 운이가 웃음을 띠며 이렇게 말했다.

"내일 여러분께서는 술값만 내셔요. 제가 직접 풍로를 메고 갈 테니까요."

여러 사람들은 웃으면서 좋다고 했다.

다들 돌아간 다음에, 나는 운이에게 정말 직접 나서겠느냐고 물었다.

"아니어요. 길거리에서 훈툰錕飩(물만두의 일종)을 파는 장수를 보니까 거기에는 풍로와 솥이 모두 갖춰져 있더군요. 품삯을 주고 이 사람을 데리고 가면 되지 않겠어요? 제가 먼저 안주를 장만해 드릴 테니 그곳에 가서 한번 익히기만 하면 차와 술이 모두 잘 될 거예요."

"술이나 안주는 되겠지만, 차를 달일 제구는 마땅치 않을 거요."

"질솥을 가지고 가서, 훈툰솥을 떼어 놓고, 풍로 위에 쇠꼬챙이로 그 질솥을 매달고 나무로 불을 지피면 차를 달일 수도 있지 않아요?"

나는 손뼉을 치며 좋다고 했다. 큰길 끝에 포鮑가라는 훈툰 장수가 있었으므로, 이 사람에게 품삯으로 100문을 주고 다음 날 오후에 나와 달라고 부탁했더니, 포가는 선뜻 응낙했다.

다음날 꽃놀이 갈 친구들이 모였을 때, 이 이야기를 하니까 모두들 탄복했다. 점심을 먹은 다음, 자리와 방석을 들고 떠났다. 남원에 이르러, 버드나무 그늘을 찾아가서 둥글게 모여 앉앉다. 먼저 차를 달여 마신 뒤에 술을 데우고 안주를 익혔다. 이때 날씨는 화창하고 바람은 조용했으며 들은 온통 황금빛이었는데, 푸른 옷 붉은 옷을 입은 남녀들은 가로세로 뻗은 밭둑 위로 오락가락하고 나비와 벌들은 마구 날아다니고 있었으므로, 술을 입에 대기도 전에 우리는 벌써 저절로 취했다. 얼마 안 있어 술이 데워지고 안주가 익었으므로 둥글게 앉아 마음껏 먹었다. 훈툰 장수도 꽤 속물이 아니었으므로 끌어다가 같이 마셨다. 놀러 나온 사람들은 이것을 보고 기발한 꾀라고 부러워하지 않는 사람이 없었다. 술잔과 접시들이 낭자하게 되면서, 우리는 모두 거나하게 되어 그냥 앉아 있는 사람, 드러눕는 사람이 있는가 하면 노래를 부르는 사람, 휘파람을 부는 사람도 있었다. 붉은 해가 지려 할 때, 나는 죽 생각이 났다. 훈툰 장수가 곧 쌀을 팔아다 흰죽을 쑤었으므로, 배를 채우고 돌아왔다.

운이가,

"오늘 꽃놀이 즐거웠어요?"

하고 물으니 모두들,

"'부인의 힘이 아니면 이처럼 될 수 없으리라'[14]죠."

하고 말하고는 한바탕 웃으면서 흩어졌다.

---

14) 〈좌전左傳〉 「희공僖公 30년」의 말을 인용했음. 좌전 원문에서는 '부인夫人'을 '저 사람'의 뜻으로 썼음.

가난한 선비는 의복·음식·가옥·기명 등에 대해서 마땅히 검약해야 하고 또 조촐한 멋도 있어야 한다. 검약하기 위해서는 '경우에 따라 해결하는 방법'을 택해야 할 것이다.

나는 간단히 한두 잔 마시는 것은 즐겼으나, 안주 접시를 많이 벌이는 것은 좋아하지 않았다. 그래서 운이는 매화합梅花盒이라는 찬합을 하나 만들었다. 그것은 지름이 약 6센티미터가량 되는 하얀 종발 여섯 개를 가지고 만든 것인데, 가운데에 하나를 놓고 둘레에 다섯 개를 회칠로 붙여 놓은 것으로 매화와 같은 모양이었다. 그 바닥과 뚜껑은 움푹하게 팠고, 뚜껑 위에는 꽃꼭지 모양으로 된 손잡이를 달았다. 책상 위에 이것을 놓아두면 마치 먹으로 그린 매화 한 송이가 엎어져 있는 것 같았고, 그 뚜껑을 열면 꽃잎 안에 안주가 들어 있는 것처럼 보였다. 여섯 가지의 안주를 담은 매화합 하나만 있으면 두어 명의 친구들과 마음 내키는 대로 집으면서 술잔을 기울일 수 있었다. 다 먹고 나면 다시 채우는 것이었다. 이 밖에 운두가 낮은 둥근 쟁반을 만들어, 여기에 술잔·젓가락·주전자 등속을 놓았다. 이런 것이면 아무 데나 놓을 수 있고 또 옮기기도 쉬웠다. 이런 것이 음식물에 있어서 검약하는 한 가지의 방법이다.

나의 '수박 모자〔瓜皮小帽〕'[15]나, 동정·버선 등은 모두 운이

---

15) 중국 사람이 즐겨 쓰는 모자. 반으로 가른 수박처럼 생기고 챙이 없음.

가 손수 만든 것이었다. 옷에 해진 곳이 있으면 반드시 딴 헝겊으로 꿰매 주었으므로 옷은 항상 단정하고 깨끗했다. 나는 더럼 타지 않도록 어두운 빛깔을 택해서 옷을 해 입었는데, 출입에나 집에서나 휘뚜루 입을 수 있었다. 이런 것이 의복에 있어서 검약하는 한 가지의 방법이다.

처음 우리가 소상루에 옮겨 갔을 때 방이 너무 어둡게 보였으므로 흰 종이로 도배를 했더니 곧 환하게 됐다. 여름철에는 아래층의 창문을 모두 떼어 놓았더니, 난간이 없어 퍽 허전했다.

"헌 대발이 하나 있는데, 이것을 가지고 난간을 대신하지 않겠어요?"

하고 운이가 제안했다.

"어떻게?"

"검은 대나무 몇 대를 갖다가, 사람이 다닐 길만 틔워 놓고 탁자 높이로 가로세로 엮어 세우고요, 대발을 반으로 접어 그 위에 걸쳐서 밑자락이 땅에 끌리게 하지요. 그런 다음 짧은 대나무 네 개를 중간에 세우고는 노끈으로 붙들어 매고요, 또 대발을 걸친 곳에는 검은 헝겊을 가지고 대나무와 함께 시치면 돼요. 보기에도 좋고 허전한 것도 막아지고, 또 돈도 안 들지요."

이상과 같은 것이 '경우에 따라 해결하는 방법'의 몇 가지 예다. 이런 것으로 미루어 보면, 옛사람이 '대나무 쪽이나 나무 토막도 모두 쓸모가 있다'라고 한 말이 옳다는 것을 알 수 있다.

여름에 연꽃이 처음 필 때에는, 꽃들이 저녁이면 오므라들고 아침이면 피어난다. 운이는 작은 비단 주머니에 엽차를 조금 싸서, 저녁에 화심花心에 놓아두었다가 다음날 아침에 이것을 꺼내어 천천수天泉水(빗물)를 끓여 차를 만들었다. 그 차의 향내는 유난히 좋았다.

3 | 슬픈 운명

인생에 있어 슬픔과 괴로움은 어떻게 해서 생기는가? 대개는 자기가 지은 죄의 탓이지만, 나의 경우는 그렇지 않았다. 다정다감하고 약속을 중히 여기며 또 성격이 솔직 활달한 것이 빌미가 되었다. 나의 아버님 가부공 또한 너그러우신 분으로 남의 어려움을 잘 주선해 주셨다. 남의 일을 성사시켜 주신다든가, 남의 딸을 짝채워 주신다든가, 남의 아이를 보살펴 주신다든가 하는 일은 이루 손꼽아 셀 수 없었다. 그리고 황금 보기를 돌같이 하시면서 모두 남을 위해서 쓰셨다. 우리 부부가 살림을 하면서부터 돈이 필요할 때는 전당을 잡히지 않을 수 없었다. 처음엔 그래도 웃돌을 빼서 아랫돌을 괴었으나, 나중에는 터지는 구멍 막기에 바빴다. 속담에도 '살림살이와 인정 쓰는 데 돈은 뺄 수 없는 것'이라고 하지만, 이렇게 되니까 먼저 오지랖 넓은 사람들의 이러쿵저러쿵하는 소리가 들렸고, 점점 집 안내에서도 비난을 사게 되었다. '여자는 재주 없는 것이 곧

미덕'이란 말은 정말 만고에 변치 않을 지당한 금언이다.

나는 장남이었으나 일가 중의 같은 항렬에서 셋째였으므로 집안에서는 운이를 '셋째 아씨〔三娘〕'라고 불렀다. 그러다가 뒤에 가서는 갑자기 '셋째 마님〔三太太〕'이라고 부르게 됐다.[1] 처음엔 장난이었으나 나중에는 습관이 됐으며, 심지어 집안의 어른 아이 할 것 없이 모두 '셋째 마님'으로 불렀다. 이것이 집안에 변고가 생길 조짐이었던가?

1785년, 즉 을사乙巳년에 나는 해령海寧縣의 관아에서 아버님을 모시고 있었다. 그때 운이는 집에서 부치는 서신들 편에 내게 따로 편지를 동봉해 왔다. 아버님께서는 이것을 보시고 말씀하셨다.

"며느리가 글을 아는 모양이니, 네 어미의 편지를 그 애가 대필토록 했으면 좋겠다."

그래서 운이가 대필하게 되었는데, 뒤에 집안에서 군소리가 생기자 어머님께서는 운이가 편지를 잘못 쓴 때문이라 의심하시고, 대필을 그만두게 하셨다. 아버님께서는 편지가 운이의 글씨가 아닌 것을 보시고,

---

[1] 셋째라는 것은 남편이 같은 항렬 가운데 셋째이기 때문임. '아씨〔娘〕'와 마님〔太太〕은 지방에 따라 달리 부르지만, 대체로 아씨〔娘〕는 대가족 가운데의 젊은 부인에게 쓰고, 마님〔太太〕은 독립한 가정의 주부에게 씀.

"너의 처가 병이 났느냐?"
고 나에게 물으셨다. 나는 운이에게 편지로 물어봤으나 역시 답장이 없었다. 이렇게 해서 시간이 오래되니까 아버님께서는 역정을 내셨다.

"아마 너의 처는 대필하는 것을 하찮게 여기는 모양이구나!"

그 뒤, 내가 집에 돌아가서야 그 자세한 이야기를 듣게 되었다. 내가 아버님께 사정을 완곡하게 여쭈려고 했더니, 운이는 말을 급히 막았다.

"시아버님께 책망을 받는 것이 시어머님께 미움을 사는 것보다 나아요."

그래서 이 일은 결국 해명을 하지 못했다.

1790년 봄에, 나는 또 양주揚州府의 관아에서 일을 보시는 아버님을 모시고 있었다. 이때, 아버님의 동료 가운데 유부정俞孚亭이란 분이 권속을 거느리고 와 있었다. 어느 날 아버님께서는 부정에게 이렇게 말씀하셨다.

"나는 일생을 늘 타향으로 떠돌아다니며 고생이 많소. 시중들 여자라도 한 사람 구하고 싶지만 그게 졸연히 안 되는구려. 자식놈이 애비의 뜻을 살필 줄 안다면, 고향에서 한 사람 구해 올 수도 있으련만! 말이나마 서로 통할 수 있을 텐데……."

부정이 나에게 이 말씀을 옮겨 주었으므로 나는 운이에게 이 뜻으로 편지를 냈다. 운이는 중매를 내세워 물색하여 요姚씨의 딸을 얻게 됐다. 운이는 이 여자를 아버님께서 좋다고 하실지 몰랐으므로, 어머님께는 곧 말씀드리지 않았다. 그 여자가 집에 올 때는, 어머님께 다만 이웃에 사는 여자인데 놀이 가는 것이라는 투로 말했다. 아버님께서 이 여자를 데려가기 위해 나를 집으로 보내셨을 때에는, 운이는 또 옆집 사람의 의견을 좇아서, 이 여자는 아버님께서 전부터 마음에 두셨던 것이라는 투로 말했다. 어머님께서는 그 여자를 보시고 이렇게 말씀하셨다.

"이 사람은 이웃에 사는 여자인데 놀이 가는 것이라고 네가 말하더니, 어째서 첩을 삼게 됐느냐?"

그래서 운이는 시어머님께마저 사랑을 잃고 말았다.

1792년 봄에 나는 진주眞州(지금 儀徵縣)에 머물고 있었다. 그때 아버님께서는 양주揚州에서 병환이 나셨으므로 문병 갔다가 나도 병이 났다. 나의 아우 계당이도 와서 시중을 들고 있었다. 그런데 운이로부터,

"……시동생이 이웃집 여자에게서 돈을 꾸었는데, 그때 저더러 보증을 서 달래서 서 주었더니, 지금 빚독촉이 성화같아요."

라는 편지가 왔다. 내가 계당이에게 이 일을 묻자 계당이는 형수가 괜히 일을 만든다고 돌라대었다. 그래서 나는 편지 끝에

간단히,

 "아버님과 나는 모두 병이 났으며, 갚을 돈도 지금은 없소. 계당이가 돌아가면 자신이 해결할 것이오."
라고 적어서 보냈다. 얼마 지나지 않아 아버님과 나는 모두 병이 완쾌됐다. 내가 진주로 돌아간 뒤에 운이의 답장이 왔으므로 아버님께서 뜯어보시게 됐다. 편지에는 계당이의 빚에 대한 이야기가 써 있었고, 또 이런 말을 했다.

 "……노인네의 병환은 모두 요姚씨 때문에 생기신 것이라고 자당님께서는 생각하셔요. 시아버님께서 좀 차도가 있으시면 요씨에게 집 생각이 난다고 말씀 드리도록 몰래 부탁해 보셔요. 저는 그 부모가 양주로 가서 데려오도록 하겠어요. 이렇게 하는 것이 피차에 책임을 벗어나는 방법일 것 같아요."

 아버님께서는 편지를 보시고 대단히 역정을 내셨다. 계당이에게 빚에 대한 것을 물으셨더니, 그는 모르는 일이라고 딱 잡아뗐다. 그래서 나에게 이렇게 신칙하셨다.

 "……너의 처는 지아비 몰래 빚을 지고서는 오히려 시동생을 모함하였다. 더구나 시어머니를 '자당님', 시아버지를 '노인네'라고 했으니, 이것은 도리에 크게 어긋나는 일이다. 나는 이미 일부러 사람을 시켜 그 애를 쫓아내라는 편지를 소주蘇州로 띄웠다. 네가 만약 조금이라도 사람의 양심을 가졌다면, 또한 그 허물을 알 것이다!"

나에게 있어 이 편지는 마치 마른하늘에 날벼락치는 것과 같았다. 곧 아버님께 상서를 올려 사죄한 다음, 말을 세내어 소주로 달려갔다. 운이가 좁은 소견에 일을 저지를까봐 두려웠던 것이다. 집에 가서 사건의 자초지종을 이야기하고 있는 중에, 아버님께서 보내신 심부름꾼이 운이를 추방하라는 아버님의 하서를 가지고 왔다. 편지는 여러 가지 허물을 준열한 어조로 나무라시는 것이었다. 운이는 그예 울음을 터뜨렸다.

"제가 허망한 말씀을 한 것은 정말 잘못이었어요. 그래도 시아버님께서는 아녀자의 무식한 소치라는 것으로 용서해 주셔야죠."

며칠 뒤에 아버님께서는 다시 하서를 보내셨다.

"……나는 너희를 너무 심하게 대할 생각은 없다. 너의 아내를 데리고 다시 내 눈에 띄지 않도록 따로 나가 살아라. 그래서 내 화를 돋우지 않으면 된다."

그래서 운이를 친정으로 보내려 했으나, 운이의 어머니는 돌아가셨고 동생은 집을 뛰쳐나가고 없었으므로, 운이는 친척집에 얹히게 되는 것을 싫어했다. 다행히도 나의 친구 노반방이 이 소식을 듣고 우리의 처지를 딱하게 여겨, 그의 집인 소상루에서 머물도록 청해 주었다. 이태가 지나서 나의 아버님께서는 일의 시말을 점차 아시게 되었다. 마침 내가 영남嶺南(즉 廣東省)에서 돌아왔을 때, 아버님께서는 친히 소상루로 오셔서 운이에게 이렇게 말씀하셨다.

"먼젓일에 대해서는 내가 다 알았다. 집으로 돌아오겠니?"

우리 부부는 기뻐하면서 옛집으로 돌아왔고, 이에 가족들이 다시 한자리에 모이게 됐다. 그러나 감원이의 업장業障이 또 있을 줄이야 누가 생각했으랴!

운이는 전부터 하혈下血하는 증세가 있었다. 그것은 그의 아우 극창克昌이 집을 뛰쳐나가자 그 어머니 금씨께서 아드님 걱정으로 병환이 나서 돌아가신 뒤, 슬픔이 쇠져서 생긴 것이었다. 감원이를 알고나서부터는 한 해가 넘도록 증세가 잠잠했으므로, 나는 좋은 약이라고 여기며 다행스럽게 생각했다. 그런데 어떤 세도가가 천금千金을 내고 또 그 어미를 보살펴 준다는 조건으로 감원이를 탈취해 갔다.

고운 사람은 이미 사타리[2]에게 딸렸거늘,
(佳人已屬沙吒利。)

하는 것이 되고 말았다. 나는 이 일을 진작 알았으나, 운이에게

---

[2] 당나라 번장藩將의 이름. 이 시구는 송나라 왕진경王晉卿의 시에서 인용된 것이며, 이야기는 원래 당나라의 전기傳奇 소설인 〈장대류전章臺柳傳〉에서 나온 것임.

감히 말을 끄집어 낼 수가 없었다. 운이는 그 집에 찾아갔다가 비로소 알게 되었다. 집으로 돌아와 목이 메게 울었다.

"애초에 감원이가 이다지 박정할 줄은 몰랐어요."

"그대 자신이 세상을 모른 것이오. 그런 사람들이야 어디 박정이고 다정이고가 있겠소? 더구나 비단옷에 이밥으로만 지내던 사람이 나무 비녀에 베치마로도 만족한다고는 반드시 말할 수 없소. 나중에 가서 후회하기보다는 차라리 처음부터 성사되지 않은 것이 낫소."

이렇게 재삼 위로했으나, 끝내 우롱당한 것을 원통하게 여겼다. 다시 하혈이 크게 도져서 몸져누웠으며, 약석의 효험을 전혀 볼 수 없었다. 병은 더했다 덜했다 하면서 운이의 피골이 상접하게 만들었다. 이렇게 되니 몇 해 안 가서 빚은 날로 쌓이고 물의는 날로 심해졌다. 늙으신 부모님께서는 또 운이가 기생과 의를 맺었다고 해서 점점 미워하셨다. 나는 그 사이에 끼여 사태를 호전시키려고 헛애만 썼다. 이때 형편은 사람 사는 것이 아니었다.

운이는 딸을 하나 낳았는데, 이름은 청군靑軍이라 했고, 나이는 이때 열넷이었다. 청군이 글도 꽤 읽었고 아주 총명했으며, 집에서 비녀나 옷가지를 전당잡힐 때에는 곧잘 심부름도 했다. 또 아들도 하나 있었는데, 이름은 봉삼逢森이라 했고, 나이는 이때 열둘이었다. 이 애는 글방에서 글을 배우고 있었다.

나는 몇 해 동안이나 막우의 일자리를 얻지 못했으므로, 사는 집에 서화포書畵鋪를 차려 보았다. 그러나 사흘 동안에 들어오는 돈이 단 하루에 쓰임에도 모자랐다. 살림이 쪼들려 여러 가지로 애도 무진히 썼다. 나는 한겨울에도 갖옷을 못 입고 맨몸으로 나다녔다. 청군이 또한 홑겹만 입고 떨면서도 오히려 춥지 않다고 우겨 말했다. 운이는 다시는 의원을 부르거나 약첩을 쓰지 않겠다고 맹세까지 했다.

　운이가 우연히 병상에서 일어나게 되었을 때였다. 마침 나의 친구 주춘후周春煦가 복福 군왕郡王[3]의 막우로 있다가 일시 귀향해서, 심경〔般若波羅密多心經〕 1부部를 수놓아 줄 사람을 구했다. 운이는 불경을 수놓으면 재앙을 없애고 복을 받을 수 있다는 생각에서, 또 그 수놓는 삯전이 많다는 점에 끌려서 이 일을 맡았다. 그런데 춘후는 바삐 떠나가야 할 몸으로 수놓기를 오래 기다릴 수 없었으므로, 운이는 열흘 만에 이 일을 끝마쳤다. 허약한 몸이 갑자기 과로한 탓으로 운이는 허리가 시근시근하고 머리가 어질어질하는 병까지 겹쳐졌다. 박복한 사람은 부처님께서도 자비를 베풀지 않으시는 모양이다. 불경을 수놓고 병이 도진 운이는 물을 달라, 약을 달라 해서 시중이 많이 들었으므로, 집안 상하가 모두 싫어했다.

---

3) 봉작封爵의 명칭. 청나라에서는 황족皇族 제 2위의 봉작임.

어떤 산서山西省 사람이 나의 서화포 왼편 집에 세를 들었다. 그 사람은 고리대금을 생업으로 하고 있었다. 가끔 나한테 와서 그림을 그려 달라고 부탁했으므로, 우리는 서로 알게 되었다. 나의 친구 한 사람이 그에게서 50금金을 꿀 때 나더러 보를 서 달라고 했다. 나는 친구의 정리상 물리치기 어려워 허락해 주었더니, 그 친구는 돈을 가지고 도망쳐 버렸다. 그러니, 산서 사람은 보를 선 나에게 빚을 갚으라고 졸라 댔으며, 자연히 왁자지껄하게 떠들 때가 많았다. 처음엔 그림을 그려서 좀 갚기도 했으나 점점 갚을 길이 없게 됐다. 연말에 아버님께서 마침 집에 돌아와 계시는 중인데, 산서 사람이 돈을 받으러 와 문간에서 고래고래 소리를 지르고 있었다. 아버님께서는 나를 부르셔서 이렇게 꾸중하셨다.

"우리는 선비의 집안이야. 어찌하여 이러한 소인의 빚을 걸머졌느냐!"

내가 막 사건의 경과를 설명하려는 참에 공교롭게도 운이가 어려서 언니로 삼은 석산錫山의 화華부인으로부터 심부름꾼이 왔다. 화부인은 운이의 병든 소식을 전해 듣고 병문안을 하기 위해 사람을 보냈던 것이었다. 나의 아버님께서는 이를 감원이가 보낸 심부름꾼으로 오해하시고 더욱 노하셨다.

"너의 아내는 부도婦道는 지키지 않고 기생 따위와 의나 맺으며, 너 또한 향상 발전할 생각은 않고 소인들과 함부로 어울리기만 하는구나! 너를 죽이는 것은 부자의 정리상 차마 못 할 일이므로, 잠시 사흘 동안의 말미를 줄 테니, 속히 자신을 위한 방도를 세워라. 만약 늦어지면 불효不孝[4]의 죄로써 관가에 고소하겠다!"

운이는 이 말씀을 전해 듣고 하염없이 울었다.

"부모님께서 이처럼 노하시는 것은 모두가 저의 허물이어요. 제가 죽으면 당신은 차마 발걸음이 떨어지지 않으실 테고, 저를 놔두고 떠나시려 해도 당신은 마음이 놓이지가 않으실 테죠…….

화씨댁의 심부름꾼을 슬쩍 불러오셔요. 억지로라도 일어나서 물어보고 싶은 말이 있으니까요."

그리고는 청군이더러 부축해 달라고 하여 방문 밖으로 나섰다. 운이는 화씨댁의 심부름꾼을 보고 말했다.

"너의 마님이 일부러 보내서 온 것이냐? 그렇지 않으면 이곳을 지나치는 길에 들른 것이냐?"

"저희 마님께서는 부인께서 와병중이시란 말씀을 오래전부터 듣고 계십죠. 원래는 저희 마님께서 친히 문병하러 오실 작정이셨지만, 이 댁을 전에 한 번도 오신 적이 없으시므로 삼가시는 뜻에서 소인을 보내신 것입죠. 소인이 떠날 때 저희 마님

---

[4] 당시 법률에 있어 사면받을 수 없는 가장 큰 죄로서 십악十惡의 하나임.

께서 이르시기를, 부인께서 만약 시골살이를 지저분타고 꺼리지 않으신다면 시골로 오셔서 조섭하시라굽쇼. 이것은 두 분께서 어리셨을 때 등잔불 아래서 약속하셨던 일을 지키는 것뿐이라굽쇼."

이 말은 운이와 화부인이 소녀 시절에 등잔불 아래서 함께 수놓으면서, 훗날 병이 나서 고생하게 되면 서로 돕기로 약속했던 일이 있었기 때문인 것이다. 그래서 운이는 이렇게 말했다.

"수고스럽지만, 너 속히 돌아가서 너의 마님께 이렇게 여쭈어라. 이틀 뒤에 다른 사람 모르게 배 한 척[5] 보내 주십사구."

그 사람이 돌아간 다음 운이는 나에게 말했다.

"화씨댁 언니는 제 친동기보다 정이 두터우니까 당신께서도 그 집에 가시겠다면 저와 동행하셔도 괜찮아요. 그렇지만 애들은 데려가기가 민망스럽고, 또 집에 남겨 두자니 부모님께 괴로움을 끼칠 것이라 안 되겠죠? 이틀 동안에 애들을 안돈시켜야 할 텐데……."

이때 나의 내종형인 왕신신王藎臣은 운옥韞玉이란 외아들을 두고 있었는데, 청군이를 며느리로 삼고 싶어했다. 운이는 말을 이었다.

"왕씨네 아들은 나약하고 무능하대요. 고작 가업이나 이어나

---

5) 강소성 일대는 운하가 발달하여 수로가 종횡으로 뻗어 있음.

갈 애인데, 왕씨네는 별로 이어나갈 가업도 없다죠? 그나마 다행인 것은 선비의 집안이고 외아들이니, 이 집에 시집보내도 좋겠어요."

나는 신신이에게 이렇게 말했다.

"나의 아버님은 형의 외삼촌이 되니까, 형이 청군이를 며느리로 삼겠다고 여쭈면 허락하실 겁니다. 그러나 애들이 다 큰 뒤에 성례해야 할 텐데, 지금 우리 형세가 그렇게 안 되는군요. 우리 부부가 석산으로 떠난 뒤에, 형이 직접 우리 부모님께 말씀 드려서 민며느리로 데려가는 것이 어떻겠습니까?"

신신이는 하라는 대로 하겠다면서 기뻐했다. 또 봉삼이는 점방에 들어가 장사를 배우도록 천거해 달라고 내 친구 하읍산夏揖山에게 부탁해 뒀다.

이렇게 자녀들을 안돈시키고 나니, 마침 화씨댁에서 보내 온 배가 이르렀다. 때는 1801년 2월 8일, 음력은 경신庚申년 섣달 스무닷샛날이었다. 운이가 이렇게 말했다.

"이렇게 초라하게 대문을 나서면, 이웃 사람들의 비웃음을 살 뿐아니라, 또한 산서 사람의 돈 문제를 매듭짓지 못했으니, 그 사람이 알면 필경 우리를 놓아주지 않을 것이어요. 내일 새벽 네 시에 조용히 떠나는 게 어떻겠어요."

"몸이 성치 않은데, 새벽의 찬바람을 쐬어도 괜찮겠소?"

"사람이 죽고 사는 것은 천명에 달렸어요. 너무 염려하지 마셔요."

나는 아버님께 이러한 계획을 여쭈었더니, 아버님께서도 좋다고 하셨다. 이날 밤, 나는 우선 작은 행장을 꾸려서 배에다 져다 놓게 하고, 봉삼이를 일찍 재웠다. 그리고 나서 방에 들어가니 청군이는 어미 곁에서 울면서 운이가 나직이 타이르는 말을 듣고 있었다.

"네 어미는 팔자가 기박하고 또 정에 약하기 때문에, 이렇게 엎친 데 덮친 격으로 고생을 하는 거다. 그러나 다행한 것은 네 아버님이 나를 잘 보살펴 주시니까 이번 길에 다른 염려는 없구나. 두세 해 안에는 모여 살 수 있게 반드시 마련될 거다. 너는 시집에 가서 부도婦道를 잘 지켜야지 네 어미를 본받아서는 안 된다. 너의 시부모님은 너를 며느리로 얻은 것을 아주 대견하게 여기고 계시니까 너에게 잘해 주실 거야. 이곳에 남겨 둔 고리짝 속의 물건들은 모두 네가 가져가거라.

네 아우는 아직 나이가 어리기 때문에 사실을 알리지 않는다. 떠날 때에 가서는, 의원 보러 가는데 며칠 안으로 곧 돌아온다고 말할 생각이야. 우리가 멀찌막히 갔을 때쯤, 네가 자세한 얘기를 해 줘라. 할아버님께서 보살펴 주실 거다."

이때, 옆에는 그 집에서 여름을 보냈다고 이미 1장에서 이야기한 적이 있는 노파가 우리를 시골까지 바래다주겠다고 하면서 앉아 있었는데, 그 노파도 눈물을 끊임없이 계속하여 조용히 훔쳐내고 있었다. 오경五更(오전 네 시)을 알리는 북이 울릴 때, 우리는 흰죽을 데워서 먹었다. 운이는 일부러 명랑하게 웃으며 이렇게 말했다.

"옛날 죽 한 그릇으로 모이더니, 지금 죽 한 그릇으로 헤어지는군요. 이 내용을 희곡으로 꾸민다면 〈흰죽에 얽힌 사연(喫粥記)〉이라고 제목을 붙일 수 있겠어요."

봉삼이는 이 말소리를 잠결에 듣고 일어나, 하품을 하면서 물었다.

"엄마, 뭘 해요?"

운이는 이렇게 달랬다.

"엄마는 의원 보러 가는 거예요."

"이렇게 일찍요?"

"길이 머니까. 누나하고 집에 얌전히 있어요. 할머님한테 미움받히지 말고. 엄마는 아버지와 같이 갔다가 며칠 안으로 곧 돌아올 테니."

닭이 세 홰째 울자, 운이는 눈물을 머금고 노파의 부축을 받으며 뒷문을 열고 나서는데, 봉삼이가 갑자기 울음을 터뜨렸다.

"아아! 엄마는 안 온다."

청군이는 다른 사람들이 울음소리에 깰까봐, 급히 그의 입을 막으면서 달랬다. 이때, 우리 두 사람은 간장이 토막토막 끊어지는 것 같았다. 다만 울음을 그치라고 했을 뿐, 한마디 말도 다시 할 수 없었다. 청군이가 문을 걸어 닫은 다음, 운이는 골목길을 겨우 여남은 걸음 걷고는 지쳐서 더 걷지 못했다. 나는 노파에게 등불을 들리고 운이를 업었다. 배가 있는 곳까지 거반 다 갔을 때, 우리는 하마터면 순라군에게 잡힐 뻔했다. 그러나 다행히 노파가 운이는 병든 딸이고 나는 사위라고 말해 줬으며, 또 사공들이 모두 화씨댁의 머슴들이어서 소리를 듣고는 달려왔으므로, 우리는 서로 부축하면서 배에 오를 수 있었다. 밧줄을 풀고 배가 떠나자, 운이는 비로소 방성대곡放聲大哭했다. 실제로 이번 길이 모자母子의 영결永訣이었다.

화華씨는 이름이 대성大成이었다. 무석無錫縣의 동고산東高山에 살고 있었는데, 집은 산을 바라보는 곳에 있었다. 자작농을 생업으로 하는 그는 사람이 소박하고 성실했다. 그의 처 하夏씨가 바로 운이와 의를 맺은 언니였다. 이날 오후 한 시쯤에야 우리는 그 집에 다다랐다. 화부인은 벌써부터 대문 앞에서 기다리고 있다가, 배가 닿자 두 딸을 데리고 배 위까지 마중을 나왔다. 화부인과 운이는 서로 얼싸안으며 기뻐했다. 이윽고 화부인은 운이를 뭍으로 부축해 올렸는데, 태도가 아주 은근하고 친절했다. 이웃에 사는 부인과 아이들까지 방 안으로 우루루 몰려와서는 운이를 에워쌌다. 어떤 이는 바깥 소식을 묻기도 하고 어떤 이는 병을 동정하기도 하면서 이마를 맞대고 지껄였으므로 방 안이 시끌시끌했다.

운이는 화부인에게 말했다.

"오늘은 언니, 제가 바로 무릉도원武陵桃源[6]에 들어간 어부가 됐군요."

그러자 화부인은 이렇게 대답했다.

"누이는 웃지 말아요. 시골 사람이란 견문이 적어서 이상하게 보이는 것이 많은 법이어요."

우리는 그래서 편안히 설을 쇠었다. 정월 대보름이 되기까지는, 불과 스무날쯤 지났을 뿐이나, 운이는 점차 기동할 수 있게 되었다. 보름날 저녁에는 타작 마당에서 용등龍燈 놀이가 있었는데, 구경하고 있는 운이의 정신이나 태도가 점차 회복되고 있는 것이 눈에 띄었다. 나는 마음이 놓여서, 운이와 앞일을 상의했다.

"우리가 여기서 마냥 묵고 있을 수는 없소. 다른 곳으로 가 보고 싶으나 돈이 모자라오. 어찌하면 좋겠소?"

"저도 역시 생각해 봤어요. 당신의 자형姉兄인 범혜래范惠來가 지금 정강靖江縣의 염서鹽署(鹽專賣支廳)에 회계로 있죠? 10년 전에 자형은 당신에게서 10금金(은 10냥)을 빌렸어요. 그때

---

6) 도연명陶淵明의 〈도화원기桃花源記〉에, 한 어부가 무릉도원이란 별천지에 들어갔더니, 그 고장 주민들이 그를 둘러싸고 바깥 소식을 물었다는 이야기가 있음.

돈이 모자라 제가 비녀를 잡혀서 액수를 맞춰 드린 적이 있죠. 당신 생각나서요?"

"오, 잊었었군!"

"당신, 한번 가 보시죠? 정강은 여기서 멀지 않대요."

나는 그의 말을 좇기로 했다. 이때는 날씨가 퍽 따뜻했으므로 융 '장삼'에 세루 '마괘'를 입고도 오히려 더웠다. 이것은 1801년, 즉 신유申酉년 정월 열엿샛날이었다. 이날 밤에는 석산錫山의 주막에서 이불과 요를 세내어 잠잤다. 다음날은 새벽에 일어나서 강음江陰縣으로 가는 객선을 탔는데, 쭉 맞바람을 받다가 나중에는 가랑비까지 맞았다. 밤이 되어서야 배는 강음 나루터에 닿았다. 봄추위에 뼛속까지 시렸으므로, 나는 어한禦寒하기 위해 대포 두어 잔을 사 마셨더니 주머니가 비었다. 밤이 새도록 궁리하다가 속옷을 벗어서 저당잡힌 돈으로 나룻배를 타기로 작정했다.

열아흐렛날은 된바람이 더욱 사나웠고 눈발은 더욱 세찼으므로, 나는 처량한 마음이 되어 눈물이 글썽글썽했다. 나는 속으로 방값과 뱃삯을 셈쳐 보고, 감히 다시는 술 마실 엄두를 내지 못했다. 이렇게 한심하게 떨고 있는 중에 문득 한 노인이 눈에 띄었다. 짚신 감발하고 전모氈帽를 눌러 쓰고 누런 보퉁이를 어깨에 메고 주막 안으로 들어서는 것이었다. 그가 나를 쳐다보는 품이 나를 알아보는 것 같았다. 내가 먼저 말을 건넸다.

"노인은 태주泰州 사는 조曹씨가 아니오?"

"그렇습죠. 어르신네가 아니었다면 소인은 벌써 죽어서 시궁창에나 파묻혔을 겁쇼. 지금 소인의 딸년도 탈 없이 잘 있사오며, 늘 어른신네의 공덕을 칭송하고 있습죠. 오늘 뜻밖에 여기서 뵙는군입쇼. 무슨 용모로 여기에 계시는갑쇼?"

이야기는 내가 태주의 관아에서 일보고 있었을 때로 거슬러 올라간다. 그때 조가는 지체는 미천했으나 자색이 뛰어난 딸을 두고 있었다. 그 딸은 이미 약혼한 몸인데, 어떤 세도가가 조가에게 빚을 주고는 딸을 뺏으려고 했으므로 송사가 벌어지게 됐다. 내가 중간에 들어서 조종하여 그 딸을 원래 약혼했던 사람에게 시집갈 수 있도록 해 주었다. 조가는 관아에 종으로 들어왔으며, 나에게 이마가 땅에 닿도록 큰절을 하면서 사례했다. 그래서 서로 알게 됐던 것이다.

나는 조가에게, 친척을 방문하러 나섰다가 눈에 길이 막히게 된 사유를 이야기했다. 조가는 이렇게 말했다.

"내일 날이 맑으면, 소인도 마침 가는 길이오니, 어르신네를 배웅해드립죠."

그는 돈을 내어 술을 사면서 나를 정성껏 대접했다.

스무날, 새벽 종이 울리기가 무섭게 나루터에서는 배 탈 손님을 부르는 소리가 들려왔다. 나는 급히 일어나서 조가를 깨워 나루터로 나가자고 말했다.

"조급히 서두르실 것 없습죠. 진지나 든든히 잡수시고 배를 타십쇼."

조가는 이렇게 말하면서 방값과 밥값을 대신 셈하고는 나를 끌고나가 또 술을 샀다. 나는 길에서 너무 지체되는 통에 어서 강을 건너가고만 싶었으므로, 목에 밥이 잘 넘어가지 않아 마병麻餠(깨를 뿌린 호떡) 두 조각을 억지로 씹었다. 배에 올랐더니, 강바람은 살같이 빨라 나는 사지가 덜덜 떨렸다. 조가가 이렇게 말했다.

"어떤 강음 사람이 정강에서 목매어 죽었사온데, 그의 아내가 장사 치르려고 이 배를 도거리로 삯을 냈습죠. 그 사람이 올 때까지 기다려야 할 걸입쇼."

빈속에 추위를 참고 있으려니 오정이나 돼서야 배를 띄우는 것이었다. 배가 정강에 다다랐을 때에는 저녁 짓는 연기가 사방으로 퍼지고 있었다.

"정강에는 관아가 성 안과 성 밖 두 곳에 있는뎁죠. 찾아뵐 분은 어디에 계시는갑쇼?"

나는 비칠비칠 그 뒤를 따라가면서 대답했다.

"실로 성 안인지 성 밖인지 모르네."

"그렇사오면 오늘은 우선 주막에서 주무시옵고, 관아는 내일 찾아보도록 합쇼."

주막에 들어서니 버선이 이미 진흙에 흠뻑 젖어 있었으므로,

나는 화롯불을 달라 해서 버선을 쬐었다. 나는 허겁지겁 밥 한 술을 뜨고는 몹시 고단했던 김이라 곧 곯아떨어졌다. 새벽에 깨어 보니 버선은 불에 반나마 타버렸다. 조가가 또 방값과 밥값을 치렀다. 우리가 성 안으로 찾아가니 혜래는 자리에서 채 일어나지도 않고 있었다. 내가 왔다는 전갈을 듣고, 그제야 그는 옷을 걸치면서 나오다가 깜짝 놀랐다.

"처남, 어찌 이 지경이 됐나?"

"얘기는 천천히 하고, 은자가 있으면 2금金만 꾸어 주시오. 우선 나를 바래다준 사람에게 줘야겠으니."

혜래가 꺼내서 주는 번은番銀(외국 은화) 2원圓을 나는 조가에게 주려 했으나, 조가는 한사코 사양하다가 1원만 받았다. 조가가 떠난 다음, 나는 길에서 생긴 일과 찾아온 뜻을 이야기했다. 말을 다 듣고 나서 혜래는 이렇게 말했다.

"처남 매부 사이는 아주 가까운 것이니, 설혹 내가 전에 빚진 일이 없다 하더라도, 미력이나마 돕는 것이 마땅한 일이지 않나. 그런데 여기 사정도 곤란한 점이 있네. 바다에서 들어오던 소금배가 근자에 해적을 만났지 뭐야. 그래서 지금 회계를 맞추는 중이라 많이는 돌릴 수가 없네. 번은 20원쯤 마련할 테니 이것으로 옛날 빚을 갚은 것으로 치게. 어떤가?"

애초에 큰 기대는 걸지 않고 왔기 때문에 나는 좋다고 말했다. 그곳에서 이틀 동안 머무르니까 날씨가 개어 따뜻해졌으므로, 나는 채비를 차려서 떠났다. 스무닷샛날에 화씨댁으로 돌아왔다.

"길에서 눈을 만났어요?"
하고 운이가 물었다. 그래서 나는 고생스러웠던 얘기를 해 줬더니, 운이는 쓸쓸하게 말했다.

"눈이 왔을 때, 저는 당신이 이미 정강에 도착하셨을 걸로 생각했어요. 그런데 당신은 그냥 나루터에 계셨군요! 다행히 조 노인을 만나셨다니, 궁지에서 살 길이 트인 셈이군요. 정말 하느님께서는 착한 사람을 돌봐 주시는군요."

며칠이 지나서 청군이의 편지가 왔기 때문에, 봉삼이는 읍산이가 소개하여서 점방에 도제徒弟로 들어갔고, 신신이는 나의 아버님의 허락을 맡아 정월 스무나흗날에 청군이를 민며느리로 데려가게 된 것을 우리는 알게 됐다. 아이들의 일은 그렁저렁 안돈을 시킨 셈이었다. 그러나 이처럼 모두 흩어졌으니, 너무나 쓰라린 일이 아닐 수 없었다.

이월 초에는 날씨가 따사롭고 바람이 잔잔하게 되었다. 나는 정강에서 받은 돈으로 조그맣게 행장을 꾸려서 양주揚州의 염서鹽署에서 일보고 있는 친구 호긍당胡肯堂을 찾아갔다. 공국(貢局, 지방 세무서)의 여러 사사(司事, 관리자)들이 끌어 줘서 서기로 들어가게 되어 나는 몸과 마음이 조금 안정을 볼 수 있게 되었다.

그 다음해, 즉 1802년 팔월에 운이의 이러한 편지를 받았다.

"……저는 병이 다 나았어요. 염려는 다만 친척도 친구도 아닌 사람의 집에 무작정 얹혀 있는 점이어요. 저도 양주에 갈까요? 평산平山의 명승을 구경하고 싶어요."

나는, 그래서 양주 선춘문先春門 밖 강 옆에 두 칸짜리 집을 빌려 놓고, 운이를 데리러 직접 화씨댁으로 갔다. 화부인은 부엌일을 돌보라고 아쌍阿雙이라는 어린 계집종을 내주었다. 그리고는 후일에 이웃에서 같이 살자고 우리와 다짐했다. 때는 벌써 시월이어서 평산은 쓸쓸할 것이므로 우리는 봄에 놀러 가기로 했다.

나는 그때, 조용하게 몸조리나 잘하면서 서서히 식구들을 한 곳에 모을 방도를 꾀해야겠다고 가슴이 부풀었다. 그러나 미처 한 달이 되기도 전에 '공국'에서는 갑자기 열다섯 사람을 잘라 내게 되었는데, 나는 친구의 친구 소개로 들어간 사람이라 자연히 떨려나고 말았다. 운이는 처음 여러 가지로 대책을 강구했고, 애써 웃는 얼굴을 지으면서 나를 위로하려 했다. 운이는 한번도 원망하는 빛을 나타내지 않았다.

1803년 이월에 운이는 하혈이 크게 도졌다. 나는 다시 정강에 가서 도움을 청하려고 마음먹었다. 그런데 운이는 이렇게 말했다.

"친척에게 부탁하는 것은 친구에게 부탁하는 것보다 못해요."

"옳은 말이오. 그러나 친구들이 아무리 내 염려를 해 준다 해도, 지금은 모두 놀고 있는 처지라 제 앞가리기에도 바쁜 판인 것을 어찌하겠소?"

"다행히 날씨가 따뜻해졌으니, 이젠 길에서 눈에 막힐 염려는 없겠어요. 속히 가셨다가 속히 돌아오셔요. 제 병은 염려 마시고, 혹시 당신의 건강이라도 해치게 되면 제 죄는 더욱 커져요."

이때는 이미 끼니 잇기도 어려운 형편이었으나, 나는 운이를 안심시키기 위하여 노새를 세내어 타고 간다고 거짓말을 했다. 실은 떡을 전대 속에 넣어 어깨에 지고 떡을 씹으면서 걸어갔다. 남쪽을 향해서 두 개의 작은 개울을 건너 한 50킬로미터쯤 가니까 사방을 아무리 휘둘러봐야 보이는 마을이라곤 하나도 없었다. 오후 여덟 시〔初更〕쯤 되니, 보이는 것이라곤 밝은 별이 반짝이는 하늘 아래로 끝없이 펼쳐진 누런 모래 벌판뿐이었다. 거기서 나는 서낭당을 하나 찾아냈다. 높이는 1미터 60센티미터 남짓하고 둘레에는 토담이 둘려져 있으며 앞에는 두 그루의 측백나무가 심겨져 있는 것이었다. 그래서 나는 신령님께 이마가 땅에 닿도록 큰절을 올리면서 빌었다.

"저는 소주蘇州 사람 심沈가로서, 친척을 찾아가다가 길을 잃었사옵니다. 이제 사당을 빌어 하룻밤을 드새고자 하오니, 신령님께서는 부디 굽어살피소서!"

그리고는 작은 돌향로를 옆으로 치워 놓고 몸으로 더듬어 봤더니, 어찌나 좁은지 반신이 겨우 들어갈 수 있을 뿐이었다. 나는 두 다리는 밖에 놔둔 채, 몸을 굽혀서 바닥에 앉고 모자를 돌려서 얼굴을 덮었다. 눈을 감고 조용히 있으려니 가벼운 바람 소리만 살랑거렸다. 나는 먼 길을 걸어왔으므로 다리가 풀리고 정신이 나른해서 곧 정신없이 잠들었다.

잠이 깨자 동녘이 훤히 밝았다. 갑자기 낮은 토담 밖에서 두런두런하는 말소리가 들렸으므로, 급히 나가서 살펴봤더니 이리로 해서 장보러 가는 그 고장 사람들이었다. 내가 길을 물었더니, 그들 가운데 한 사람이 이렇게 말했다.

"남쪽으로 6킬로미터쯤 가면 바로 태흥泰興縣의 성이 나타나죠. 성 안을 질러서 남쪽으로 또 6킬로미터쯤 가면 작은 언덕을 보게 될 거요. 이런 언덕을 여덟 개 넘어가면 바로 정강입니다. 길은 쭉 탄탄대로죠."

그리하여 나는 돌아서서, 향로를 제자리에 갖다 놓고 큰절을 하여 신령님께 감사를 드린 다음에 다시 출발했다. 태흥을 지나고서부터는 조그만 수레를 얻어 탈 수 있었다.

오후 네 시[申時]에 정강에 다다라 문지기에게 명함을 건넸다. 문지기는 들어간 지 한참 만에야 나왔다.

"범范씨 어른께서는 공무로 상주常州縣에 가셨다는뎁쇼."

그 얼굴을 살펴보니 핑계대는 것 같았다. 언제쯤 돌아올 것이냐고 따져 물었더니 모른다는 대답이었다.

"비록 일 년이 걸린다 해도 나는 기다려야겠네!"

문지기는 내 뜻을 알아차리고 슬며시 물었다.

"어르신네께서는 범부인과 친남매이신갑쇼?"

"친남매가 아니라면 자형을 기다리지도 않겠네."

문지기는 나더러 기다려 보라고 했다. 사흘이 되니 자형이 정강으로 돌아왔다면서 25금을 변통해 주었다. 나는 돈을 받자 노새를 세내어 급히 돌아왔다.

운이의 모습은 처참했다. 훌쩍훌쩍 울고 있다가 내가 돌아온 것을 보더니 갑자기 이렇게 말했다.

"당신 아시겠어요? 어제 오정 때쯤, 아쌍이 봇짐을 싸 가지고 도망쳤어요. 사람을 시켜서 여기저기 수소문을 해봤으나 여태 찾지 못했어요. 물건 잃은 것이야 대수롭지 않으나, 그 애는 떠나올 때 그 어미가 제게 재삼 부탁했더랬어요. 지금 도망쳐서 집으로 가려 한다면 중간에 큰 강〔長江〕이 가로질러 있으니, 어떻게 될지 모르겠어요. 또 만약 그 부모가 자식을 숨겨 두고서, 우리더러 찾아내라고 야료를 부리면 어쩌지요? 그리고 화씨댁 언니를 무슨 면목으로 대하나요?"

"조급하게 마음먹지 마오. 당신은 너무 지나친 생각을 하고 있소. 부모가 자식을 숨겨 두고서 찾아내라고 야료를 부리는 것은 그 주인이 돈이 많을 때 하는 것이오. 그런데 우리 부부는 겨우 입에 풀칠이나 하는 처지라는 것을 어느 누구보다도 그쪽에서 잘 알지 않소? 더구나 그 애를 데려온 지 반년이 됐지만, 옷 해 주고 밥 나눠 먹이고 우리는 하노라고 했었소. 한번도 회초리를 들거나 꾸중한 적이 없다는 것은 이웃이 다 아는 일 아니오? 이번 일은 그 애가 양심을 팽개치고 주인이 위급한 틈을 타서 도망친 것이오. 화씨댁 언니로 말하더라도 애초에 못된 아이를 내주었으니, 그쪽에서 오히려 당신 볼 낯이 없을 게요. 당신이 언니 볼 낯이 없다는 말은 가당치도 않소. 지금 우리가 취할 방법은 관가에 이 일을 고발하고 그 문서를 남겨 둬서 후환을 막으면 그뿐이오."

운이는 내 말을 듣고 약간 염려가 풀리는 듯했다. 그러나 이로부터 운이는, '아쌍이 도망쳤어요' 또는 '감원아, 어째 나를 속였느냐?' 하고 잠꼬대하기가 일쑤였다. 그래서 병세는 날로 심해 갔다.

내가 의원을 부르려 해도 운이는 가로막았다.

"제 병은 애초에 동생이 집을 뛰쳐나가고 어머님이 돌아가신 것으로 인해서 슬픔이 쇠어서 생긴 것이어요. 이어서는 정열 때문에, 나중에는 분통한 일로 말미암아 덧난 것이죠. 또 평소에 너무 염려를 많이 했어요. 좋은 며느리가 되고자 애는 무척 썼으나 결국 되지 못했어요. 그래서 머리가 어지럽고 가슴이 두근거리는 등 여러 가지 증세가 겹치게 됐어요. 이른바 '병이

고황膏肓에 들었으니 양의良醫도 속수무책'이라는 것이죠. 무익한 낭비는 하지 마셔요.

생각하면 혼인한 지 스무세 해 동안 당신의 지극한 사랑을 한몸에 입었어요. 저같이 못난 계집을 버리지 않으시고 여러 가지로 보살펴 주셨어요. 당신 같은 지기, 당신 같은 낭군을 섬겼으니, 제가 지금 이 한평생을 마침에 있어 아무런 여한도 없어요. 베옷이나마 따듯이 입고 나물국이나마 배불리 먹으면서 집안이 화목하게 지냈던 것, 그리고 창랑정과 소상루에서 정원의 바위나 연못을 즐기며 거닐었던 것, 이와 같은 경지는 쌀을 익혀 먹는 점만 달랐을 뿐, 정말 신선 놀이였죠. 신선이란 몇 대를 두고 수양해도 겨우 될까말까한 것이 아니어요? 저희가 무엇이길래 감히 신선 되기를 바랄 수 있겠어요? 그런데 억지로 되려고 했으니까 조물주의 꺼리심을 받아서 '다정다감'이란 마귀에게 들씌운 거죠. 모든 것이 기박한 팔자를 타고난 저에게 당신은 너무 정을 주셨던 탓이어요."

그리고는 또 흐느껴 울면서,

"인생은 백 년을 살아도 종당에는 한 번 죽는 것이지만, 지금 중간에 와서 영원히 이별하게 되는군요. 다만 끝까지 당신의 시중을 들지 못하는 것과 봉삼이가 장가드는 것을 못 보는 것이 마음속에 아련히 잊혀지지 않아요."

하고 말을 마치자, 콩알만한 눈물을 뚝뚝 흘렸다.

"그대는 병든 지 8년이나 되는데, 그 사이 숨이 곧 넘어갈 듯한 적이 여러 번이었소. 그런데 어째서 지금 갑자기 이같이 애끓는 소리를 하오?"

이렇게 나는 억지로 위로했다. 그러나 운이는 말을 이었다.

"요즈음 늘 저희 부모님께서 저를 데려가시기 위해 배를 보내 주시는 꿈을 꾸고 있어요. 눈만 감으면, 마치 구름 위를 걷는 듯 몸이 둥둥 떠요. 아마 혼백은 이미 떠났고 신체만 남아서 그런가 봐요."

"그것은 정신이 안정되지 않았기 때문이오. 보제補劑를 먹고 마음을 편안히 하여 조리만 잘 하면 저절로 나을 것이오."

운이는 또 한숨을 쉬면서 그냥 계속했다.

"제가 조금이라도 살아날 낌새만 보인다면, 결코 당신을 놀라시게 할 말씀은 드리지 않아요. 지금 이미 저승길이 가까웠으니, 이제라도 말씀을 드리지 않는다면 다시는 영영 말씀을 드릴 날이 없을 거예요.

당신이 부모님의 사랑을 못 얻으시고 타향에서 유랑하시며 고생하시는 것은 모두 제 탓이어요. 제가 죽으면 부모님의 마음이 절로 돌려지실 테니, 당신도 거리낌을 없앨 수 있을 것이어요. 부모님께서도 춘추가 높으셔요. 제가 죽으면 당신은 속히 집으로 돌아가셔야 해요. 만약 저의 유해를 지금 이끌고 가실 힘이 없으면 영구를 잠깐 이곳에 놔두셔도 좋아요. 후일에 당신이 와서 옮겨 주시면 돼요. 심덕과 용모가 고운 사람을 골라서 속현續絃하셔요. 그래서 부모님을 받들고 저의 어린 자식을 돌보게 하셔야만 저도 눈을 감을 수 있어요."

말이 이 대목에 이르자, 나는 간장이 토막토막 끊이는 듯해서 그만 대성통곡하며 말했다.

"그대가 중도에서 나를 정말 버린다 해도, 나는 결코 속현하지 않겠소. 더구나 이런 시가 있지 않소?

> 창해를 본 사람에게 여느 물은 물이라기 어렵고,
> 무산을 겪은 사람에게 여느 구름은 구름이 아니라."

(曾經滄海難爲水, 除却巫山不是雲。)[7]

그때 운이는 내 손을 잡고 다시 말을 이으려고 하는 듯했으나, 겨우 띄엄띄엄 '내세來世'라는 말만 몇 번 중얼거릴 뿐이었다. 그러다가 운이는 갑자기 숨을 헐떡거리더니, 입을 꽉 다물고 두 눈을 치떴다. 내가 아무리 소리쳐 불러도 응답이 없었다. 그의 뺨 위로 두 줄기의 눈물만 주르르 흐를 뿐이었다. 조금 있자 숨이 차차 가라앉았고, 눈물도 점점 말랐다. 그리고 그의 혼

---

7) 당나라 시인 원진元稹이 그의 아내 위韋씨를 일찍 여의고 지은 시 「이사離思」에 보임.

백은 하늘하늘 영원한 세계로 날아가 버렸다. 때는 1803년, 즉 가경嘉慶 8년 계해癸亥 삼월 그믐이었다.

이때 방 안에는 외로운 등잔불만 깜빡였을 뿐, 사방을 휘둘러봐야 친척 하나 없었다. 덩둘하게 두 주먹만 쥐고 앉아 있으려니, 나의 가슴은 칼로 저미는 것 같았다. 기나긴 슬픔이여! 어느 날에나 끝장이 나려나!

나의 친구 호긍당胡肯堂이 도와준 10금과 집안의 팔 수 있는 모든 것을 방매한 돈으로 친히 장사를 지냈다.

아아! 운이는 남자의 도량과 재능을 갖춘 여자였다. 우리집으로 시집온 뒤로, 나는 의식衣食을 벌기 위하여 매일처럼 동분서주했지만, 집에는 늘 돈이 달렸다. 그러나 조금도 이를 불평하지 않았다. 내가 집에 머물 경우에 우리들의 이야기는 다만 문학을 서로 토론하는 것뿐이었다. 그는 질병과 빈곤에 허덕이다가 한을 머금고 떠났으니, 누가 이렇게 만든 것인가? 내가 규방閨房 안의 좋은 친구를 저버렸으니, 다시 뭐라고 말할 수 있으랴! 나는 여기서 감히 세상의 부부님네들에게 권고하고 싶은 말이 있으니, '부부가 서로 아주 원수처럼 지내는 것도 진실로 불가하거니와, 부부가 서로 너무 정답게 지내는 것도 또한 불가한 것이라'고. '의좋은 부부는 백년해로 못하는 법'이라는 옛말도 있지 않은가! 나 같은 사람이 그 좋은 본보기가 될 것이다.

풍속에 의하면, 망인의 혼백은 '살이 돈다回煞'는 날에 살을 따라서 옛집으로 돌아온다고 한다. 그래서 사람들은 방 안의 꾸밈새를 망인의 생전과 똑같이 하고, 또 생전에 입던 옷을 침상 위에 걸쳐놓고, 신던 신은 침상 아래에 놔두고는 혼백이 와서 마지막으로 돌아보게 한다. 이것을 소주蘇州에서는 '눈길을 거둔다收眼光'고 부른다. 사람들은 이날 도사道士를 청하여 혼백을 침상 앞으로 불러들였다가 돌려보내는 법사를 베푼다. 이것을 '재앙을 맞이한다接煞'고 부른다. 양주揚州의 풍속은 또 이날 망인의 방에 주안상을 차려 놓고는 온 집안 사람들이 모두 밖으로 나간다. 이것을 '재앙을 피한다〔避煞〕'고 부른다. 그래서 집을 비워 놓고 밖에 나간 사이에 도둑이 드는 수도 가끔 있다 한다.

  운이의 혼백이 돌아오는 날에, 집주인은 한 집에 살고 있다 해서 피해 나갔고, 이웃 사람들은 나더러도 주안상만 차려 놓고는 멀찍이 피신하라고 일러주었다. 그러나 나는 운이의 혼백이 돌아오면 한번 보고 싶었으므로 그 말에 건성으로 대답했다. 장우문張禹門이라고 하는 동향 사람도 나에게 충고했다.

  "사기邪氣를 가까이하면 사기에 물들기 쉬운 법입니다. 귀신은 존재한다고 믿는 편이 낫지, 아예 시험할 생각은 먹지 마십시오."

  "제가 피신하지 않고 기다리는 것은 바로 귀신이 존재한다고 믿기 때문입니다."

"'살이 돋다'는 날에 살을 맞으면 산 사람에게 이롭지 않습니다. 설사 부인의 혼백이 돌아온다 해도 그것은 이미 음양陰陽이 다른 세계에 살고 있습니다. 제 생각에는, 아마 보고자 하는 혼백은 모습이 없으니 볼 수 없을 테고, 피하고자 하는 살은 오히려 창끝같이 달려들 것 같습니다."

나는 이때 외곬으로 치닫는 상념에서 헤어나지 못했으므로 그냥 억지를 부렸다.

"사람이 죽고 사는 것은 천명에 달렸습니다. 정말 저를 염려해 주신다면 저와 함께 있어 주시는 것이 어떠하겠습니까?"

"저는 방문 밖에서 지키고 있겠습니다. 조금이라도 이상한 점이 있으면, 저를 부르십시오. 곧 들어가겠습니다."

그래서 나는 등불을 켜 들고 방 안으로 들어갔다. 방 안의 꾸밈새는 전과 똑같았으나, 사랑하던 이의 얼굴과 웃음을 찾을 길이 없었으므로, 나는 저절로 마음이 쓰라리고 눈물이 솟았다. 그러나 눈물에 어려서 보고 싶은 모습을 똑똑히 볼 수 없을까봐, 나는 눈물을 닦고 침상에 걸터앉아 눈을 크게 뜨고 기다렸다. 남겨 둔 옷을 쓰다듬으니 향기로운 살냄새는 그대로 배어 있었으므로, 나는 또 간장이 마디마디 끊어졌고 정신도 아득해졌다. 나는 혼백을 기다린다면서 잠이 웬 말이냐고, 생각을 바로잡았다. 눈을 뜨고 사방을 둘러보다가, 상 위에 놓인 두 자루 촛불의 불꽃이 파르스

름하니 콩알만하게 오므라드는 것을 보고 나는 머리끝이 쭈뼛했고, 소름이 쫙 끼쳤다. 두 손을 비비고 이마를 문지르며 자세히 살펴보니, 두 가닥의 불꽃은 점점 피어올라 30센티미터가량이나 높아졌다. 종이로 바른 반자가 거의 불 붙을 것 같았다. 불빛에 방이 환해졌으므로 나는 사방을 휘둘러보고 있는데, 불꽃은 또 전처럼 오므라들었다. 이때 마음은 방망이질을 하고 다리는 떨렸으므로, 나는 밖에서 지키고있는 사람을 불러들이고 싶었다. 그러나 다시 생각을 고쳐 보니, 운이의 가냘픈 혼백이 산 사람의 성한 기운에 밀려날 염려가 있었으므로, 부르려던 생각은 그만뒀다. 나는 가만히 운이의 이름을 부르면서 축수했으나, 방 안은 적막 속에 잠겨 있을 뿐 아무것도 보이지 않았다. 조금 있다 불꽃은 다시 밝아졌으나 이제는 치솟지 않았다. 밖으로 나온 다음에 이 일을 우문이에게 이야기하니까, 그는 내가 담이 크다고 했지만, 사실은 내가 한때 사랑에 눈이 멀었었다는 것을 알지 못한 것이다.

운이가 세상을 떠난 다음에 나는 임화정林和靖[8]의,

> 매화를 아내로, 두루미를 자식으로 삼다.
> (妻梅子鶴。)

---

[8] 송나라 때의 은사. 이름은 포逋임.

라는 말을 본따서 '매일'梅逸(매화를 여의다)이라고 아호를 지었다. 양주揚州 서문 밖의 금계산金桂山에 운이를 임시로 장사 지냈다. 이곳은 사람들이 '학가郝家의 보탑寶塔'이라 부르는 곳인데, 여기에 관 하나 묻을 땅을 사서, 유언에 따라 가매장했다. 위패를 들고 고향으로 돌아왔더니, 나의 어머님께서도 운이가 죽은 것을 슬퍼하셨다. 청군이와 봉삼이도 돌아와 통곡하면서 성복成服을 했다.

계당이 이렇게 진언했다.

"아버님께서 아직 노여움이 가시지 않으셨습니다. 형님은 그냥 양주에 좀더 계십시오. 아버님께서 집에 오신 뒤에 제가 완곡하게 말씀드려서 노여움을 푸시게 한 다음, 형님께 오시라고 편지하겠습니다."

그래서 나는 어머님께 하직하고, 자녀들과 이별한 뒤, 한바탕 통곡하고서 다시 양주로 돌아가 그림을 팔면서 지냈다. 틈만 있으면 운이의 산소를 찾아갈 수 있었으나, 늘 그림자처럼 붙어다니다가 지금은 외톨로 떨어졌으니 외롭고 처량하기 그지없었다. 또 우연히 옛집 앞을 지나게 되면, 마음은 참을 수 없이 쓰라렸고 눈물은 절로 흘렀다. 중양절重陽節(음력 구월 구일)이 되니, 곁에 있는 다른 무덤들은 모두 풀이 누렇게 시들었으나 운이의 산소만 새파랬다. 묘지기가 이렇게 말했다.

"이곳은 명당입죠. 그러므로 지기地氣가 왕성한뎁쇼."

나는 속으로 빌었다.

"가을바람이 벌써 세찬데, 내 몸에 걸친 것은 그냥 홑옷이오. 그대가 만약 영검이 있다면 내게 막우의 일자리가 나오게 해서 이 해의 나머지를 무사히 지내면서 고향 소식을 기다릴 수 있도록 도와주오."

그 뒤 얼마 안 되어 양주의 막부에서 일을 보던 장어암章馭庵 선생이 어버이의 장례를 지내러 절강浙江省에 가게 됐다면서 나더러 석 달 동안만 대신 일을 봐 달라고 했다. 이래서 나는 겨울 날 준비를 마련하게 되었다. 이 일을 그만두고 관청에서 나오게 되자, 장우문이 제 집에 와 있으라고 했다. 장도 일자리를 잃었으므로, 설을 지내기가 어렵다고 나에게 상의해 왔다. 그래서 나는 남은 돈 20금을 털어내어 빌려줬다.

"이 돈은 본래 죽은 아내의 영구를 옮겨 갈 비용으로 남겨 두었던 것입니다. 집에서 소식이 있을 때 갚아 주시면 되겠습니다."

이 해 설을 나는 장의 집에서 지냈다. 아침저녁으로 혹시 소식이 있을까 하고 점을 치면서 기다렸으나, 집 소식은 아득하기만 했다. 1804년 삼월에 나는 청군이의 편지를 받고서야 아버님께서 병환이 나신 것을 알았다. 나는 곧장 소주蘇州로 달려가고 싶었으나 아버님의 노여움을 덧들일까 염려됐으므로 망설이며 관망하고 있었다. 그러는 중에 다시 청군이의 편지를 받고, 나는 비로소 아버님께서 세상을 버리셨다는 가슴 아픈 소식을 알게 됐다. 뼈를 깎고 가슴을 도려내는 듯 마음이 아팠다. 하늘을 쳐다보고 소리쳐도 대답이 없었다. 다른 것을 돌볼 새 없이 나는 밤을 도와 집으로 돌아왔다. 빈소 앞에 피가 맺히도록 머리를 부딪으며 섧게 호곡했다.

아아! 아버님께서는 일생 동안 고생하시며 타향으로 전전하셨다. 나 같은 불초不肖를 아들로 두셨기에, 생전에 슬하의 즐거움을 누리시지도 못하셨고, 또 병상 앞에 약시중도 받지 못하셨다. 이 불효막심한 죄를 어찌 모면할 수 있으랴!

어머님께서는 내가 섧게 호곡하는 것을 보시고 말씀하셨다.

"너는 어찌 이제야 돌아왔느냐?"

"제가 돌아올 수 있었던 것은 그나마 청군이의 편지를 받았기 때문입니다."

어머님께서는 계수를 한번 쳐다보시더니 잠자코 계셨다.

나는 빈소에서 관을 지키고 있었는데 칠칠재七七齋가 지나도록 아무도 나에게 집안일에 대해서 보고하거나 장례일에 대해서 상의하는 사람이 없었다. 나는 또 사람의 자식된 도리를 제대로 하지 못한 것을 부끄럽게 여겼으므로 내쪽에서 물어볼 염의도 없었다.

하루는 나에게 빚 받으러 온 사람들이 문간에서 떠들어 댔다. 나는 나가서 말했다.

"내가 빚을 갚지 않았으니 여러분들이 독촉하는 것도 마땅하오. 그러하지만 나의 아버님의 골육骨肉이 아직 식지도 않았는데, 남의 흉사를 틈타서 달려오는 것은 너무 심하지 않소?"

그 가운데 한 사람이 나에게 다가와서 가만히 말했다.

"저희는 모두 어떤 사람이 시켜서 온 것입니다. 잠시 이 자리를 피해 주십시오. 저희를 부른 사람에게 갚아 달라고 하겠습니다."

하므로, 나는 이렇게 말했다.

"내가 빚을 졌으니, 내가 갚겠소. 여러분들은 속히 물러가시오."

말이 끝나자 모두 굽실거리며 돌아갔다. 그래서 나는 계당이를 불러 세워서 타일렀다.

"형은 비록 못났지만, 부정이나 악을 행한 적은 없다. 나는 큰댁에 양자로 갔기에 상복도 1등을 낮춰 입고 있다만, 그때 나는 단 한푼도 유산이라곤 받지 않았다. 이번에 내가 장례에 달려온 것은 처음부터 사람의 자식 된 도리를 다하기 위해서일 뿐이다. 내가 유산을 다투러 온 줄로 아느냐? 대장부란 자립하는 것을 중히 여긴다. 나는 맨손으로 왔으니 맨손으로 돌아갈 테다!"

말을 마치고 나는 빈소로 들어가서 한바탕 통곡했다.

나는 어머님께 하직을 여쭌 뒤에 청군이에게 가서, 앞으로는 세상을 등지고 깊은 산속에 들어가 신선도를 수양하겠다고 말했다. 청군이가 내 생각을 돌리도록 간청하고 있는데, 내 친구들이 찾아왔다. 그들은 자字를 담안淡安이라고 하는 하남훈夏南熏과, 또 자를 읍산揖山이라고 하는 하봉태夏逢泰의 두 형제였다. 그들은 내 이야기를 듣더니 강렬한 어조로 나를 충고했다.

"집안이 이 지경이 됐으니 분도 나겠죠. 그러나 족하足下는 아버님은 돌아가셨지만 어머님은 아직 살아 계시고, 아내는 죽었지만 자식은 아직 자립하지 못하고 있소. 그런데 표연히 세상을 버려도 족하의 마음은 평안하오?"

"그러니 어쩌면 좋겠소?"

담안이가 말했다.

"불편하겠지만 한사寒舍에 와 있으시오. 근자에 들으니, 석탁당石琢堂 전찬殿撰9)이 휴가를 맡아 귀성한다 하오. 그 사람이 돌아온 다음에는 반드시 족하에게 일자리를 마련해 줄 것이오."

"그렇지만, 나는 아직 상사가 난 지 100일도 안 된 몸이고, 형들은 또 노친 시하老親侍下이니, 아마 거북할 것이오."

읍산이도 간곡히 말했다.

"우리 형제가 족하를 청하는 것은, 또한 가군家君의 뜻이기도 하오. 족하가 만약 정 거북하게 여긴다면 이렇게 합시다. 우

---

9) 장원狀元의 별칭. 과거科擧의 전시殿試에서 1등한 사람.

리집 서쪽에 절[禪寺]이 하나 있소. 그 주지 스님과 나와는 절친한 사이죠. 족하를 위해서 그 절 안에 침상을 마련하면 어떻겠소?"

나는 좋다고 말했다. 그때 청군이가 말했다.

"할아버님께서 남겨 주신 집은 삼사천 금이 더 될 것입니다. 아버님께서는 이 가운데 한푼도 가지지 않으신다 하더라도 당신의 행낭行囊까지 버리실 것이야 없지 않으십니까? 제가 집에 가서 그것을 찾아다가 절 안의 아버님 처소에 갖다 놓겠습니다."

그래서 나는 행낭뿐 아니라, 그 속에 들어 있던 아버님의 도서와 벼루, 붓통 등 몇 가지를 의외로 얻게 되었다.

스님은 나를 대비각大悲閣에 머물게 했다. 대비각은 남향이었으며, 그 동쪽에 신상神像이 세워져 있었다. 서쪽으로 한 칸을 건너서 월창月窓이 나 있고 불감佛龕에 바짝 붙은 방에 침상을 놓았다. 여기는 원래 불사佛事를 보러 온 사람들에게 잿밥을 내던 곳이었다. 문에는 관운장關雲長(武神으로 추앙됨)이 청룡도를 짚은 입상立像이 있었는데, 아주 위풍당당한 것이었다. 마당에는 은행나무 한 그루가 서 있었다. 그 밑동은 세 아름이나 되었고, 그 그늘은 대비각을 온통 뒤덮고 있었다. 밤이 되면 나뭇잎에 이는 바람 소리가 울부짖는 듯했다. 읍산이는 늘 술과 과일을 가지고 와서 나와 함께 대작했다. 하루는 읍산이가 이렇게 물었다.

"족하는 깊은 밤중에 잠들지 못하고 홀로 있게 될 때 무섭지 않소?"

"나는 한평생을 곧게 살아왔고 주접스러운 생각을 품은 적이 없었으니, 무서울 게 어디 있소?"

이곳으로 옮겨 온 지 얼마 되지 않아서 억수 같은 비가 아침부터 밤까지 끊이지 않고 30여 일이나 퍼부었다. 나는 은행나무 가지가 부러지면서 대들보를 납작 누를까봐 늘 염려했으나, 신령님의 도우심을 받아 아무 일도 일어나지 않았다. 그러나 밖에는 담장이 무너지고 집이 쓰러진 것이 헤아릴 수 없이 많았고, 근처의 논밭도 모두 물에 휩쓸렸다. 그러나 나는 날마다 스님과 더불어 그림만을 그렸을 뿐, 이 일에 대해서는 상관치 않았다.

하늘은 칠월 초에 비로소 갰다. 읍산이의 어르신네는 아호를 순향蓴薌이라 하셨는데, 이때 사업 때문에 숭명도崇明島로 가시게 되었으므로 나도 따라가서 문서를 대필해 드린 값으로 20금을 받았다.

숭명에서 돌아오니, 나의 아버님의 영구를 출상하는 날이었다. 계당啓堂이가 봉삼이를 시켜서 나에게 장사 비용이 모자라니 일이십 금쯤 도와 달라고 했다. 나는 주머니를 다 털어서 주려고 했으나, 읍산이가 반대하면서 그 반을 분담해 주었다. 그리고 나는 청군이를 데리고 산소로 먼저 갔었다. 장사를 마친 뒤에는 여전히 대비각으로 돌아왔다.

구월 말에 읍산이가 동해東海縣의 영태사永泰沙(지금의 永定沙인 듯함)에 있는 전장으로 도조를 받으러 가는데, 나더러 같이 가자고 했다. 거기서 두 달을 보내고 돌아오니 이미 섣달〔殘冬〕이었다. 나는 그 집의 설홍초당雪鴻草堂에서 설을 지냈다. 그는 바로 성姓이 다른 형제였다.

1805년 칠월에 탁당琢堂이 비로소 서울로부터 귀성했다. 탁당은 그의 아호로, 이름은 운옥韞玉, 자字는 집여執如라 하였다. 그는 나와 죽마고우였다. 탁당은 1790년, 즉 건륭乾隆 치하의 경술庚戌년 전시殿試에서 장원 급제했다. 사천四川省 중경重慶縣의 지사로 나가 있는 중에 그는 백련교白蓮敎의 난리를 당하여 3년 동안 잘 싸워서 공적을 크게 세웠다. 그가 돌아와 서로 만나니 우리는 아주 기뻤다. 중양절重陽節이 되자, 탁당은 다시 가족을 데리고 사천성 중경의 임지로 가야 했는데, 나더러 같이 가자고 했다.

나는 육상오陸尙吾에게 시집간 '아홉째 누이〔九妹〕'의 집으로 가서 어머님께 하직을 고했다. 돌아가신 아버님의 옛집은 이미 남의 손에 넘어갔기 때문이었다. 어머님은 이렇게 타이르셨다.

"네 동생은 의지할 수 없구나. 너는 이번 길에 모름지기 잘 노력해서 집안을 다시 일으키도록 해라. 나는 오로지 너만 바라고 있겠다."

봉삼이가 배웅하러 나왔으나, 중간에 갑자기 눈물을 뚝뚝 흘렸으므로, 나는 배웅하지 못하게 하고 돌려보냈다.

 배가 경구京口鎭(지금 鎭江)로 나왔을 때, 탁당은 옛 친구인 왕척부王惕夫 효렴孝廉(鄕試에 뽑힌 사람)이 양주揚州의 염서鹽署에 있었으므로, 길을 돌려 방문하기로 했다. 나도 함께 갔으므로 다시 운이의 산소를 찾아볼 수 있었다. 우리는 다시 배로 돌아와 장강을 거슬러 올라가며 연안에 있는 명승지를 두루 구경했다. 배가 호북湖北省의 형주荊州府에 이르자, 탁당은 동관潼關 도대道臺(지방 장관)로 승진했다는 기별을 받았다. 탁당은 나에게 그의 사자嗣子인 돈부敦夫와 권속들과 함께 잠시 형주에 머물러 있어 달라고 부탁하고 자신은 구종들을 줄여서 경장輕裝한 말을 타고 떠났다. 탁당은 중경에서 설을 지내고, 성도成都府로 해서 잔도棧道[10]를 지나 임지로 갔다.

 1806년 이월에 사천四川省에 있던 권속들은 물길로 번성樊城까지 갔고, 거기서부터는 육로를 택했다. 길이 멀어 노비가 많이 들었으며, 많은 사람과 짐을 잔뜩 실었기 때문에 말은 쓰러지고 바퀴는 튕겨지는 등, 우리는 무던히 애먹었다. 거의 삼월이 다 되어서야 일행은 동관에 이르렀다. 그런데 탁당은 또 산동山東省 안찰사按察使(一省의 司法 장관)로 승진됐다. 그는 청

---

10) 벼랑에 선반같이 붙여 만든 다리. 여기서는 사천四川省과 섬서陝西省의 접경에 있는 것을 가리킴.

렴한 관원인 만큼 당장 가진 돈이 없었으므로, 권속들을 데려가지 못하고 잠시 동천서원潼川書院을 빌어 들게 마련했다.

시월 말에 산동 안찰사의 봉급과 수당이 나오자, 탁당은 비로소 권속들을 맞기 위해 사람을 보냈다. 이때 청군이의 편지도 함께 부쳐 왔으므로, 나는 봉삼이가 사월에 요절했다는 놀라운 소식을 알게 되었다. 전날 봉삼이가 나를 배웅할 때 흘린 눈물이 부자간의 영결을 뜻하는 것이었음을 나는 비로소 깨달았다. 아아! 운이는 아들이라곤 그 애 단 하나뿐이었는데, 이제 대代마저 끊기게 됐구나!

탁당도 이 소식을 듣고는 역시 한탄하면서, 나에게 첩을 하나 주었다. 이때부터 나는 다시 춘몽春夢에 잠겨 엄벙덤벙 지냈다. 그 꿈에서 언제 깨어날지도 모르면서!

4 | 산 넘고 물 건너

나는 30년간 아문衙門으로 떠돌아다니며 막우幕友로 있는 동안, 천하(中原)에서 못 가 본 데라곤 사천四川省·귀주貴州省·운남雲南省뿐이었다. 다만 나는 늘 갈 길이 바빴고 어디나 남을 따라다니는 것이었으므로, 산과 물의 아름다움은 그냥 내 눈앞을 스치기만 하여 그 대강만 맛보았을 뿐, 깊은 멋을 찾아보지는 못한 것이 아쉽다. 나는 모든 일에 있어서 남의 평가에는 아랑곳하지 않고 오직 자기의 견해를 내세웠다.

가령 시詩나 그림에 대한 논평에 있어서도 남은 칭찬하는 것을 나는 곧잘 대수로이 여기지 않기도 하고, 남은 대수로이 여기지 않는 것을 나는 아주 좋게 치기도 했다. 그러므로 명승지에 대한 평가에 있어서도 귀중한 것은 내 마음에 어떻게 느껴지느냐 하는 데 있다고 믿었다. 나는 명승지로 이름난 곳에서 그 좋은 점을 못 느낄 때도 있었고, 명승지로 이름나지 않은 곳에서 오히려 그 아름다움에 놀라기도 했다. 부족하나마 그런

대로 내가 평생에 지내 온 곳을 적어 보겠다.

내 나이 열다섯이었을 때, 나의 아버님 가부공稼夫公께서는 소흥紹興府의 아문에서 조趙 태수의 막우로 일하고 계셨다. 당시 항주杭州府에는 성재省齋 조전趙傳 선생이란 명망 높은 학자가 계셨다. 조 태수는 그분의 아드님을 가르치시려고 이 선생님을 청했는데 나의 아버님께서는 나도 그 문하에 들여보내셨다. 어느 날 나는 성에서 약 6킬로미터쯤 떨어진 곳에 있는 후산吼山으로 놀러 갔다. 그곳은 육로로는 갈 수 없는 곳이었다. 가까이 가 보니 옆으로 금이 가서 금방 떨어질 듯한 바위가 위에 붙어 있는 석굴이 나타났다. 우리 배가 그 밑으로 들어가니, 동굴은 탁 틔었고 사면은 깎아지른 절벽이었다. 이곳을 사람들은 '물 동산〔水園〕'이라고 불렀다. 물가에는 돌집 다섯 칸이 서 있었고, 그 맞은편 절벽에는 '고기가 뛰는 것을 보노라觀魚躍'고 하는 글귀가 새겨져 있었다. 깊이를 알 수 없는 이 물 속에는 큰 고기가 잠겨 있다고 전해지고 있었으나, 내가 밥을 던져 시험해 보니 다만 자짜리도 못 되는 놈이 올라와서 받아먹을 뿐이었다.

돌집 뒤로는 '마른 동산〔旱園〕'으로 통하는 길이 있었다. 마른 동산'에는 주먹만한 돌덩이들이 아무렇게나 쌓여 있었다. 손바닥같이 널찍한 것도 있었고 돌기둥 위에 큰 돌을 얹어 놓은 것도 있었으나, 돌을 깨어 낸 자국이 그냥 눈에 거슬려 볼품이 조금도 없었다. 우리는 이곳을 다 둘러보고 나서 '물 동산'의 돌집에서 점심을 들었다. 하인을 시켜서 폭죽을 터뜨렸더니 '우르르 쾅' 하는 소리에 온 산이 울려서 마치 천둥치는 것 같았다. 이것이 내가 어렸을 때 처음으로 산과 물을 찾은 이야기이다. 그때 난정蘭亭[1]과 우릉禹陵[2]을 구경하지 못한 것이 끝내 아까운 생각이 든다.

내가 소흥에 간 다음해, 선생님께서는 연로하신 부모님이 계시므로 타향에 오래 머무를 수 없다 하시면서 항주의 자택에 글방을 차리셨다. 따라서 나도 항주로 갔고, 덕분에 서호西湖의 명승을 마음껏 보게 됐다. 서호에 있어 짜임새가 훌륭한 곳은, 내 생각으로는, 용정龍井이 첫째이고 소유천원小有天園이 버금간다. 그리고 바위는 천축산天竺山의 비래봉飛來峯과 성황산城隍山의 서석고동瑞石古洞이 좋으며, 샘물은 옥천玉泉이 뛰어난데, 그것은 물이 맑고 고기가 많아 생기가 있기 때문이다. 아마 가장 시시한 것은 갈령산葛嶺山의 마노사瑪瑙寺일 것이다. 그 밖에 호심정湖心亭·육일천六一泉 등 여러 경치는 낱낱이 적을 수 없는 묘한 점이 있다. 그러나 모두 지분脂粉 냄새가 나는

---

1) 진晉나라 왕희지王羲之의「난정집서蘭亭集序」로 유명함. 절강성 소흥紹興縣의 서남쪽 난저산蘭渚山아래에 있음.
2) 하夏나라의 시조 우왕禹王의 능묘. 절강성 소흥의 동남쪽 회계산會稽山에 있음.

것이므로, 오히려 소정실小靜室의 그윽하고 자연스러운 멋에는 비길 수 없다.

소소소蘇小小의 무덤은 서령교西泠橋 옆에 있었다. 그 고장 사람들이 알려주는 이야기로는 애초에 소소소의 무덤은 둥그스름한 황토黃土일 뿐이었다고 한다. 1780년에 황제(淸 高宗, 弘曆)가 남방을 순수하셨을 때 이에 대해서 한번 하문하신 적이 있었는데, 1784년 봄에 다시 남방을 순수하셨을 때에는 벌써 무덤이 팔각형의 석축으로 개수되어 있었고, 그 앞에는 '전당 소소소의 무덤錢塘蘇小小之墓'이라고 쓴 비석까지 세워져 있었다 한다. 이때부터 다시는 시인 묵객들이 소소소의 무덤을 찾기 위해 길을 헤매지 않아도 되었다.[3]

나는 여기서 잠시 생각에 잠겨 본다. 예로부터 충신이나 열녀의 사적이 인멸되어 후대에 전해지지 못하는 것이 부지기수이고, 전해지다가 중도에 끊이는 것도 적지 않을 것이다. 그런데도 소소소는 한낱 명기名妓일 뿐이나, 남제(南齊, 479~502)로부터 지금까지 모르는 사람이 없으니, 이는 아마도 영기靈氣를 타고난 탓으로 이곳 산수의 멋을 꾸미는 것이리라.

서령교 북쪽으로 몇 걸음 안 가면 숭문서원崇文書院이 있다.

---

3) 1966년 문화혁명 때 무덤과 정자를 파괴하고 1982년 정자만 재건함. 1997년 7월 29일 역자가 현장을 탐방함.

나는 학우인 조즙지趙緝之와 함께 여기에서 시험을 친 적이 있었다. 때는 기나긴 여름날이었다. 나는 아침 일찍 일어나서, 전당문錢塘門을 나와 소경사昭慶寺를 지나 단교斷橋에 올라 그 돌난간 위에 걸터앉았다. 아침 해가 막 돋아 오르려는 참이었고, 아침 노을은 버들 숲 밖에 곱디곱게 비치고 있었으며, 하얀 연꽃의 향기 속으로 맑은 바람이 슬슬 불어왔으므로 사람의 마음과 뼛속이 모두 맑아지는 듯했다.

　나는 다시 걸어 서원에 갔으나 그때까지 시험이 시작되지 않았다. 오후에 답안지를 제출한 다음, 나는 즙지와 함께 자운동紫雲洞으로 바람을 쐬러 갔다. 동굴은 수십 명이 앉을 만큼 컸으며 바위 틈으로 햇빛이 새어들고 있었다. 이곳에 나지막한 탁자와 걸상을 벌여 놓고 술을 파는 사람이 있었다. 우리는 의관을 벗어 놓고 마주 앉아서 술을 몇 잔 마셨는데 녹포가 참 별미였다. 안주는 그 밖에도 신선한 마름과 새하얀 연근이 나왔다. 우리는 조금 거나해진 다음에 동굴을 나왔다. 즙지가,

　"이 위에 높고 넓은 조양대朝陽臺란 곳이 있네. 한번 올라가 보지 않겠나?"

하는 말에 나도 흥미가 생겨 기운을 내어 꼭대기까지 올라갔다. 서호는 맑은 거울 같았고, 항주는 조그만 탄알 같았고, 전당강錢塘江은 가는 띠 같았다. 사방 100여 킬로미터가 한눈에 들어왔다. 이것은 내 평생에 처음 보는 장관이었다. 한참 앉아 있다

가 붉은 해가 떨어지려 할 때 우리는 서로 손을 잡고 하산했다. 이때 남병산南屛山의 만종晩鐘[4]이 울려 퍼졌다. 우리는 도광암韜光庵과 운서암雲棲庵은 길이 너무 멀어 가지 못했다. 홍문국紅門局의 매화나 '할미당〔姑姑廟〕'의 소철은 그저 그러그러했다. 나는 자양동紫陽洞은 꼭 볼 만할 것이라고 생각해서 찾아봤다. 동굴의 입구는 겨우 손가락 하나 들어갈 정도로, 거기서 물이 졸졸 흘러 나올 뿐이었다. 전하는 말로는 그 속에 별천지가 있다는데, 문을 내서 들어가지 못하는 것이 안타까웠다.

청명淸明에 선생님께서는 성묘하러 가시면서 나에게도 같이 가자고 하셨다. 산소는 동악東嶽이라는 대나무가 많은 고장에 있었다. 묘지기는 채 땅 위에 솟지도 않은 죽순竹筍을 땅을 헤쳐 파내고 있었다. 그 모양은 배〔梨〕처럼 생겼는데 다만 끝이 좀더 뾰족했다. 죽순으로 끓인 국이 하도 맛이 좋아서 나는 두 그릇이나 비웠다. 이것을 보시고 선생님께서는,

"아, 이놈은 맛은 좋으나 사람의 피를 말리는 거야. 너 고기를 많이 들어서 풀도록 해라."

하고 말씀하셨다. 그러나 나는 원래 푸주의 것은 즐기지 않았고, 또 이날은 죽순을 많이 먹어서 밥도 제대로 못 먹었다. 돌아오는 길에, 나는 입술과 혓바닥이 갈라지는 것처럼 목이 탔

---

4) 서호 십경西湖十景의 하나.

다. 우리는 석옥동石屋洞에 들렀으나 별로 볼 만한 것이 없었다. 수악동水樂洞은 깎아지른 절벽이었는데 등나무가 서리서리 얽혀 있었다. 우리가 동굴로 들어갔더니, 그 속은 됫박만했고 샘물이 졸졸 소리를 내면서 급하게 흐르고 있었다. 못은 겨우 너비 1미터, 깊이 15센티미터 남짓 되는데, 물은 언제나 넘치지도 않고 또 줄어 없어지지도 않았다. 나는 몸을 굽히고 흐르는 물을 마셨더니, 타던 목이 금방 가셨다. 동굴 밖에는 두 개의 작은 정자가 있었다. 우리가 거기에 가 앉으니, 샘물 흐르는 소리가 거기까지 들렸다. 스님은 우리에게 만년 '항아리〔萬年缸〕'를 구경하라고 청했다. 그 항아리는 부엌〔香積廚〕에 있었으며, 굉장히 큰 것이었다. 대롱으로 물을 끌어들여 항아리는 철철 넘치고 있었다. 세월이 오래되어 이끼가 30센티미터 가량이나 끼여 있었다. 겨울에도 얼지 않기 때문에 부서지지 않는다는 것이었다.

  1781년 팔월에 나의 아버님께서는 학질이 드셔서 고향으로 돌아오셨다. 아버님께서는 오한이 나시면 화로를 달라 하시고 번열이 나시면 얼음을 찾으셨다. 내가 아무리 그렇게 하는 것은 병에 나쁘다고 말씀드려도 듣지 않으셨다. 그리하여 필경에는 상한傷寒(장티푸스)으로 변했으며, 증세가 날로 침중하게 되셨다. 나는 약시중을 하느라고 거의 한 달 동안이나 밤낮으로 꼬박 눈 한 번 붙이지 못했다. 나의 아내 운랑芸娘도 이때 큰 병이 들어 자리 보전하고 있었다. 내 괴로운 심경은 이루 말할 수 없었다. 어느 날 나의 아버님께서는 당신의 병상 곁으로 나를 불러들여 유언을 하셨다.

"아마 나는 이 병으로 해서 다시 기동할 수 없을 것 같다. 네가 글줄이나 읽어 봤댔자, 그것으로는 아무래도 밥벌이가 되지 않는다. 나는 너를 의제義弟인 장사재蔣思齋에게 부탁할 생각이다. 너는 내가 하던 일을 잇도록 해라."

이튿날 사재 선생이 오셨을 때, 나는 아버님의 병상 아래에서 그분께 큰절을 올리고 정식으로 제자가 되었다. 그 뒤 얼마 있지 않아, 아버님의 병환은 서관련徐觀蓮 선생이란 용한 의원의 진맥과 처방에 의해서 점차로 치유되었다. 그리고 운이도 서 선생의 힘으로 병상을 떨치고 일어나게 되었다. 그래서 나는 이때부터 막우幕友의 사무를 배우게 된 것이다. 이것은 결코 유쾌한 일이 못 되는데 왜 여기서 이 이야기를 하느냐 하면, 이때부터 나는 책을 버리고 '산 넘고 물 건너' 떠돌아다니게 되는 삶이 시작되었기 때문이다.

사재 선생은 함자를 양襄이라 하셨다. 이해 겨울에 나는 선생님을 따라 봉현奉賢縣의 아문으로 가서 막우로서 일보는 법을 수습했다. 이때 함께 수습하는 동료에 성은 고顧, 이름은 금감金鑑, 자는 홍간鴻干, 아호는 자하紫霞라는 사람이 있었다. 역시 소주蘇州 태생이었는데, 사람됨이 시원스럽고 꿋꿋하며 성실하고 아첨을 몰랐다. 나보다는 한 살이 위였으므로 나는 형이라 불렀고, 그는 주저없이 나를 아우라 불렀으며, 우리는 서로 마음을 풀고 사귀었다. 홍간이는 내 평생에 있어 제일가는 지기였다. 그러나 불행하게도 그는 스물두 살의 나이로 죽었고, 그 뒤로 나는 별로 다른 친구를 사귀지 않았다. 지금 내 나이 마흔하고 여섯이 되지만, 망망한 바다같이 넓으나 넓은 이 세상 위에서 내 생애가 다하기 전에 다시 홍간이와 같은 지기를 만날 수 있을까? 지금도 기억하고 있거니와, 홍간이와 사귀고 있었을 때 우리들의 마음은 높고 푸르렀으며, 우리들은 가끔 속세를 버리고 산속에 들어가 은거할 생각을 했었다.

중양절重陽節에 홍간이와 나는 함께 소주에 있었다. 나의 아버님 가부공께서는 친구분 되시는 왕소협王小俠이란 분과 함께 이날 우리집에서 손님들을 청하여 잔치를 베푸시고 불러온 여배우들의 창극을 보시기로 계획하셨다. 나는 집안이 복작거릴 것이 싫어서 그 전날 미리 홍간이에게, 뒷날 은거할 때 초막을 묻을 자리를 찾을 겸 한산寒山을 올라가자고 약정했다. 운이는 우리를 위해서 작은 술단지를 마련해 주었다.

다음날 동트기가 무섭게 홍간이는 벌써 대문에 나타나 나를 찾았다. 그리하여 우리는 단지를 들고 서문胥門(蘇州의 西南門)

을 나와 국수집에 들러 배를 불렀다. 다시 서강胥江을 건너 우리는 횡당橫塘의 '대추 저자 다리〔棗市橋〕'까지 걸어갔다. 여기서부터는 조그만 배를 빌려서 산으로 갔다. 우리가 산 밑에 도착하니 아직 오정도 되지 않았다. 사공이 퍽 순량하게 보였으므로, 그 사람에게 쌀을 팔아서 밥을 짓도록 이르고, 우리 둘은 육지로 올랐다. 우리는 먼저 중봉사中峯寺로 갔다. 중봉사는 지형사支硎寺의 남쪽에 있었으므로, 길을 돌아서 올라가야 했다. 절은 깊은 숲 속에 가려져 있었고, 산문山門은 아주 조용했으며, 외진 곳이라 스님들도 한가한 모양이었다. 스님들은 우리 두 사람이 동저고리 바람에 신도 제대로 신고 있지 않은 것을 보고는 접대를 시원케 하지 않았다. 우리도 산을 찾은 목적이, 여기에 있지 않았으므로 깊이 들어가지는 않았다.

  배로 돌아와 보니 밥이 다 되어 있었다. 점심을 먹고 나서 다시 떠날 때, 사공은 배를 그 아들에게 맡기고 자신은 술단지를 들고 우리를 따라 나섰다. 우리는 한산으로부터 고의원高義園의 백운정사白雲精舍로 갔다. 별당은 절벽을 맞보고 있었으며 그 아래는 바위와 초목으로 둘러싸인 작은 못이 패어 있었다. 못에는 맑은 가을 물이 그득히 괴어 있었고, 절벽에는 줄사철나무〔薜荔〕가 걸려 있었으며, 담장에는 이끼가 붙어 있었다. 별당 밑에 앉아 있으려니, 낙엽 지는 소리만 살랑거릴 뿐 사람 기척은 조금도 느낄 수 없었다. 대문을 나서니 정자 한 채가 있었다.

사공에게는 여기서 기다리도록 하고 우리 두 사람은 '한 줄기 하늘〔一線天〕'이라고 부르는 바위 틈으로 돌층계를 밟으며 굽이굽이 돌아서 정상으로 올라갔다. 이곳은 상백운上白雲이라고 불렀다. 여기에는 원래 암자가 있었으나, 지금은 이미 허물어졌고 다만 높다란 누각이 하나 남아 있어 겨우 전망대 구실을 하고 있었다. 우리는 잠시 쉬었다가 서로 부축하면서 내려왔다.

사공이 이렇게 말했다.

"정상에 오르시느라고, 술단지 생각을 잊었구면입쇼?"

홍간이,

"우리가 오늘 놀러 나온 것은 앞으로 은거할 장소를 찾기 위한 것일세, 정상을 기어오르는 것만이 목적이 아니고."

사공이,

"여기서 남쪽으로 한 1킬로 5백 미터쯤 가면 상사촌上沙村이란 마을이 있습죠. 사람도 많이 살구, 빈 땅도 많굽쇼. 소인의 친척되는 범范가네들이 이 마을에 살기 때문에 잘 알구 있습죠. 한번 가 보실깝쇼?"

나는 기뻐서,

"아, 명明나라 말년에 서사재徐俟齋[5] 선생이 은거하던 곳이

---

5) 이름은 방枋, 명나라 숭정崇禎 연간의 거인擧人. 시·서·화에 뛰어났으며, 말년에는 은거했음.

군! 그 동산이 아주 훌륭하다던데, 아직 한 번도 구경가지 못했었네."

그리하여 우리는 사공의 인도로 길을 나섰다. 마을은 두 산 가운데 끼여 있었다. 산을 의지하고 있는 동산에는, 바위는 없었으나 구불구불하게 펼쳐진 고목들이 많았다. 그 정자·별당·난간·창틀은 아주 소박했으며, 대로 엮은 울타리라든가 띠로 이은 지붕이라든가, 은거하는 선비의 거처로서 부끄러울 점이 없는 곳이었다. 마당 가운데에는 쥐엄나무〔皁莢樹〕가 정자같이 서 있었는데, 굵기는 두 아름이 넘었다. 이곳은 내가 지금까지 본 동산 가운데 가장 훌륭한 곳이었다. 동산의 왼편에 속칭 계룡산鷄籠山이라는 산이 있었다. 산봉우리가 꼿꼿하게 솟구쳐 있었고 그 위에 큰 바위가 놓여져 있는 것이, 항주杭州의 서석고동瑞石古洞과 비슷했으나 그만치 곱지는 않았다. 그 곁에 청석靑石의 너럭바위가 있었다. 홍간이는 그 위에 벌떡 눕더니 이렇게 말했다.

"여기는, 위로 쳐다보면 산봉우리요, 아래로 내려다보면 동산이라. 넓기도 하고 조용도 하군! 여기서 술단지를 열지."

그래서 우리는 사공도 끌어 앉히고 함께 술을 마셨다. 노래도 부르고 고함도 질렀더니 가슴이 다 후련했다. 그 고장 사람들은 땅을 찾으러 왔다는 우리를 지관地官으로 오해했던지 어디어디에 명당이 있다고 알려주러 왔다. 홍간이는 말을 듣더니,

"다만 마음에 합당하기만 하면, 명당이고 아니고를 가리지 않겠소."
라고 말했다. 그러나 이 말이 참언讖言이 될 줄이야 어찌 생각이나 했으랴!

술단지를 다 비운 다음, 우리는 제각기 들국화를 꺾어 양쪽 살쩍에 잔뜩 꽂고 배로 돌아오니, 해는 이미 다 졌다. 두 시간쯤 뒤에 집에 다다랐는데, 집에 오신 손님들은 그때까지 돌아가지 않고 있었다. 운이가 나에게 살며시 말을 건넸다.

"여배우들 가운데 난관蘭官이란 애가 퍽 얌전해요."
라고. 나는 거짓말로 어머님이 부르신다고 하여 난관이를 우리 방으로 불러들였다. 그의 팔목을 잡고 들여다보았더니 과연 토실토실하고 살갗도 희고 매끄러웠다. 나는 운이를 돌아보고,

"예쁘기는 하지만 썩 마음에 들지는 않소."
하니, 운이는 이렇게 말했다.

"살찐 사람은 복이 있대요."

"마외파馬嵬坡[6]에서 양귀비楊貴妃가 죽음을 받았는데, 복은 무슨 복이란 말이오?"
라는 나의 대꾸에, 운이는 핑계를 꾸며 난관이를 쫓아 버리고

---

[6] 중국 섬서성陝西省의 홍평興平縣에 있음. 안녹산安祿山의 난리 때, 양귀비가 자살한 곳임. 양귀비는 살찐 미인으로 유명함.

나에게 말했다.

"오늘 당신 또 많이 취하셨어요."

나는 그날 다녀 본 곳들을 자세히 이야기해 주었더니, 운이는 퍽 가보고 싶어했다.

1783년 봄에, 사재 선생님은 양주揚州府 아문의 초빙을 받아 가시게 되었으므로 나도 따라갔다. 나는 이때 처음으로 진강鎭江府의 금산金山·초산焦山의 모습을 보게 되었다. 금산은 멀찍이서 보는 것이 좋았고, 초산은 가까이서 보는 것이 좋았다. 나는 그 사이를 왕래했으나, 안타깝게도 한 번도 직접 올라가 보지는 못했다.

강〔長江〕을 건너서 북쪽으로 갔더니, 왕사정王士禎의 시가 눈 앞에 되살아났다.

> 푸른 버들의 성곽, 이곳이 양주.
> (綠楊城郭是揚州。)

평산당平山堂은 성에서 약 2킬로미터쯤 떨어진 곳에 있었으나, 길을 따라서 가자면 약 5킬로미터나 되었다. 그 경치는 비록 모두 인공으로 꾸며진 것이었지만, 신기하고 환상적인 감각으로 말미암아 아주 자연스러운 모습이었다. 바로 신선이 산다는 낭원閬苑·요지瑤池·경루瓊樓·옥우玉宇도 아마 이보다 더 나을 것은 없으리라. 그 가장 절묘한 점은, 여남은 곳의 동산이 크게 하나가 되어, 성벽에서부터 산 아래까지 이어지면서, 그 기세가 쭉 뻗쳐져 있는 것이었다. 거기서 정원 설계에 있어 가장 배치하기 난처한 것은 성 밖에서 경관景觀에 들어가기까지의 약 50미터 남짓한 곳이 성곽에 꼭 붙어 있다는 점이었다. 대개 성곽이 아름답게 보이려면 광활한 평원에 세워져서 겹친 산을 먼 배경으로 해야 하는 것이다. 여기에 동산이나 정자가 가까이 있게 되면 우둔하기 짝이 없어지는 것이다. 그런데도 이곳은 정자나 노대, 담장이나 바위, 대숲이나 나무들이 숨길 듯 말 듯하고 있어, 나그네의 눈에는 그것이 조금도 거슬리지 않았다. 이러한 것은 가슴속에 훌륭한 구도를 품고 있는 거장巨匠이 아니면 결코 쉽사리 만들 수 있는 것이 아니다.

성벽이 끝나면서 최초로 나오는 곳이 '무지개 동산〔虹園〕'이다. 여기서 북쪽으로 향하면 '무지개 다리〔虹橋〕'라는 돌다리가 나온다. 동산의 이름이 다리의 이름을 딴 것일까, 다리의 이름이 동산의 이름을 딴 것일까? 배를 저어 나가면 '둑 위의 봄 버들〔長隄春柳〕'이 나온다. 이 경치가 성벽 밑에 놓여 있지 않고 이 지점에 와 있는 것에서 우리는 더욱 배치의 절묘함을 볼 수 있다. 다시 서쪽으로 꺾어 가면 흙을 쌓아서 산을 만들고 그 위에 당집을 세운 '작은 금산〔小金山〕'이 있다. 이 산이 눈길을 막아 주므로 전체의 기세는 더욱 짜여지게 됨을 볼 수 있는데, 역시 범속한 재주가 아니다. 이곳은 원래 모래땅이라서, 몇 번씩 쌓아 봤으나 번번이 실패했으므로, 나중에는 나무 말뚝을 박고 층층으로 흙을 쌓느라고 수만 금金을 들였다는 것이다. 돈 많은 양주 상인들이 아니었다면 어찌 이처럼 될 수 있으랴!

이곳을 지나면 승개루勝槪樓가 나온다. 해마다 경조競漕가 이 아래에서 열린다고 하며, 강폭이 상당히 넓다. 여기에 '연꽃다리〔蓮花橋〕'가 남북으로 걸쳐 있다. 다리의 입구는 사통팔달하는데, 다리 위에는 다섯 개의 정자가 있다. 양주 사람들은 이들을 '요리 네 접시에 국 한 양푼〔四盤一煖鍋〕(요리상의 규모)'이라 부르고 있다. 이곳은 생각과 힘이 모두 지쳐서 억지로 꾸며 둔 곳으로 보여서, 나는 별로 탐탁하게 여겨지지 않는다. 다리 남쪽에는 연심사蓮心寺가 있다. 그 가운데 나마백탑喇嘛白塔이 우뚝 서 있는데, 탑 꼭대기의 황금 구슬들은 구름 위로 솟구쳐 있고, 지붕 모서리와 붉은 담장은 소나무와 측백나무 뒤로 선명히 나타나 있고, 맑은 풍경 소리는 때때로 나그네의 귀를 울린다. 이런 것은 온 천하의 다른 동산에서는 다시 볼 수 없는 것이다.

다리를 지나면 3층의 누각이 높다랗게 보인다. 단청을 올린 기둥과 부연은 그 오색에 눈이 부시고 태호太湖의 검은 돌로 쌓은 위를 하얀 돌난간을 두른 지대는 흑백이 산뜻하다. 여기는

'오색 구름이 몰린 곳〔五雲多處〕'이란 이름이 붙어 있는 곳이다. 문장을 짓는 것에 비유하면 하나의 대전환점과 같다. 여기를 지나면 '촉나라 언덕 위의 아침 해〔蜀岡朝旭〕'라는 곳이 나온다. 그저 평범할 뿐으로, 역시 억지로 수를 채운 것에 지나지 않는다. 산에 가까이 닿으면, 강은 점차 좁혀져서 흙을 모아 대나무를 심은 사이를 네댓 번 구부러진다. 이제 산과 물이 다 끝장이 나나 싶을 때, 갑자기 눈앞이 탁 틔며 '평산당平山堂'의 '만 그루의 소나무〔萬松林〕'가 펼쳐진다. '평산당'이란 현판은 구양수歐陽修[7]가 쓴 것이다.

이른바 '회수 동쪽의 다섯째 샘〔淮東第五泉〕'이라는 것의 진짜는 석가산의 동굴 속에 있는 한 우물에 지나지 않는 것으로 물맛은 여느 샘물과 같다. '연꽃정자〔荷亭〕'에 있는 것으로, 여섯 개의 구멍이 뚫린 무쇠 뚜껑이 덮여 있는 샘물은 가짜이며, 물맛도 좋지 않다. '구봉 동산〔九峯園〕'은 별도로 남문南門 밖 조용한 곳에 있다. 이곳은 자연스러운 운치가 풍부한 곳으로, 내 생각에는 위에 말한 여러 동산 가운데 으뜸일 것 같다. 나는 강산康山에는 가 보지 않았으므로 어떤지 모른다.

---

7) 송나라 문인 정치가. 이곳에 재임할 때 평산당을 지었음. 지금 평산당은 동치同治 연간(1862~1874)에 중건한 것, 그 현판은 임신(1873)년에 썼다고 적혀 있음. 1997년 7월 25일 역자가 현장을 탐방함.

이상은 모두 그 대강을 이야기한 것이다. 그 정교한 점과 미묘한 점은 이루 다 적을 수 없다. 대체로 말한다면 개울가에서 빨래하는 시골 처녀라고 하기보다는 단정히 치장한 아름다운 문안 아가씨라고 봐야 할 것이다. 나는 마침 황제(淸 高宗, 弘曆)께서 남방으로 순수하시는 성전盛典[8]을 만나, 여러 가지 공사가 준공되었을 때 황제를 맞이하기 위한 준비에 한 구실을 맡아봤기에, 그 훌륭한 경치를 실컷 구경할 수 있었던 것이다. 이러한 것은 사람이 한평생에 얻기 어려운 기회라고 할 수 있겠다.

1784년 봄에, 나는 아버님을 모시고 오강吳江縣 하何 현령縣令의 아문에 있었다. 동료에는 소흥紹興의 장빈강章蘋江, 항주杭州의 장영목章映牧, 초계苕溪의 고애천顧靄泉 등 여러 사람이 있었다. 이때 오강 아문에서는 남두우南斗圩의 행궁行宮을 준비했으므로, 나는 두번째로 용안을 뵐 수 있었다.

어느 날 저녁때가 다 되어서, 나는 갑자기 집에 돌아가고 싶어졌다. 마침 공용으로 떠나는 작은 거룻배를 얻어 탈 수 있었다. 이 배는 두 개의 큰 노와 작은 노를 저어서 태호太湖를 나는 듯이 달렸다. 이러한 배를 소주蘇州 사람들은 '파도 위의 말 머리〔出水馬頭〕'라고 불렀다. 우리 배는 눈 깜짝할 사이에 오문교

---

[8] 청 고종 홍력은 1751~1789년 사이 4번 남방으로 여행함. 그 규모가 성대했음.

五門橋에 도착했다. 설사 두루미를 타고 하늘을 날아간다 해도 이처럼 시원스럽지는 못할 것이었다. 집에 당도하니, 채 저녁밥도 푸기 전이었다.

　우리 고장에서는 워낙 변화스러운 것을 좋아들 했으나, 이날의 사치는 예전에 비해서 더욱 엄청났다. 오색 등불에 눈이 부셨고, 풍악 소리에 귀가 따가웠다. 옛사람들이 말한 '단청 올린 기둥과 조각한 기와'라든가 '구슬 꿴 발과 수놓은 휘장', 그리고 '옥 난간'과 '비단 장막'이라고 하는 것도 이보다 더한 것은 아닐 것이다. 나는 이 친구 저 친구에게 끌려가서 꽃꽂이를 봐 주거나, 오색 비단 조각으로 장식을 다는 일을 도와주었다. 그러다가 틈이 생기면 친구들끼리 모여서 술을 진창으로 마시고, 미친 듯이 노래를 부르면서 실컷 놀러 다녔다. 우리는 피곤도 모르고 이러한 젊은 날의 호방한 놀이를 즐겼다. 아무리 태평성대에 태어났다 하더라도 촌구석에 처박혀 있었더라면 어찌 이런 굉장한 구경을 할 수 있었으랴!

　그해, 하 현령은 어떤 사건으로 인하여 탄핵되었으므로, 나의 아버님은 해령海寧縣의 왕王 현령의 초빙을 받아서 그 막우로 가시게 되었다. 이때 가흥嘉興府에 사는 독실한 불교 신자인 유혜계劉蕙階란 사람이 나의 아버님을 뵈러 찾아왔다. 그의 집은 '안개와 비의 누각〔烟雨樓〕' 옆에 있었는데, 강가에는 수월거水月居라는 조그만 다락이 세워져 있었다. 여기는 그가 불경을 읽는 곳으로, 절간같이 정결한 곳이었다. '안개와 비의 누각'은 '거울의 호수〔鏡湖〕' 가운데 있었으며, 그 편편한 축대 위에 올라서면 호숫가로 돌아가며 늘어선 푸른 버들을 볼 수 있었다. 그러나 대나무가 많았더라면 경치가 더욱 완벽했으련만! 그리고 아득히 펼쳐진 잔잔한 물결 위에는 고깃배들이 수없이 널려 있었다. 한마디로 표현한다면 이곳은 달밤에 멋있을 경치였다. 거기서 스님이 차려 주는 잿밥은 썩 훌륭했다.

해령의 아문에서 나의 아버님은 백문白門(南京)의 사심월史心月, 소흥紹興의 유오교俞午橋와 함께 막우로 계셨다. 심월 선생은 촉형燭衡이란 아드님을 두셨는데, 그는 성품이 조용하고 태도가 의젓한 사람이었다. 나와는 곧 막역한 친구가 되었는데, 내 일생에 있어 두번째로 사귄 지기였다. 다만 애석하게도 우리가 함께 지냈던 기간은 퍽 짧았으니, 마치 물위의 부평초같이 만났다가는 기약 없이 헤어졌다.

나는 진陳씨의 안란원安瀾園에 놀러 간 적이 있었다. 터는 6헥타르(1800평)나 됐으며, 많은 누각과 회랑이 있었다. 연못이 퍽 넓었고, 그 위에 여섯 번 꺾어진 곡교曲橋가 있었다. 바위에는 등나무가 칭칭 감겨져 있어, 쪼아 다듬은 흔적이 완연히 가려져 있었다. 하늘을 찌를 듯 우뚝우뚝 솟은 고목들이 천 그루나 됐다. 나는 이 속에 서서 우짖는 새소리를 듣고 떨어지는 꽃잎을 보고 있으려니, 마치 깊은 산속에 들어와 있는 듯한 착각을 일으켰다. 이곳은 인공으로 만들었으되, 자연의 일부로 완전히 동화되어 있었다. 내가 구경해 본 평지의 석가산 가운데에서는 이곳을 제일로 칠 수 있겠다.

어느 날 우리는 계화루桂花樓에서 잔치를 벌였다. 그런데 음식들이 모두 꽃냄새로 해서 제 맛을 알 수 없었다. 다만 새앙 장조림〔醬薑〕의 맛만은 변치 않고 있었다. 충신·열사를 찬미할 적에 '새앙과 계피는 오랠수록 맵다'고 하거니와, 이는 참으로 헛된 말이 아니라고 새삼 느꼈다.

남문南門을 나서면 바로 바다였다. 하루에 두 번씩 조수가 들어왔는데, 만장萬丈이나 될 은빛나는 제방 같은 해일海溢이 바다를 부수며 지나갔다. 그 고장에서는 조수를 타는 뱃놀이가 있었다. 그 배는 이물에 자루가 긴 칼처럼 생긴 널빤지를 달아 조수를 가르도록 하는 장치가 되어 있다. 밀물이 들어오면 배를 저어 나가다가 이 널빤지를 한번 누르면 물이 쩍 갈라지고 배는 널빤지를 따라 쑥 들어갔다가 벌떡 떠오른다. 그 다음에 뱃머리를 반대로 돌리면 배는 밀물을 따라 눈 깜짝할 사이에 수십 킬로미터나 달리는 것이다.

제방 위에는 담장을 두른 탑이 하나 있었다. 여기서 나는 아버님을 모시고 가윗날 밤에 밀물 들어오는 것을 구경한 적이 있었다. 제방에서 동쪽으로 가면 '바늘 뫼〔尖山〕'라는 산봉우리가 우뚝 솟아서 바다 속으로 들어가 끝났다. 그 꼭대기에 있는 누각에는 '바다 너르고, 하늘 트이다海闊天空'라는 액자가 붙어 있었다. 거기서 보이는 것은 성난 파도가 하늘에 닿았을 뿐 일망무제였다.

내 나이 스물다섯이었을 때, 나는 안휘성安徽省 휘주徽州府의 관할 아래 있는 적계績溪縣의 극克 현령으로부터 막우로 와 달라는 초빙을 받았다. 나는 항주杭州府에서 '강산배〔江山船〕'⁹⁾를 타고 부춘강富春江을 거슬러 올라가다가 '자릉¹⁰⁾의 낚시터〔子陵釣臺〕'에서 상륙했다. 낚시터는 강물에서 30미터 이상이나 높은 오똑한 산봉우리의 중간에 있다. 한漢나라 때의 수면이 아무려면 산봉우리와 같은 높이였을까? 달밤에 우리 배는 계구(界口, 지금의 街口인 듯함)에 정박했는데, 이곳에는 순검서巡檢署가 있었다.

　　산이 높아 달이 작고,
　　물이 빠져 바위 나오네

---

9) 절강浙江省의 전당강錢塘江에서 배를 집으로 삼는 특수 부락 사람들이 부리는 놀잇배. 오봉선烏蓬船.
10) 후한後漢의 은자, 엄광嚴光의 자字. 젊어서 명성이 있었고 광무제光武帝 유수劉秀와 같이 공부한 적이 있음. 유수가 황제가 된 뒤 엄광에게 높은 벼슬을 주려 했지만, 부춘산에 은거하면서 낚시를 했음.

(山高月小, 水落石出。)[11]

라는 형용은 이곳을 두고 지어낸 말 같다. 황산黃山(해발 1400 미터)은 그 기슭만 보았을 뿐 아깝게도 그 진면목은 보지 못했다. 적계성積溪城은 산으로 겹겹이 둘러싸인 조그만 읍이며, 사람들이 퍽 순박하다.

성 가까이, '돌 거울 산〔石鏡山〕'이 있다. 꼬불꼬불한 산길을 가면 깎아지른 절벽에 여울이 급히 흐르면서 푸른 물방울이 사뭇 튀어오르고 있었다. 길을 따라 점차 높이 올라가 산허리에 이르면, 네모난 돌 정자가 나오는데 사면은 모두 절벽이었다. 정자 왼쪽 바위[12]는 병풍같이 깎았는데 검은 색이 나며 매끄럽기가 사람의 모습을 비출 만했다. 전하는 말로는, 여기에 전생前生을 비춰 볼 수 있었다고 한다. 황소黃巢[13]가 이곳에 왔다가 제 전생을 비춰 봤더니 원숭이 형상으로 나타났다고 한다. 그래서 여기에 불을 지른 후로는 다시 비춰지지 않는다는 것이다.

성에서 6킬로미터 떨어진 곳에 '불 구름의 별천지〔火雲洞天〕'

---

11) 송나라 시인 소식의 「후적벽부後赤壁賦」에서 보임.
12) 판본에 따라 左右, 左石으로 적었음.
13) 당나라 희종僖宗 儀, 874~888 在位 때 난리를 일으켜 황제를 촉蜀으로 쫓아내고 스스로 제제齊帝라 부르다가 이극용李克用에게 패하여 죽음. 10년 만에 난리가 평정됨.

라는 석굴이 있었다. 돌의 결이 구불구불하고 울퉁불퉁한 것이 왕몽王蒙[14]의 그림 같기도 했으나, 너무 헝클어져서 문채文彩는 곱지가 않았다. 석굴은 짙은 진홍색의 바위로 되어 있었고, 그 곁에는 조촐한 암자 한 채가 있었다. 염상鹽商을 하고 있는 정허곡程虛谷이 여기서 손님을 청하여 주연을 베푼 적이 있었다. 그때 상 위에 놓인 고기 만두를 한 사미沙彌가 탐나는 눈초리로 쳐다보기에 나는 네 개를 집어 줬다.

  떠날 때 우리는 스님에게 사례금으로 번은番銀 2원을 줬으나, 스님은 이 돈을 처음 보는 탓으로 받으려 하지 않았다. 우리가 이 은전 한 개면 동전 700문과 바꿀 수 있는 것이라고 설명해 줬지만, 스님은 근처에 돈 바꿀 곳이 없다고 하며 끝내 받지 않았다. 그래서 할 수 없이 주머니들을 털어 동전 600문을 모아 주었더니, 스님은 그제서야 기쁜 얼굴로 고마워했다. 그 뒤 나는 동료들을 청하여 술단지를 들고 다시 찾아갔다. 스님은 우리들을 보자,

  "저번에 작은 놈이 무얼 먹었는지 설사를 했습니다. 오늘은 아무것도 주지 마십시오."

라고 부탁했다. 아마 명아주나 풋콩 같은 초식만 하던 입은 고기를 안 받는 모양이다. 나는 감개가 깊어져서 친구들을 돌아

---

14) 원元나라 때의 화가, 산수화에 뛰어남. 호는 황학산초黃鶴山樵.

보고 말했다.

"중노릇하는 사람은 이렇게 외진 곳에서 살아야 할 것이오. 한평생 세속의 일은 듣도 보도 말고요. 그래야, 참 수양을 할 수 있을 거요.

가령 우리 고향의 호구虎口에 있는 절 같은 곳에서는 종일토록 눈으로 보는 것은 소년들과 기생들의 요사스런 모습이고, 귀로 듣는 것은 거문고와 피리의 흥겨운 소리이며, 코로 맡는 것은 요리와 술의 향긋한 냄새가 아니오? 그러니 어찌 몸은 마른 나무 같고 마음은 식은 재같이 될 수 있겠소!"

또 성에서 17킬로미터쯤 떨어진 인리仁里라는 마을에서는 열두 해 만에 한번씩 '꽃나무 대회〔花果會〕'가 열렸다. 대회는 분에 심은 꽃을 출품하여 서로 경염競艷하는 것이었다. 내가 적계에 있을 때, 마침 대회가 열렸으므로 나는 아주 기쁜 마음으로 구경가려고 했다. 그러나 타고 갈 가마가 없었다. 나는 사람을 시켜서 대나무를 잘라 멜대를 엮고, 여기에 의자를 비끄러매도록 했다. 가마는 이렇게 하여 마련됐으므로, 나는 동료인 허책정許策廷하고 둘이서 길을 떠났다. 이렇게 만든 가마를 탄 우리가 길에 나서자, 쳐다보고 웃지 않는 사람이 없었다.

그 마을에 당도하여 보니 어떤 신령님을 모시고 있는지는 모르겠지만, 당집이 하나 있었다. 당집 앞 넓은 마당에는 높다란 가설 무대가 꾸며져 있었다. 단청을 올린 서까래와 네모가 반듯한 기둥이 멀리서 보기에는 아주 으리으리했으나, 가까이 가 보니 다만 색종이를 기둥 위에 감고 그 위에 유칠油漆(페인트)을 입힌 것이었다. 갑자기 징소리가 나서 돌아다봤더니, 네 사람이 서까래 토막 같은 초 두 자루를 떼메고 또 여덟 사람이 암소만한 돼지 한 마리를 떠메고 들어오는 것이었다. 돼지는 신령님께 바치기 위해서 열두 해 동안을 마을에서 공동 부담으로 길렀다가 대회가 열리는 이때 잡은 것이라 했다.

책정이 웃으면서 말했다.

"돼지도 참 오래 살았거니와, 신령님 치아도 여간 단단하신 것이 아니군! 내가 만약 신령님이 된대도 이러한 제물은 받아먹을 수 없겠소."

"촌사람들이 우직하기는 해도 그 성의를 볼 수 있잖소?" 하고 나도 웃으며 대답했다. 당집 안으로 들어서니 우리는 마당이나 회랑에 그득히 진열된 꽃나무들을 볼 수 있었다. 꽃나무들은 가지를 치고 마디를 꺾는 인공적인 손질은 조금도 되어 있지 않았고, 모두 거칠고 괴상한 자연의 모습을 그냥 살린 것이었다. 아마 태반이 황산에서 나는 소나무인 것 같았다. 그때 연극이 시작되었고, 사람들이 밀물처럼 몰려들었다. 나와 책정은 번잡함을 피해서 밖으로 나왔다.

적계에 간 지 2년이 채 못 되어 나는 동료들과 뜻이 맞지 않아, 소맷자락을 털고 고향으로 돌아오고 말았다. 나는 적계의 아문에서 막우로 일해 보고 난 뒤로는, 겉으로 번드르르한 관계의 이면에는 차마 눈뜨고 볼 수 없는 야비한 짓들이 벌어지고 있음을 철저히 알게 되었다. 그래서 나는 선비로서의 일을 버리고 장사로 돌아섰다. 나의 고모부이신 원만구袁萬九 어른이 반계盤谿의 '신선 못[仙人塘]'에서 양조장을 경영하고 계셨으므로, 나는 시심경施心畊과 더불어 밑천을 대어 동업했다. 고모부네의 술은 본래 해외에다 판매하는 것이었다. 그런데 내가 장사를 시작한 지 일 년도 채 못 되어 대만臺灣에서 임상문林爽文[15]의 난리가 났으므로, 바닷길이 막히게 되어 우리는 본전을 떼이고 말았다. 나는 할 수 없이 배운 재주대로 다시 돌아가 강북江北(江蘇省의 長江 이북 지방)에서 4년간 막우로 있었다. 이 기간에는 별로 이야기할 만큼 즐거운 여행이 없었다.

우리 부부가 소상루에 머물면서 속세의 신선 놀음을 하고 있을 때, 나의 사촌 매부인 서수봉徐秀峰이 광동廣東省에서 돌아왔다. 그는 내가 직업 없이 지내고 있는 것을 보고 시원스럽게 말했다.

"형님은 붓방아로 쌀을 찧어, 이슬로 밥을 지을 참인가요? 이런 것은 근본적인 해결 방도가 되지 못해요. 저와 함께 광동을 한번 다녀옵시다. 그 이문은 지금의 쥐꼬리만한 수입과는

---

15) 대만에서 1787~88년 사이에 천지회天地會의 난리를 일으켰음.

비교가 안 될 거예요."

　운이도 찬성하면서,

　"우리가 지금처럼 근근히 쌀말이나 팔면서도 한가롭게 지내는 것이 좋긴 좋지만, 아직 노친네께서 정정하시고 또 당신도 건장하실 때, 한 번쯤 고생되시더라도 아주 한밑천 잡아서 앞으로 걱정 없이 지냈으면 더 좋겠어요."

하므로, 나는 여러 친구들과 상의하여 자본을 끌어 모았고, 운이 자신은 자수품刺繡品과 광동에는 없는 '소주 술〔蘇酒〕', '술에 절인 게〔醉蟹〕'16) 등을 마련해 주었다. 부모님께 말씀 드린 다음, 나는 시월 초열흘에 수봉이와 함께 길을 떠났다. 배는 동파東壩를 지나 무호구蕪湖口에서 장강長江으로 나왔다. 나는 장강을 거슬러 가기는 처음이었으므로 가슴 속이 다 후련했다.

　매일 저녁 배가 정박하면, 우리는 이물에서 간단히 몇 잔씩 마시곤 했다. 나는 어느 날 고기잡이하는 사람들을 본 적이 있었다. 그물의 크기는 1미터도 못 되는 것이 그물 눈은 10센티미터가량이나 되고, 그 네 모퉁이에는 쉽게 가라앉게 하기 위해서인 듯 쇠테가 둘려져 있었다.

　나는 웃으면서 말했다.

---

16) 게의 배꼽에 붉은 산초山椒와 소금을 붙이고, 이것을 주초酒醋 항아리에 이레 동안 담근 것.

"아무리 성현의 가르치심이 그물은 촘촘해서는 못쓴다[17]고 하셨지만, 이처럼 그물은 작은데 눈이 큰 것으로 무엇을 잡겠다는 것인지!"

그러자 수봉이는,

"이것은 오로지 방어(鱨魚)를 잡기 위해서 만든 것이어요."
라고 설명했다. 그물에는 두레박 줄이 매여 있었으며, 이 줄을 잡고서 그물을 물속에 내렸다올렸다 하고 있었다. 아마 고기가 있는지 없는지 탐색하는 모양이었다. 그러나 얼마 되지 않아, 한 어부가 물속에서 그물을 급히 끌어올리는데 커다란 방어가 그물 눈에 걸려 있었다. 나는 비로소 감탄하면서 말했다.

"저 혼자만의 생각이란 사리의 오묘한 점까지는 알 수가 없는 것이군!"

하루는 강 한복판에 한 봉우리가 우뚝 솟아 있는 것이 보였다. 그 사방에는 거칠 것이 하나도 없었다. 나는 수봉이의 설명으로 이것이 소고산小孤山[18]이란 것을 알았다. 서리가 덮인 숲속에 전각殿閣들이 비죽비죽 솟아 있었다. 배는 바람을 타고 살같이 지나갔으므로 나는 한번 멈춰서 올라가 보지 못한 것이 영 안타까웠다. 등왕각滕王閣[19]에 도착하고 보니, 나는 왕발王

---
17) 〈맹자〉「양혜왕상梁惠王上」에 보임.
18) 안휘성 숙송현宿松縣 동남 장강長江 가운데 있음.
19) 강서성 남창시南昌市 감강贛江 가에 있음.

勃의 '등왕각서'(秋日登洪府滕王閣餞別序)에 있는 말은 마치 우리 소주의 부학府學에 있는 존경각尊經閣을 서문胥門의 선창가에 놓은 것과 같이 묘사가 잘못되어 있음을 알 수 있었다. 등왕각 아래에서, 우리는 이물과 고물이 높이 치올라간 삼판三板子으로 바꿔 타고, 감주贛州를 거쳐 남안부南安府까지 가서 상륙했다. 그날은 마침 나의 30세 생일이었으므로, 수봉이는 국수를 마련하여 축하해 주었다.

다음날, 우리는 대유령大庾嶺[20]을 넘었다. 산정에는 '머리 쳐드니 해가 가까워라擧頭日近'고 한 편액이 걸려 있었다. 산이 높다는 뜻이겠지. 산정은 둘로 갈라져 있는데, 그 양쪽은 깎아지른 절벽이고, 그 사이로는 돌로 만든 길이 나 있었다. 고개 입구에는 두 개의 비석이 서 있었다. 하나는 '급류에서 용퇴하소라急流勇退'고 새겨져 있었고, 다른 하나는 '뜻대로 된다고 더 나가지 마소라得意不可再往'고 하는 것이었다. 산정에는 매梅 장군[21]의 사당이 있었는데, 어느 왕조의 어떤 사람인지 알 길이 없다. 사람들이 '고개 위의 매화'[22]에 대해서 전하고 있는 말은 무슨 뜻일까? 매화라곤 나는 한 그루도 보지 못했다. 아

---

20) 강서성과 광동성 경계에 있는 고개.
21) 한초漢初의 장군 매견梅鋗을 가리킴. 광동 지방에 처음으로 식민植民을 실행한 사람임.
22) 〈백씨육첩白氏六帖〉과 〈여지기승輿地紀勝〉 등에는 이곳에 매화가 많다는 기록이 보임.

마 매 장군에 인연해서 대유령을 일명 '매화 고개〔梅嶺〕'라고 하나 보다. 내가 선사하려고 가져온 매화 분은 지금 막 섣달이 되려 하는데 벌써 꽃이 지고 잎이 누렇게 돼 버렸다. 고개를 넘어서 내려가니, 갑자기 산천 풍경이 아주 달라짐을 느낄 수 있었다. 고개 서쪽에는, 지금 이름은 잊었지만, 아름다운 바위와 동굴이 있는 산이 있었다. 그 산속에는 '신선의 침상'이 있다고 가마꾼이 나에게 알려줬다. 바삐 지나가는 길이라서 한번 놀러 가 보지 못하는 것이 유감스러웠다.

남웅南雄州에 와서, 우리는 노룡선老龍船을 세내어 탔다. 배가 불산佛山鎭(지금의 南海)을 지나오니, 집집마다 담 뒤에 화분을 많이 올려 놓고 있는 것이 보였다. 잎은 감탕나무〔冬靑〕같고, 꽃은 모란〔牡丹〕같은데, 주홍·연분홍·분홍의 세 종류가 있었다. 이것은 동백꽃〔山茶〕이었다.

우리는 섣달 보름에야 비로소 광주廣州府에 이르렀다. 정해문靖海門(廣州城門) 안 큰길가에 있는 2층집의 세 칸〔三樣〕을 사관으로 정했다. 집주인은 왕王가였다. 수봉이의 단골은 모두 아문의 요로에 있는 사람들이었다. 그가 목록을 돌리며 이들을 방문할 때, 나도 같이 따라다녔다. 그러자 많은 사람들이 혼사나 그 밖의 잔치 같은 일에 쓰려고 물건을 사 갔으므로, 내가 가져온 물건들은 열흘이 못 가서 다 팔렸다. 제석除夕에도 모기가 왱왱거리는 곳이었다. 그리고 설날에 세배 다니는 데도,

'솜 저고리〔棉袍〕' 위에 '깁 옷〔紗套〕'을 덧입고 있었다. 북방에 비교하면 다만 이곳은 기후가 아주 다를 뿐 아니라, 사람들도 오관五官은 같았으나 그 감정은 아주 달랐다.

　정월 열엿샛날에 그곳 아문에서 일보고 있는 우리 동향 사람 셋에서 강 위에 나가 기생 구경을 하자고 우리를 끌었다. 그 고장에서는 이것을 '물 위를 돈다打水圍'고 했고, 기생은 노거老舉라고 불렀다. 우리는 정해문을 나서서 작은 배를 탔다. 이 배는 반으로 가른 달걀 같았는데, 위에는 뜸을 올려 놓은 것이었다. 우리는 먼저 사면沙面으로 갔다. '꽃배〔花艇〕'라고 부르는 기생들의 배들이, 한가운데로 작은 배들이 왕래할 수 있도록 물길을 터놓고, 양쪽으로 느런히 정박하고 있었다. 한 방幫(조합)은 약 열 척 내지 스무 척씩으로 되었으며, 배들은 바닷바람을 막기 위해 가로지른 나무로 비끄러매여 있었다.
　배와 배 사이에는 말뚝을 강바닥에 박아 놓고 거기에 등나무의 덩굴로 만든 올가미를 씌워서 조수에 따라 배가 오르내릴 수 있게 되었다. 소두파梳頭婆라고 부르는 기생어미는, 은실로 만든 높이 12센티미터가량의 속이 빈 틀의 겉으로 머리를 둥글 둥글 서려 올렸으며, 그의 살쩍에는 길다란 귀이개로 꽃 한 송이를 꽂고 있었다. 몸에는 까만 웃옷에 발뒤꿈치까지 끌리는 같은 색의 긴 바지를 입었고 허리에는 빨강 또는 초록의 헝겊을 매었으며, 맨발에 가죽신을 신고 있었다. 마치 창극에 나오는 여자 배우 차림이었다.

우리가 '꽃배'로 올라갔더니, 기생어미가 허리를 굽히며 웃음으로 맞이하고, 휘장을 쳐들어 선창으로 인도했다. 선창의 가장자리에는 의자와 탁자가 있었고, 한가운데에는 온돌〔炕〕이 있었으며 뒤에는 고물로 통하는 문이 있었다. 기생어미가 손님 오셨다고 소리치자, 신 끄는 소리가 시끄럽게 나더니 색시들이 나타났다. 쪽을 찐 색시도 있었고 트레머리를 한 색시도 있었는데, 모두 회뒷박을 뒤집어쓴 것같이 분을 처발랐고 또 쥐 잡아먹은 것같이 연지를 잔뜩 칠하고 있었다. 그리고 어떤 색시는 빨간 웃옷에 파란 치마를 입었고, 어떤 색시는 파란 웃옷에 빨간 바지를 입기도 했다. 또 짧은 버선에 수놓은 '나비신〔蝴蝶履〕'을 신고 있기도 했고 맨발에 은발고리를 끼고 있기도 했다. 그런데 온돌에 쭈그리고 앉거나 방문에 기대어 서서 두 눈만 반짝일 뿐 아무 말이 없었다. 나는 수봉이 보고 물었다.

"왜들 이러고 있나?"

"눈에 들면 색시를 부르는 법이죠. 그래야 가까이 와요."

그 말에 나는 시험삼아 한 색시를 불러 봤다. 그 색시는 기쁜 빛이 되어 내 앞으로 다가와서 제 소매 속으로부터 한 알의 빈랑檳榔을 꺼내어 준다. 나는 그것을 한 입에 넣고 깨물었더니, 떫기가 이루 말할 수 없었다. 나는 황급히 토해 버리고 종이로 입술을 닦아 보니 종이가 핏빛처럼 붉게 물들어 있었다. 이것을 본 선창 안의 사람들은 모두 허리를 잡았다.

우리는 그 다음에 '병기 공장〔軍工廠〕'이란 곳에 있는 '꽃배'로 가 보았다. 색시들의 꾸밈새는 역시 앞서와 같았으나, 다만 나이가 어리거나 많거나 모두 비파琵琶를 뜯을 줄 아는 점이 달랐다. 내가 말을 붙였더니,

"미에?"

라고 대답하는 것이었다. '미에?'란 '무엇이냐?'라는 뜻이라 했다.

"'젊어서는 광동에 들어가지 말라'는 말은 기생들에게 넋을 뺏길까봐 하는 소리요. 그렇지만 이처럼 옷이 야만스럽고 말이 촌스러운데, 어느 누가 마음이 움직이겠소?"

라고 말했더니, 한 친구가,

"'조방潮幫'23)의 기생들은 옷치장이 선녀 같소. 한번 가 볼 만하죠."

라고 하여, 우리는 '조방'으로 갔다. 배가 느런히 줄지어 선 것은 역시 사면과 같았다. 거기에는 소랑素娘이란 이름난 기생어미가 있었는데, 옷을 화고부花鼓婦24)처럼 꾸미고 있었다. 색시

---

23) 조조潮는 광동성 스와토우〔汕頭〕를 가리키며, 방幫은 동향同鄕·동업자同業者의 조합 단체의 뜻임.

들은 모두 깃이 긴 옷을 입고, 그 위에 목걸이를 하고 있었다. 앞머리는 눈썹에 닿도록 일매지게 잘랐고, 뒷머리는 어깨까지 치렁치렁 땋아 있었으며, 가운데 머리는 동그스름한 뿔처럼 잡아매었다. 전족纏足을 한 색시는 치마를 입고 있었으나, 하지 않은 사람은 기다란 통바지를 입고 버선에 역시 '나비신'을 신고 있었다. 여기 말소리는 알아들을 수 있었지만, 나는 아무래도 그 이상스런 옷차림이 마음에 안 들어 흥미가 나지 않았다. 수봉이 있다가,

"정해문 밖 나루터 건너편에 '양방揚幇(揚은 揚州)'이 있는데, 모두 소주의 복장을 하고 있어요. 거기에 가면 반드시 형님 마음에 드실 여자가 있을 거예요."
하니, 다른 친구가 말했다.

"'양방'이라고들 하지만, 정말 양주에서 온 여자는 소邵과부라고 부르는 기생어미와 그의 며느리인 '큰아기〔大姑〕'뿐이고, 나머지는 모두 호남湖南省·호북湖北省·광동廣東省·산서山西省 사람들이죠."

이리하여 우리가 '양방'에 갔더니, 거기에는 겨우 여남은 척 되는 배들이 마주 보며 두 줄로 서 있었다. 그 안의 여자들은

---
24) '화고희花鼓戲'에 나오는 여자. 북을 치면서 음담이나 인정담을 가락에 맞춰 이야기함.

모두 구름 같은 머리에 엷은 화장을 하고 있었다. 널찍한 소매가 달린 웃옷에 기다란 치마를 입고 있었으며, 내가 똑똑히 알아들을 수 있는 방언을 쓰고 있었다. '소과부'란 여자가 나와서 우리를 정중하게 맞아들였다. 이때 한 친구가 '술배〔酒船〕'를 불렀다. '술배' 가운데 큰 것은 항루恒艪, 작은 것은 사고정沙姑艇이라고 했다. 그 친구가 한턱내는 것이었다. 나더러 기생을 하나 고르라고 했으므로, 나는 햇병아리 같은 소녀를 불렀다. 이름은 희아喜兒라 했는데, 몸매나 얼굴 생김새가 나의 아내 운랑과 흡사했으며, 특히 전족한 발이 몹시 뾰족하고 예뻤다. 수봉이가 고른 기생은 이름이 취고翠姑였다. 그 밖의 사람들은 각각 전부터 알고 지내는 기생이 있었다. 우리는 '술배'를 강 한복판에 띄워 놓고 마음껏 술을 마셨다. 오후 여덟 시〔初更〕쯤 됐을 때 나는 아무래도 견뎌 낼 것 같지 않아 사관으로 돌아가겠다고 고집했으나, 성문은 벌써 오래 전에 닫혔다고 했다. 바닷가에 있는 성이라서 해만 지면 곧 성문이 닫힌다는 것을 나는 미처 몰랐던 것이다.

술자리가 끝판이 되니, 누워서 아편을 피우는 사람도 있었고, 기생을 끼고 희롱하는 사람도 있었다. 심부름하는 계집애가 금침을 갖다 주는 것이 곧장 요를 잇대어 깔 모양이었다. 나는 남이 모르게 슬쩍 희아에게 물었다.

"너희 배에서는 잘 수 없니?"

"'다락방'에서는 잘 수가 있어요. 허지만 손님이 먼저 들었을지도 몰라요."

'다락방'이란 배 2층에 있는 방을 말하는 것이었다.

"한번 가서 알아볼까?"

하고, 우리는 작은 배를 불러 타고 소과부의 배로 건너갔다. '꽃배'들의 등불이 두 줄로 나란히 켜 있는 것이 마치 기다란 회랑 같았다. '다락방'에는 마침 손님이 들어 있지 않았다. 기생어미가 웃으면서 이렇게 말했다.

"제가 오늘 귀하신 손님이 오실 것을 알고 있었습죠. 그래서 '다락방'을 비워 놓고 기다리고 있는 참입죠."

"아주머니는 정말 '연잎 아래의 선녀'로군요."

하고 나도 웃으면서 응수했다. 곧 우리는 촛불을 켜든 하녀의 인도를 받으면서 선창 뒤에 있는 사다리로 올라갔다. '다락방'은 꼭 뒷박만 했으나, 한 옆에는 기다란 침상이 있었고, 또 탁자나 의자도 모두 갖추어져 있었다. 휘장을 들추고 속으로 더 들어가면 바로 선창의 위가 됐다. 여기에도 침상이 한 옆에 있었고, 벽에는 유리를 끼운 네모진 창이 있었다. 방에는 불을 켜지 않아도 환했다. 그것은 앞에 있는 배의 등불 때문이었다. 이부자리·모기장·화장대가 아주 화려했다.

"노대에 나서면 달을 쳐다볼 수 있어요."

라고 희아가 말했다. 우리는 입구 쪽에 있는 창문을 열어제치고 기어 나갔다. 그곳은 고물의 지붕이었다. 노대는 삼면에 나지막한 난간이 둘려져 있었다. 둥그런 달은 넓은 강물 위의 맑은 하늘에서 환하게 비치고 있었다. 여기저기 나뭇잎처럼 물 위에 떠 있는 것은 '술배'였고, 그 불빛은 창공에 펼쳐진 별들처럼 반짝였다. 그 사이로 작은 배들이 오락가락했으며, 피리·거문고 소리는 용솟음치는 밀물 소리에 섞여 들려왔다. 나의 감정은 완전히 움직였다.

"'젊어서는 광동에 들어가지 말라'는 말은 바로 이 때문이었군!"

하고 혼자 중얼거리면서, 나는 운이와 함께 오지 못한 것이 안타까웠다. 희아를 돌아보니 달빛 아래 서 있는 모습이 어떻게 보면 운이로 착각하게 했다. 그래서 나는 희아의 손을 잡고 노대에서 내려와, 불을 끄고 누었다.

날이 샐 녘에 수봉이들이 떠들썩하니 올라왔다. 나는 급히 옷을 주워 걸치면서 맞아들였다. 모두들 간밤에 내가 도망친 것에 대해서 야단했다.

"다름이 아니라, 여러분들이 우리가 자고 있는 곳의 휘장을 젖히고 이불을 들출까봐 그랬소."

하고 나는 해명했다. 우리들은 곧 사관으로 돌아갔다.

며칠 지나서 나는 수봉이와 함께 해주사海珠寺로 놀러 갔다. 이 절은 강물 한복판에 있었는데, 담장이 성벽처럼 둘러싸여 있었다. 사방 성벽에는 수면에서 1.5미터 높이에 해적을 방비하기 위해서 대포를 설치한 구멍이 뚫려 있었다. 밀물이 들어오고 썰물이 빠져나갈 때, 포문砲門도 수면을 따라 올라갔다 내려갔다 하는 것처럼 보였다. 이렇게 착각되는 물리物理는 정말 알 수가 없었다.

 십삼양행十三洋行[25]은 유란문幽蘭門 서쪽에 있었는데, 그 구조는 서양 그림에서 보던 것과 똑같았다. 그 나루터 건너편은 '꽃마을〔花地〕'이라는 곳으로 꽃나무가 아주 많았다. 광주廣州에 꽃을 대는 곳이라고 했다. 나는 꽃이라면 모르는 것이 없다고 자부해 왔으나, 여기에 와 보니 열 가운데 예닐곱밖에 알 수가 없었다. 그 이름을 물었더니 〈군방보群芳譜〉[26]에 없는 것도 있었다. 아마 사투리라서 이름이 다른지도 모르겠다.

 해당사海幢寺는 규모가 아주 컸다. 산문山門 안에는 용나무〔榕〕(벵골 보리수)가 있었다. 굵기가 열 아름이 넘었으며 겨울에도 지지 않는 이파리들은 거대한 초록색의 양산처럼 짙은 그늘을 만들고 있었다. 절의 기둥이나 난간들은 모두 철도목鐵刀木(인디언 아이언우드)으로 만들어져 있었다. 그리고 보리수菩提樹

---

25) 당시 광주廣州는 개항장開港場으로서 영국·네덜란드·프랑스·미국·스웨덴·덴마크·에스파냐 기타 여러 나라들의 상관商館 열셋이 있었음. 이것을 십삼양행이라 함. 그 전경을 그린 그림이 지금 남아 있음.
26) 명나라 왕상진王象晉이 지은 박물지博物誌.

도 있었다. 감나무 잎과 비슷한 그 잎은 물에 담가서 껍질을 벗기면 가는 잎줄기가 잠자리 날개같이 되며, 이것으로써 불경을 베낄 조그만 공책을 맬 수 있다고 했다.

돌아오는 길에 우리는 다시 '꽃배'에 들러 희아들을 찾았다. 마침 희아와 취고는 모두 손님을 받지 않고 있었다. 차만 마신 다음 우리가 떠나려고 했더니, 그들은 재삼 만류했다. 내 마음은 '다락방'으로 가고 싶었으나 기생어미의 며느리인 '큰아기'가 거기서 술손님을 받고 있었다.

"아가씨들을 우리 사관으로 데려가게 해 준다면 하룻저녁 놀아도 좋겠소만……."

하고 내가 소과부에게 말했더니, 좋다고 했다. 수봉이는 먼저 돌아가서 종복에게 주안상을 차리게 하고, 나는 희아·취고 두 사람을 데리고 천천히 사관으로 갔다. 우리가 막 웃고 떠들고 있는데, 뜻밖에도 그곳 아문에 있는 왕무로王懋老가 찾아왔으므로, 우리는 그도 청해서 자리를 같이 했다. 술잔을 입에 댔을까말았을까 했을 때 아래층에서 사람들의 왁자지껄하는 소리가 나는 것이 아마 2층으로 올라오려는 모양이었다. 집주인에게는 망나니 조카가 하나 있었는데 그는 우리가 기생을 불러온 것을 알고 야료를 부리려고 무리들을 이끌고 온 것이었다. 수봉이는 나를 원망했다.

"모두 삼백三白이 형이 갑자기 기분을 너무 냈기 때문이어요.

제가 덩달아 나서지 않는 것이었는데……."

"지금은 말다툼할 때가 아닐세. 일이 이렇게 된 이상, 빨리 선후책을 강구해야지."

하고 내가 말했다. 무로가 곁에서 듣고 있다가,

"내가 내려가서 먼저 좋은 말로 타일러 보리다."

하고서 내려갔다. 나는 먼저 종복들에게 기생들이 타고 빠져 나갈 가마 두 채를 빌려 오라고 시켰다. 그리고는 우리가 성을 빠져 나갈 방도를 짜기 시작했다. 그런데 망나니들은 무로가 타일렀으나 물러나지 않았다. 그렇다고 또 2층으로 올라오는 것도 아니었다. 가마는 준비가 됐다. 나의 종복은 손발이 무척 재빨랐다. 그는 앞장서서 길을 트고, 수봉이는 취고를 끌고 그 뒤를 따르며, 나는 희아를 부축하며 맨 뒤에 따르기로 작정했다. 그런 뒤에 우리는 욱 밀고 나갔다. 수봉이와 취고는 종복의 힘으로 몸을 빼쳐 나갔으나, 희아는 막아서는 사람에게 붙잡히고 말았다. 나는 발길을 들어 그 사람의 팔을 냅다 걷어찼다. 그의 손이 놓치는 틈을 타서 희아는 무사히 튀어 나갔고, 나도 그 뒤를 따라서 빠져나갔다. 나의 종복은 추격을 막기 위해서 문간을 그때까지 지키고 있었다.

"희아를 봤느냐?"

하고 나는 종복에게 다급히 물었다. 종복은,

"취고 아씨는 벌써 가마를 타고 갔사오나, 희아 아씨는 문에서 나오는 것만 봤지 가마 타는 것은 못 봤는뎁쇼."
하고 대답하였다. 그래서 나는 횃불을 댕겨 붙이고 보니, 빈 가마가 길 옆에 그냥 있었다. 나는 서둘러서 정해문까지 쫓아가 봤으나, 수봉이가 취고만 데리고 가마 옆에 서 있을 뿐이었다. 내가 묻는 말에 수봉이는,

"동쪽으로 와야 할 것을 서쪽으로 간 것이 아닐까요?"

하는 것이었다. 나는 급히 되돌아갔다. 사관을 지나 여남은 집 쯤 갔더니 으슥한 곳에서 누가 나를 부르는 소리가 났다. 불을 비춰 봤더니 희아였다. 나는 희아를 가마에 태우고 떠나려는데 수봉이가 뛰어왔다.

"유란문幽蘭門의 수문水門으로 빠져나갈 수 있대요. 그래서 문지기에게 돈을 주고 자물쇠를 열어 놓도록 했어요. 취고는 먼저 보냈으니 희아도 속히 가야죠."

"취고와 희아는 내게 맡기고, 자네는 빨리 사관으로 돌아가서 망나니들을 물리치게."

라고 나는 수봉이에게 일렀다. 우리가 수문으로 갔더니 과연 자물쇠는 열려 있었고, 취고도 와 있었다. 그리하여 나는 왼손으로는 희아를 부축하고 오른손으로는 취고를 이끌면서, 허리를 굽히고 비틀거리는 두루미 걸음으로 느릿느릿 수문을 빠져나갔다. 공교롭게도 하늘에서는 가랑비가 내려서 길이 몹시 미끄러웠다. 우리가 강기슭의 사면沙面에 다다르니, 풍악 소리는

여전히 흥겹게 울리고 있었다. 어떤 배 위에 취고를 아는 사람이 있어서 우리를 배로 올라오라고 불렀다. 배에 올라가서야 나는 비로소 희아의 머리는 쑥덤불같이 헝클어졌고, 그의 비녀와 목걸이는 모두 없어진 것을 알았다.

"도둑을 맞았나?"

하고 내가 물었더니 희아는 웃으면서, 이렇게 대답했다.

"이게 모두 순금이랍니다. 수양 어머니의 것이죠. 제가 2층에서 내려올 때 모두 떼어서 주머니 속에 감추어 뒀어요. 만약 빼앗기게 되면 선생님이 물어내야 하잖아요?"

나는 그 말을 듣고 퍽 가상스럽게 생각하면서 다시 금붙이들을 달도록 했다. 그리고 양어미에게는 사실대로 알리지 말고, 다만 여관이 번잡하기 때문에 그냥 배로 돌아오는 것이라 말하게 했다.

취고는 내가 시킨 대로 말하고서, 다시 술과 안주로 해서 배는 부르니 흰죽이나 좀 마련해 달라고 덧붙이기까지 했다. 이때 '다락방'의 손님은 이미 돌아가고 없었으므로, 소과부는 취고도 희아와 함께 '다락방'으로 올려 보냈다. 두 켤레의 수신은 진창에 흠뻑 젖어 있었다. 세 사람이 흰죽으로 요기하고는 촛불 심지를 돋우면서 이야기의 꽃을 피웠다.

그리하여 나는 비로소 취고는 호남湖南省 사람이란 것, 그리고 희아는 하남河南省 사람으로 본성은 구양歐陽이며, 그 아버지가 사망하고 어머니가 개가하자 마음씨 나쁜 숙부로 해서 기생으로 팔려 왔다는 것을 알게 되었다. 취고는 매일같이 헌 사람을 보내고 새 사람을 맞아야 하는 괴로움을 하소연했다. 그리고 마음이 즐겁지 않아도 웃어야 하는 것, 술을 이기지 못해도 억지로 마셔야 하는 것, 몸이 불편해도 억지로 손님을 받아야 하는 것, 목이 아파도 억지로 노래를 불러야 하는 것 등등에 대해서도 말했다. 그 위에 성질이 괴팍한 사람을 만나게 되면 조금만 마음에 안 들어도 술잔을 팽개치고 상을 뒤엎으면서 큰 소리로 욕지거리를 하는데 수양 어머니는 잘잘못간에 무턱대고 저희가 잘 모시지 못했다고만 꾸중하며, 또 고약한 손님을 만나게 되면 밤새도록 짓이김을 받아 도저히 참을 수 없도록 한다는 이야기였다. 취고는 또 희아는 아직 나이도 어리고 이곳에 온 지도 얼마 되지 않으므로 수양 어머니가 그나마 사랑하고 있다고 말했다. 취고는 어느새 눈물을 떨어뜨리고 있으며, 희아도 소리 없이 따라 울고 있었다. 나는 희아를 끌어다 보듬고 위로했다. 취고에게는 바깥방에서 자라고 일렀다. 그것은 그가 수봉이와 사귄 여자이기 때문이었다.

이때부터 그들은 열흘, 또는 닷새에 한 번씩 사람을 보내 우리를 불렀고, 어떤 때에는 직접 희아가 작은 배를 타고 강가로 마중 나오기도 했다. 나는 놀러 갈 때마다 수봉이하고만 동행했지 다른 손님은 청하지 않았으며, 또 다른 배도 부르지 않았다. 하룻저녁 놀이에 번은 番銀 4원이면 쓸 만했다. 수봉이는 오늘은 이 색시 내일은 저 기생으로, 여자를 갈아 가며 놀았다. 기생들의 말로 하면 '구유에서 뛴다〔跳槽〕'는 것이었다. 수봉이는 심지어 두 기생을 함께 부르기도 했다.

그러나 나는 오로지 희아 한 사람만을 찾았다. 어쩌다가 내가 혼자 가게 되면 노대 위에서 작은 술상을 벌이거나 '다락방'에서 조용히 이야기하고 지냈다. 나는 희아에게 노래를 시키지도 않았고 술을 강권하지도 않았으며, 그냥 따뜻이 보살펴 주기만 했기 때문에 온 배 안에 즐거움이 감돌았다. 같이 있는 색시들은 모두 희아를 부러워했고, 내가 '다락방'에 와 있는 것을 알면 손님을 받지 않은 색시들은 반드시 찾아 들었다. 그래서 나는 이 방幇 안에서는 모르는 색시가 없게 됐다. 내가 배에 가기만 하면 여기저기서 나를 부르는 소리가 끊이지 않았고, 나는 일일이 대답하느라고 정신을 못 차릴 지경이었다. 이러한 것은 비록 만금을 뿌린다 해도 될 수 없을 일이었다.

나는 거기서 넉 달을 머무는 동안에 도합 100금 남짓 썼다. 내가 거기서 여지荔枝의 싱싱한 맛을 볼 수 있었던 것은 또한 평생에 있어 가장 즐거운 일의 하나였다. 뒤에 기생어미가 500금을 내고 희아喜兒를 떠맡으라고 강권했으므로 나는 귀찮은 생각이 나서 돌아올 채비를 챙겼다. 그런데 수봉이는 기생에게 마음이 빠져 떠나기를 싫어했으므로, 나는 그에게 첩을 하나 사게 했다. 우리는 갔던 길로 해서 소주로 돌아왔다. 그 다음 해, 수봉이는 다시 광주에 갔는데 나는 아버님께서 허락지 않으셔서 못 갔다. 나는 청포青浦縣의 양楊 현령의 아문에 가서 막우로 일했다. 뒷날 수봉이가 돌아와서 희아는 내가 안 왔다고 하마터면 자살할 뻔했다고 전했다. 아!

> 반년 만에 처음 양방의 꿈을 깼더니,
> 꽃배 안에서 매정한 사람 소리 듣놋다.
> (半年一覺揚幇夢, 贏得花船薄倖名。)[27]

내가 광동廣東省에서 돌아와 청포青浦縣에서 일한 이태 동안에는 적을 만큼 즐거운 이야기가 없었다. 그 뒤 얼마 안 있어 운이와 감원이가 만나게 됐고, 그래서 집안에서는 물의가 끓어올랐으며, 운이는 감원이 일로 속을 썩였기에 병이 났다. 나는 정묵안程墨安과 함께 우리집 옆에다 서화포書畵鋪를 차려서 적으나마 약값을 마련했다.

추석 다음다음날, 오운객吳雲客이 모억향毛憶香 · 왕성란王星

---

[27] 당나라 시인 두목杜牧의 「견회遣懷」란 시에서 몇 자 고친 것임. 원래의 시구는 「十年一覺揚州夢, 贏得青樓薄倖名」임.

爛과 함께 나를 찾아와서 서산西山의 소정실小靜室로 놀러 가자고 청했다. 그러나 나는 마침 일이 바빴으므로 먼저들 가라고 말했다. 그랬더니 오吳가 이렇게 일러 줬다.

"자네가 나올 수 있다면, 내일 정오에 산 아래에 있는 수답교水踏橋 옆의 내학암來鶴菴에서 만나세."

그 다음날, 정정에게 가게를 맡기고, 나는 홀로 창문閶門을 나와 산 아래까지 걸어가서 수답교를 건너 밭두렁을 돌아 서쪽으로 가니 남향채의 암자가 보였다. 맑은 개울이 문 앞에 흐르고 있었다. 문을 두드렸더니 어디서 왔느냐고 물어, 찾아온 사유를 말했다. 그 사람은 웃으면서 말했다.

"여긴 득운암得雲菴인 걸요. 액자를 못 보셨습니까? 내학암은 벌써 지나쳐 오셨어요."

"다리를 지나 여기까지 오는 중간에 암자가 있는 것을 못 봤는데요."

"손님, 저기 토담 안에 대숲이 무성한 것이 보이잖습니까? 바로 거깁니다."

하고 그는 손으로 가리켰다. 나는 돌아서 토담까지 갔다. 작은 문이 굳게 닫혀 있으므로 문틈으로 들여다보니, 그 속은 나지막한 울타리 사이로 꼬불꼬불한 길이 나 있고 탐스럽도록 짙푸른 대밭이 펼쳐 있을 뿐, 사람 기척이라곤 없는 고요한 뜰이었다. 문을 두드려도 대답이 없었다. 마침 밖에서 지나가던 사람이,

"토담 구멍에 돌이 있습니다. 그걸로 문을 두드리는 것이죠."

하고 일러 줬다. 나는 그 돌을 집어서 몇 번 두드렸더니 과연 어린 사미沙彌僧가 나와서 응답했다. 나는 길을 따라서 들어갔다. 작은 돌다리를 건너서 서쪽으로 꺾어 가니 비로소 산문山門이 보였다. 까만 판에 하얀 글씨로 내학來鶴이란 두 글자를 쓴 현판이 걸려 있었다. 그 뒤에는 기다란 발문跋文이 있었는데, 나는 자세히 읽을 틈이 없었다. 산문으로 들어가서 위태전韋駄殿을 지나니까 상하가 모두 티끌 하나 없이 깨끗하고 번쩍번쩍했다. 이래서 소정실小靜室이라고 부르는 모양이었다. 왼쪽에서 또 다른 사미가 주전자를 들고 나오는 것이 문득 보였으므로, 나는 손님들이 어디 계시냐고 소리쳐 물었다. 그러자 어떤 방 안에서 성란이가 웃으면서 하는 소리가 들렸다.

"어떻소? 내가 삼백三白이는 결코 약속을 어길 사람이 아니라고 하잖았소?"

곧 운객이가 마중을 나오며 물었다.

"일찌감치 상을 마련하고 기다리고 있는데, 어찌 이리 늦었소?"

한 중이 그 뒤를 따라 나와서 나에게 공손히 머리를 수그렸다. 죽일竹逸이라는 스님이었다.

방 안에 들어갔더니, 그곳은 세 칸짜리의 조그만 방이었으며, 액자에는 계헌桂軒이라 씌어 있었다. 그리고 뜰에는 꽃이 활짝 핀 두 그루의 계수나무가 있었다. 성란이·억향이도 모두 일어나면서,

"후래삼배後來三杯일세!"

하고들 소리쳤다. 술상에는 고기와 채소가 정갈하게 차려져 있었고, 술은 청주와 배갈이 고루 갖추어져 있었다.

"여러분들은 어디어디를 구경하셨소?"

하고 내가 물으니, 운객이가,

"어제는 너무 늦게 왔소. 오늘 새벽에야 겨우 득운암得雲菴·하정河亭만 둘러봤을 뿐이오."

라고 대답했다. 우리는 한참 기분 좋게 술을 마시고 나서 밥을 먹은 다음에, 다시 득운암·하정 방면으로 나가 열아홉 곳을 구경하면서 화산華山까지 갔다. 모두 좋은 경치였으나 이루 다 적을 수는 없다. 화산華山의 산정에는 연화봉蓮花峰이 있었지만, 날이 저물었으므로 뒷날을 기약하기로 했다. 이곳은 계수나무 꽃이 가장 흐드러지게 피고 있었다. 우리는 꽃나무 밑에서 맑은 차를 한잔씩 마시고 가마〔山輿〕를 타고 내학암으로 돌아갔다. 계헌의 동쪽에 있는 임결臨潔이라 이름한 작은 누각에는 이미 술상이 차려져 있었다. 죽일이는 말이 없고 조용한 성품이지만, 또한 친구를 좋아하고 술을 잘 마시는 사람이었다. 처음에 우리는 '계수나무 꽃가지 놀이〔折桂催花〕'[28]를 하다가

나중에 가서는 각자가 돌려가며 장기를 한 가지씩 하고 술을 먹게 했다. 이렇게 밤 열시〔二更〕까지 즐겁게 놀았다. 그때 나는 이렇게 제의했다.

"오늘 밤은 달빛이 퍽도 곱소. 지금부터 잠에 곯아떨어진다는 것은 달을 저버리는 것이 될 거요. 어디 높다랗고 널찍한 곳으로 가서 달빛을 구경한다면 이 좋은 밤이 헛되지 않을 것이오."

죽일이가 이 말을 받아서 말했다.

"방학정放鶴亭을 올라가면 좋을 겁니다."

다시 운객이도 이렇게 말했다.

"성란이 거문고를 안고 왔는데, 아직 멋진 가락을 듣지 못했구려. 거기 가서 한번 타 보는 것이 어떻겠소?"

그래서 우리는 함께 출발했다. 계수나무의 꽃 향기 가운데 서리가 내린 수풀이 죽 이어져 있고, 달 밝은 넓은 하늘 아래 삼라만상이 그냥 적막했다. 성란이는 날아갈 듯이 '매화삼롱梅花三弄'을 탔다. 흥이 솟은 억향이는 소매 속에서 쇠피리〔鐵笛〕를 꺼내어 흐느끼듯이 불었다. 운객이가 한마디 했다.

"오늘 밤 석호石湖에서 달 구경하는 사람 가운데 그 아무도

---

28) 주연酒宴에서 하는 일종의 놀이. 먼저 여러 사람이 둥글게 앉고, 한쪽에 뒤돌아 앉은 사람이 북을 치는 동안에, 계수나무 꽃가지를 이 사람 손에서 저 사람 손으로 돌리는데 북소리가 멎었을 때 꽃가지를 가지고 있는 사람이 벌주를 받음.

우리처럼 즐겁게 노는 사람은 없을 거요!"

이 말은 사실이었다. 우리 소주에서는 팔월 열여드렛날, 석호의 행춘교行春橋에서 '꼬치달〔串月〕'[29]을 구경하는 놀이가 있었다. 놀잇배가 빽빽이 모여들고 풍악 소리가 질탕히 울려 퍼지는데, 명색만 달놀이지 사실은 기생을 끼고 술 마시는 것에 지나지 않는다. 조금 뒤에 달이 기울고 서리가 차가워지자, 우리는 흥에 지쳐서 잠자리로 돌아갔다.

다음날 아침에 운객이 여러 사람을 보면서 이렇게 물었다.

"이 근처에 무은암無隱菴이란 곳이 있다는데, 아주 외진 곳이라죠? 여러분 가운데 가 본 분이 있나요?"

모두들 가 보기는 고사하고 소문도 듣지 못했다고 하니까 죽일이가 설명해 주었다.

"무은암은 사면이 산으로 둘러싸여 있죠. 너무 외지기 때문에 승려도 그곳에 오래 머물지 못하는 형편입니다. 연전에 한번 다녀왔는데, 이미 허물어져 있더군요. 그 뒤 팽척목彭尺木[30] 거사居士가 중수했단 말은 들었으나 여태 가 보지는 못했어요.

---

29) 소주蘇州 서남의 석호石湖에 남북으로 걸쳐 있는 보대교寶帶橋는 53개의 아치로 되어 있는데, 팔월 열여드렛날에 달이 뜨면, 하나의 홍예마다 하나의 달이 붙어, 마치 53개의 달이 꼬치로 되어 있는 것처럼 보임. 이것을 '꼬치달'이라 하여 소주 사람들은 이날 밤새워 흥청거림.

30) 이름은 소승紹昇(1740~90), 건륭乾隆의 진사. 육구연陸九淵·왕수인王守仁의 학문을 좋아하다가 뒤에 불교에 귀의했음.

지금 희미하게나마 길을 아니까 여러분께서 가시겠다면 인도해 드리겠습니다."

"빈 속에 갑니까?"

하는 억향이의 말에, 죽일이는 웃으면서,

"소면素麵을 마련해 두었습니다. 그리고 도사道士에게 술 방구리를 들고 같이 가도록 할 수 있어요."

라고 대답했다. 우리는 국수를 먹고, 걸어서 길을 떠났다. 고의원高義園을 지날 때, 운객이가 그 안의 백운정사白雲精舍에 들렀으면 좋겠다고 제의했다. 우리가 대문 안으로 들어가 앉아 있으려니, 한 중이 느릿느릿 걸어 나와 운객이에게 두 손을 합장하며 인사를 했다.

"두 달 동안이나 뵙지 못했습니다. 성 안에 무슨 새로운 소식이라도 있습니까? 그리고 순무巡撫 어른께서는 영문營門에 계시고요?"

억향이가 벌떡 일어나더니,

"까까중!"

하고 내뱉으며 소맷자락을 떨치고 곧장 밖으로 나갔다. 나와 성란이는 웃음을 참으면서 따라나섰다. 운객이와 죽일이는 짐짓 두어 마디 수작을 하고서 역시 밖으로 나왔다. 고의원은 바로 범중엄范仲淹(宋나라의 名相)의 묘소로서 백운정사는 그 곁에 있었다. 별당 한 채가 절벽을 향하고 있었는데, 그 절벽 위에는 등나무 덩굴이 걸려 있고, 그 아래에는 너비 3미터 남짓한 못이 패어 있었다. '사발샘〔鉢盂泉〕'이라고 부르는 그 맑고 깊은 못 속에는 금붕어가 헤엄치고 있었다. 그리고 대나무로 엮은 화로와 차를 달이는 화덕이 썩 어울리게 놓여 있었다. 집 뒤 푸른 숲으로 올라가면 고의원의 전경을 한눈에 내려다볼 수 있었다. 애석하게도 승려가 속물이라 오래 앉아 놀지 못했다.

이때 우리는 상사촌上沙村으로 해서 계롱산을 지나갔다. 이곳은 바로 전에 내가 홍간鴻干이와 함께 놀러 온 적이 있는 곳이다. 풍물은 예전과 같았으나 홍간이는 가고 없으니, 금석지감을 누를 길 없어 나는 마음이 언짢았다. 갑자기 흐르는 물에 길이 막혀 우리는 앞으로 나아갈 수 없었다. 너댓 명의 애들이 풀더미 속에서 버섯을 따고 있다가 고개를 내밀면서 웃었다. 아마 뜻밖에 많은 사람들이 와 있는 것이 이상한 모양이었다. 애들에게 무은암 가는 길을 물었더니, 이러한 대답이었다.

"이 앞은 강이 넓어서 건너가시지 못해요. 몇 걸음 되돌아가시면 남쪽으로 오솔길이 있어요. 그리로 해서 고개를 넘어가시면 돼요."

우리는 그 말을 좇아서 고개를 넘어 남쪽으로 600미터가량 갔더니, 주위에는 점차 대나무와 잡목만 우거질 뿐이었다. 그리고 사방은 산이 둘러 있었고, 길에는 푸른 버섯이 많이 돋아나 있었으며 사람 발자취는 조금도 보이지 않았다. 죽일이는

사방을 휘둘러보면서,

"아마 여기쯤일 성싶은데, 길을 통 알 수 없으니 어떡하죠?"
하고 중얼거렸다. 그래서 내가 쪼그리고 앉아 자세히 주위를 돌아봤더니, 빽빽한 대숲 사이로 분명치는 않았으나 돌담이 보이는 듯했다. 우리는 곧장 무성한 대나무들을 헤치며 마구 들어가서 겨우 대문을 찾아냈다. 현판에는 무은선원無隱禪院이란 네 글자 외에 연월일과 남원南園의 팽彭노인이 중수했다는 기록이 씌어 있었다. 모두들 기뻐하면서 나를 칭찬했다.

"그대가 아니었다면 무릉도원武陵桃源31) 될 뻔했소."

산문山門은 굳게 닫혀 있어 한참 문을 두드려도 대답이 없다가 갑자기 옆문이 삐걱거리면서 열리더니, 누더기를 걸친 한 소년이 나왔다. 얼굴에는 주린 빛이 보였고, 발에는 다 해진 신을 끌고 있었다.

"손님들은 어떻게 오셨습니까?"
하는 소년의 물음에, 죽일이는 공손히 머리를 수그리고 말했다.

"이곳이 깊고 조용한 곳이라 특별히 찾아온 것입니다."

"보시는 바와 같이 궁벽한 산골이고 승려도 흩어져 접대할 사람조차 없습니다. 다른 곳을 찾아보시죠."

---

31) 도연명의 「도화원기」에, 한 어부가 무릉도원이란 별천지에 갔다가 돌아온 뒤, 다시 찾아 나섰으나 끝내 찾지 못했다는 이야기가 있음. 앞에 나온 '슬픈 운명'을 참고할 것.

하더니 소년은 돌아서려고 했다. 운객이가 급히 말리고 나서면서 대문을 열어서 구경할 수 있게 해 준다면 사례금을 후하게 내겠다고 말했다. 소년은 웃으면서 말했다.

"엽차도 없으니, 다만 손님 대접이 소홀할까 두려울 뿐입니다. 사례금이야 어찌 바라겠습니까?"

산문이 열리자, 바로 부처님의 얼굴이 보였다. 그 금빛과 녹음이 서로 잘 어울리고 있었다. 돌계단과 주춧돌에는 이끼가 수놓인 듯했다. 전각 뒤의 축대는 담장 같았으며 그 주위에는 돌난간으로 둘려져 있었다. 축대를 돌아 서쪽으로 갔더니, 높이가 6미터 남짓한 만두 같은 동그란 바위가 있었고, 가는 대〔細竹〕가 그 밑동을 둥그렇게 싸고 있었다. 다시 서쪽으로 가다가 북쪽으로 방향을 꺾어서 비스듬한 회랑의 계단을 올라갔더니, 큰 바위에 바싹 붙은 세 칸짜리 객당客堂이 나왔다. 바위 아래에는 작은 못이 패어 있었는데, 한 가닥 맑은 샘물이 흐르는 그 못 속에는 수초가 하늘거리고 있었다. 객당의 동쪽은 바로 정전正殿이었다. 정전의 왼쪽에는 서향으로 난 승방僧房과 부엌이 있었고, 정전의 뒤로는 깎아지른 절벽이 서 있었다. 그곳은 무성한 잡목들이 짙은 녹음을 짓고 있어 하늘이 안 보였다. 성란이는 힘이 지쳐서 못가에서 쉬자고 했으므로, 나도 그 말을 따르기로 했다. 그리하여 찬합을 끌러 한잔 하려고 할 때, 갑자기 나무 위에서 억향이가 부르는 소리가 났다.

"삼백이, 속히 와요. 여기 훌륭한 경치가 있소."

위를 쳐다봤으나 사람은 보이지 않았다. 나는 성란이와 함께 소리를 찾아 동쪽 사랑채에서 작은 문을 나서서 북쪽으로 향하여 사다리 같은 돌계단 수십 개를 밟고 올라갔더니, 대나무 숲 가운데에 누각 하나가 눈에 띄었다. 다시 그 사다리를 타고 올라갔더니, 팔방의 창문이 탁 틔었고 액자에는 '나는 구름〔飛雲閣〕'이라고 적혀 있었다. 사방의 산은 이곳을 성처럼 둘러싸고 있었는데, 서남쪽에 터져 있는 곳으로는 아득히 하늘 위로 물이 번져 나와 있고 돛단배가 감실감실 보였다. 이곳이 바로 태호太湖였다. 창을 의지하고 내려다보니, 바람이 대숲 위로 불어오는 것이 마치 맥랑麥浪을 뒤엎는 것 같았다. 억향이가 어떠냐고 물어, 나는 이곳이 훌륭한 경치라는 데 동의했다. 그런데 또 갑자기 누각의 서쪽에서 운객이가 부르는 소리가 들렸다.

"억향이, 속히 와요. 여기 더 훌륭한 경치가 있소!"

그래서 우리는 누각을 내려와 서쪽으로 꺾어 여남은 개의 계단을 올라갔더니, 눈앞이 홀연히 탁 트이면서 축대같이 편편한 곳이 나타났다. 위치를 살펴보건대, 이곳은 정전正殿 뒤 절벽의 바로 위가 될 것 같았다. 또 깨진 벽돌과 주춧돌이 아직 남아 있는 점으로 보아, 옛날에는 아마 여기에 전각이 서 있었던 모양이었다. 주위를 둘러보니 산이 빙 둘러싼 것이 앞서 누각보다 더욱 시원스러웠다. 억향이가 태호를 향해서 '여어이!'

하고 길게 소리치니까 모든 산에서 메아리가 울렸다. 여기서 우리는 땅에 주저앉아 술단지를 열었다. 나는 갑자기 시장기를 느꼈다. 소년이 차 대신 누룽지를 끓여서 숭늉을 마련하겠다는 것을 나는 그것으로 죽을 만들어 달라고 청했다. 그리고 우리는 소년도 불러서 함께 먹었다. 우리가 묻는 말에 소년은 이 절이 영락하게 된 곡절을 이렇게 말했다.

"사방에 이웃은 없고 밤손님은 많아서, 절에 양식을 쌓아 두면 강도가 들어옵니다. 가령 채소를 심어 놔도 태반은 나무꾼들 차지가 되고요. 이곳은 숭녕사崇寧寺에 소속된 암자예요. 큰절에서는 매달 누룽지 한 섬石(약 100리터)과 짠지〔鹽菜〕 한 단지만 보내 줄 뿐이죠. 저는 팽彭 거사의 먼 일가인데요, 잠시 여기를 지키고 있지만 곧 돌아갈 참입니다. 얼마 뒤에는 여기 아무도 없게 될 거예요."

운객이는 소년에게 번은番銀 1원을 사례조로 줬다. 우리는 내학암에 들렀다가 거기서 배를 세내어 타고 집으로 돌아왔다. 나는 한 폭의 무은도無隱圖를 그려서 죽일 스님에게 선사했다. 통쾌했던 유람을 기념하면서.

이해 겨울, 나는 친구의 보를 섰다가 탈이 나서 집안의 미움을 사게 되어, 석산錫山의 화華씨댁에 머물게 됐다.

다음해 봄에 나는 양주揚州로 가려 했으나, 노자가 모자랐다.

마침 한춘천韓春泉이란 친구가 상해上海縣의 아문衙門에서 일보고 있었으므로, 나는 그를 찾아갔었다. 그러나 더러운 옷, 해진 신으로는 관청에 들어갈 용기가 나지 않았으므로, 나는 명함을 넣으면서 군묘郡廟의 동산에서 만나고 싶다는 뜻을 전해 달라고 했다. 그가 나와서 내 딱한 사정을 알고는 성큼 10금을 꺼내 줬다. 그 정원은 외국 상인이 기부금을 내서 만들었다는데, 규모가 대단히 컸다. 그러나 아깝게도 경치의 꾸밈새가 모두 법도에 맞지 않았다. 예를 하나 들면, 뒤에 쌓아 놓은 토산이나 바위가 아무런 기복도 없어 조화를 이루지 못하고 있는 것이었다.

돌아오는 길에 나는 갑자기 이름난 우산虞山의 경치를 보고 싶은 생각이 들었는데, 마침 그리로 가는 배가 있어서 다행히 얻어 탈 수 있었다. 때는 바야흐로 따뜻한 이월, 복사꽃·오얏꽃이 시새우는 듯 피어 있었으나 고달픈 나그네길, 벗할 사람 없는 것이 쓸쓸했다. 나는 동전 300문을 가슴에 간직하고 발길 내키는 대로 걸어서 우산서원虞山書院에 닿았다. 담장 밖에서 쳐다보니, 나무들 위에는 꽃이 수놓여 있는 듯했다. 새빨간 꽃과 연둣빛 새싹이 물가와 산기슭을 덮고 있어 그윽한 정취가 푸짐했다. 대문이 보이지 않아 들어가 보지 못하는 것이 안타까워 나는 길을 물어 찾아갔다. 가는 도중에 길 옆에다 포장을 치고 차를 우려 파는 곳이 나왔으므로, 나는 그리로 가서 벽라

춘碧蘿春[32]을 우려 달라고 했다. 차를 마셔 보니 맛이 썩 훌륭했다. 거기서 나는 우산의 경치 가운데 가장 좋은 곳이 어디냐고 물었더니, 한 손님이 이렇게 말했다.

"여기서부터 서관西關으로 나가면 검문檢門이 금방이죠. 또한 우산에서 가장 경치가 훌륭한 곳입니다. 손님이 가시겠다면 제가 인도해 드리겠어요."

나는 좋아라고 따라 나섰다. 서관을 나서서 높았다 낮았다 하는 산기슭을 따라 몇 킬로미터 걸었더니 옆으로 결이 난 바위 산봉우리가 우뚝 솟아 있는 것이 보이기 시작했다. 그 앞에 당도해 보니, 산의 한가운데가 갈라져 있었는데, 그 양쪽의 울퉁불퉁한 절벽은 높이가 수십 미터나 됐다. 가까이 가서 쳐다보니, 금방 허물어질 것만 같았다.

"전해 오는 말로는, 이 위에 동굴이 있는데 아주 선경이래요. 길이 없어 올라가 보지 못하는 것이 애석하죠."
라고 하는 그 사람의 말에, 나는 흥미가 생겼다. 나는 소매를 걷어붙이고 옷자락을 말아 올리고는 원숭이처럼 기어올라갔다. 꼭대기까지 올라갔더니, 동굴이란 것은 길이가 겨우 3미터 남짓하고 위에 돌이 갈라진 틈이 있어서 환하게 하늘이 보일 뿐이었다. 고개를 돌려 아래를 내려다보니까 다리의 맥이 빠지

---

32) 차 이름. 동정산洞庭山 벽라봉碧蘿峰의 명산.

고 금방 떨어질 것만 같았다. 그래서 나는 배를 벽에 찰싹 대고, 등나무 덩굴에 의지하여 내려왔다. 그 사람은,

"정말 장하십니다! 이렇게 용감하게 산을 타는 사람은 처음 봤어요."

하고 자못 감탄해 마지않았다. 나는 목이 컬컬했으므로, 그 사람을 주막으로 청하여 술을 몇 잔 마셨다.

해가 막 넘어가므로 구경을 두루 할 수 없었다. 나는 붉은 돌 여남은 개를 주워서 품속에 넣고 여관으로 되돌아갔다. 그리고는 짐을 꾸려 가지고 밤배로 소주까지 이르렀고, 그냥 석산으로 돌아왔다. 이상은 내가 고생 중에서 한번 통쾌하게 놀았던 이야기다.

1804년 봄에 애통하게도 선군先君께서 세상을 하직하셨다. 나는 집을 버리고 먼 곳에 가 숨어 살려고 했으나, 친구 하읍산夏揖山의 만류로 그 집에 가 있게 됐다.

팔월에 읍산이는 동해東海에 있는 영태사永泰沙(지금의 永定沙인 듯함)로 도조를 받으러 가면서 나더러 같이 가자고 청했다. 이 섬은 숭명현崇明縣(장강 입구의 삼각주)에 속했으며, 유하瀏河의 입구에서 한 60킬로미터가량 배 타고 가야 하는 곳에 있었다. 양자강 위로 떠오른 지 얼마 되지 않는 새 개간지라서 아직 거리도 생기지 않았고, 갈밭만 망망할 뿐이었다. 따라서 인가

라고는 거의 없었으며, 겨우 동업하는 정丁씨 소유인 창고만 수십 칸 있었다. 사방에는 도랑을 파고 둑을 쌓았는데, 그 밖으로 버드나무가 둘러 심어져 있었다.

정씨는 자字를 실초實初라 했으며, 본집은 숭명에 있었는데, 그는 이 섬의 우두머리였다. 회계를 맡은 사람은 왕王씨라고 했다. 이들은 모두 호탕하고 친구를 좋아하며 허례에 구속되지 않는 사람들이었다. 나와는 처음 만났으나, 금방 옛친구처럼 가까워졌다. 돼지를 잡아서 잔치를 벌이고 술을 동이째 내왔다. 다만 술을 마실 때에는 그냥 '가위바위보' 놀이만 했지, 시문詩文을 지어서 하는 놀이는 몰랐고, 또 노래라고 부르는 것은 꽥꽥 고함치는 것이었을 뿐, 음률을 따질 줄은 몰랐다. 술이 거나해지자 일꾼들에게 씨름을 시키면서, 큰 재미로들 여겼다. 100여 마리의 암소를 둑 위에 방목시키고 있었고, 또 해적을 방비하기 위해서 거위도 기르고 있었다. 낮에는 갈대밭이나 모래톱에서 매와 개를 풀어 사냥을 했는데, 잡히는 것은 대개 날짐승들이었다. 나도 이들을 따라서 같이 뛰어다녔고 피곤할 때에는 아무데나 벌렁 누워 버렸다.

한번은 나를 데리고 밭곡식이 익은 곳으로 갔다. 밭은 모두 일련 번호가 매겨져 있었고, 그 사이사이에는 밀물을 막기 위해 높다란 둑을 쌓아 놓았다. 둑에는 갑문閘門으로 열었다 닫았다 할 수 있게 된 도랑이 있었다. 날이 가물면 바다에 밀물이 들어올 때 갑문을 열어서 강물을 끌어들이고, 장마가 지면 썰물이 나갈 때 갑문을 열어 도랑의 물을 빼내게 되어 있었다. 소작인들은 모두 하늘에 뿌려진 별들처럼 흩어져 있었는데, 한번 부르기만 하면 모두 삽시에 모여들었다. 지주를 '산주〔産主〕'라고 불렀으며, 그 명령에는 아주 공손하게 따르는, 참하도록 소박한 사람들이었다. 그들 소작인은 불의라고 생각되어 격분할 때면 이리나 범보다 더 무서웠으나 공평한 말로 타이르면 곧 복종하는 것이었다. 그 생활은 자연 환경에 따라 쓸쓸하게, 힘차게, 또 거칠게 사는 태곳적 사람과 같은 것이었다.

침상에 누우면 산 같은 파도가 머리 위로 쏟아지는 듯했고, 베갯머리에 들리는 바닷물 소리는 마치 전쟁터에서 북을 치고 징을 두드리는 것같이 스산했다. 어느 날 밤에, 나는 수십 킬로미터 밖 바다 위에 갑자기 대바구니만큼이나 큰 붉은 등불이 떠오르는 것을 보았다. 그 붉은빛은 마치 불이나 난 것처럼 하늘을 벌겋게 비추고 있었다. 실초가 내게 설명해 주었다.

"여기서는 귀신의 등불이 나타나죠. 얼마 뒤에는 또 새 모래밭을 강 위로 밀어 올릴 조짐인 거요."

읍산이는 평소부터 낭만적이었는데, 이곳에 와서는 점점 더 호탕하게 됐고, 나도 따라서 더욱 거리낌없이 놀았다. 나는 소 등을 타고 앉아 마구 노래를 부르거나, 모래톱 위에서 술에 취해 덩실덩실 춤을 추는 등 신나게 지냈다. 정말 내 일생에 있어

단 한 번 아무런 구속도 받지 않고 통쾌하게 놀아 본 것이었다. 우리는 용무가 끝나, 시월에 돌아왔다.

우리 소주蘇州府의 호구虎丘山의 경치 가운데 나는 '구름 십만 이랑〔千頃雲〕' 한 곳이 가장 마음에 들고, 그 다음으로는 '칼못〔劍池〕'을 괜찮게 여길 뿐이다. 그 나머지는 모두 인공적인 꾸밈새가 지나치며, 지분 기운에 더럽혀져 있으므로, 산수山水의 제 모습을 잃은 것이다.

예를 들면 새로 세운 '백공의 사당〔白公祠〕'이나 '탑 그림자 다리〔塔影橋〕'로 말하더라도 이름만 멋진 것일 뿐이다. '대장간의 물가〔冶坊濱〕'를 나는 장난삼아 한문으로 발음이 같은 '들 향기의 물가〔野芳濱〕'로 고쳐 부르는데, 이곳은 다만 기생들이 무리지어 다니는 곳으로 요사스럽기만 한 곳이다. 소주성 안에서 가장 이름난 '사자숲〔獅子林〕'은 비록 예운림倪雲林의 수법을 본뜬 것이라고는 하지만, 그리고 바위가 아름답고 고목도 많지만, 전반적으로 비유한다면 아무렇게나 쌓은 석탄 잿더미에 이끼가 끼고 개미 구멍이 뚫어진 것과 같을 뿐, 자연스러운 산수山水의 기세라고는 조금도 찾아볼 수 없는 것이다. 나의 척도에 의하면 조금도 좋은 점을 발견할 수 없는 것이다.

영암산靈巖山은 춘추 시대 오왕吳王 부차夫差(전 496~전 473)가 서시西施를 위해 지었다는 관와궁館娃宮의 옛터로서, 그 위에는 '서시의 동굴〔西施洞〕', '음향 나막신의 회랑〔響屧廊〕', '향초를 따는 길〔采香徑〕' 등의 여러 명승지가 있다. 그러나 그 형세가 죄는 멋이라곤 조금도 없이 그냥 산만하고 헤벌어져서, 그윽한 아취가 풍성한 천평天平山·지형支硎山에는 비길 바가 못 된다.

등위산鄧尉山은 일명 원묘元墓라고도 하는데, 서쪽으로는 태호를 등지고, 동쪽으로는 '비단 봉우리〔錦峯〕'를 마주 바라보고 있다. 그 붉은 절벽과 비취색의 전각은 마치 그림같이 아름답다. 이 고장 사람들은 매화〔梅〕 재배를 생업으로 삼고 있어, 꽃이 필 때면 수십 킬로미터의 일대가 마냥 눈이 쌓인 것 같다. 그래서 이곳은 '향기로운 눈의 바다〔香雪海〕'라고 부른다. 등위산의 왼쪽에는 네 그루의 늙은 측백나무〔柏〕가 있다. 이 나무들은 '맑은 나무', '진기한 나무', '옛스런 나무', '괴팍한 나무'란 이름이 각각 붙어 있다. '맑은 나무'는 한 줄기로 곧게 서서 비취색 양산을 받친 것처럼 잎이 무성하고, '진기한 나무'는 땅바닥에 갈짓자〔之〕로 누워 있고, '옛스런 나무'는 뭉툭한 정수리가 벗겨지고 반나마 썩어서 손가락같이 보이고, '괴팍한 나무'는 밑동에서부터 가지 끝까지 나선형으로 비비 꼬여 있다. 전해 오는 말로는 모두 한漢(전 202~전 220)나라 이전 것이라 한다.

1805년 정월에 읍산이의 어르신 순향蓴薌 선생께서는 그 아우님 되시는 개석介石 선생과 함께 아들과 조카 등 네 명을 거느리시고 복산蟠山에 있는 선조의 사당〔家廟〕에 춘제春祭를 올리고, 또 겸해서 성묘하러 가셨다. 나더러도 함께 가자고 하셔서 따라 나섰다. 우리는 가는 길에 먼저 영암산에 오르고 호산교虎山橋로 나와 비가하費家河로 해서 '향기로운 눈의 바다'로 들어가 매화를 구경했다. 복산의 사당은 바로 '향기로운 눈의 바다'의 한가운데 있었다. 이때는 꽃이 활짝 피어나는 중이었으므로 우리들의 기침이나 침에도 모두 향기가 스민 듯했다. 나는 '복산의 풍목도蟠山風木圖' 열두 책을 그려서 개석 선생께 드렸다.

이해 구월에, 나는 석탁당石琢堂 전찬殿撰이 사천성四川省 중경重慶府에 부임하는 길에 따라 나섰다. 배는 양자강을 거슬러 가서 완성晥城(潛山의 딴 이름)에 닿았다. 완산晥山의 기슭에는 원元나라 말기의 충신이었던 여공余公[33]의 묘소가 있었다. 묘소의 옆에는 세 칸짜리 대관정大觀亭이란 정자가 있었다. 그 앞에는 남호南湖가 놓여 있었고, 뒤에는 잠산潛山이 서 있었다. 정자는 산등성이에 있어 전망이 퍽 넓고 시원했다. 그 옆으로는 깊숙한 회랑이 있었는데, 북창이 활짝 열려 있었다. 때는 마침 단풍이 처음 붉게 물드는 계절, 그 흐드러짐은 복사꽃·오

---

33) 즉 여궐余闕(1303~1358), 원나라 말년에 하남河南 지방에 홍건적이 일어나자, 그는 안경安慶을 지키면서 강회江淮 일대를 지탱했으나 뒤에 안경이 함락되자 자살했음.

얏꽃이 핀 것 같았다.

이때 장수붕蔣壽朋·채자금蔡子琴이 나하고 함께 놀러 나섰다. 남성南城 밖에는 또 '왕씨의 동산〔王氏園〕'이 있었다. 그곳은 동서가 길고 남북이 좁았다. 아마 북쪽에는 성이 다가붙었고 남쪽에는 또 호수가 가로놓여 그런 모양이 됐나 보다. 땅이 이렇게 제한되면 동산을 꾸미기가 퍽 어려운 것인데도 그 구성을 보면, '노대를 겹치는 방법'과 '별관을 포개는 방법'을 이용하여 잘 해결되어 있었다.

'노대를 겹치는 방법'으로 한 것은, 옥상에 노대를 만들고 이것을 정원으로 삼아 여기에 바위를 쌓고 꽃을 심어서, 구경꾼으로 하여금 발 밑에 방이 있다는 사실을 느끼지 못하게 한 것이다. 바위를 쌓은 곳의 아래는 그냥 땅이고, 위가 마당으로 된 곳의 아래만 방으로 되어 있으므로, 꽃나무들은 땅에 직접 뿌리를 내려 그 기운을 받아서 자랄 수 있는 것이다. '별관을 포개는 방법'으로 한 것은 누각 위에 사방이 터진 마루를 올리고 이 위를 노대로 삼아서 전체로 보면 4층집이 되는 셈인데, 한층한층 꼬부라져 올라가게 되어 있고 또 작은 못도 있으나, 물이 새지 않으므로 구경꾼은 자기가 단단한 땅 위에 서 있는지 층집의 마루 위에 서 있는지 알 수 없게 한 것이다.

기초는 모두 벽돌과 바위를 썼고, 무게를 크게 받는 곳에는 서양 건축의 지주支柱를 세우는 방법을 채택하고 있었다. 동산은 다행히도 남호를 향하고 눈앞을 막는 것이 없으므로, 평지에 있는 동산보다는 훨씬 좋은 전망을 즐길 수 있었다. 나는 이 동산에서 인공의 참으로 뛰어난 솜씨를 구경할 수 있었다.

무창武昌府의 황학루黃鶴樓는 황곡기黃鵠磯 위에 있는데, 뒤에는 속칭 '뱀뫼〔蛇山〕'라는 황곡산黃鵠山이 있었다. 누각은 3층이며, 서까래에는 단청이 곱고, 부연은 하늘로 날았다. 누각은 성벽을 의지하고 그 위에 우뚝 솟아 있었다. 앞에는 한수漢水와 양자강이 흘렀고, 한양漢陽府의 청천각晴川閣이 마주 서 있었다.

눈이 오던 어느 날, 나는 탁당과 더불어 누각으로 올라갔다. 끝없이 펼쳐진 하늘을 배경으로 하여 바람에 춤추는 아름다운 눈꽃송이, 은가루를 뿌린 듯한 산, 그리고 옥으로 깎아 세운 듯한 나무를 바라보면서, 내 몸은 어느 새 하늘나라의 백옥경白玉京에 올라 있었다. 강물 위에 오가는 작은 배들은 마치 파도에 휘말리는 낙엽처럼 까불리고 있었다. 이러한 풍경을 보고 있으려니, 부귀공명을 바라는 마음이 그냥 스러졌다. 누각의 벽 위에는 시인·묵객들의 많은 시가 씌어 있었다. 그러나 이루 다 기억할 수는 없고, 다만 주련柱聯의 대구가 지금 생각난다.

언제 노란 두루미가 다시 올까?

잠깐 우리 황금의 술단지를 기울여

천년 모래섬 위 방초에 뿌리자.

지금 하얀 구름이 날아서 간다.

또 누구 백옥의 피리를 불길래

오월 강 마을에 '매화가 진다' 냐?

(何時黃鶴重來, 且共倒金樽, 澆洲渚千年芳草.

但見白雲飛去, 更誰吹玉笛, 落江城五月梅花.)[34]

  황주黃州府(지금의 黃岡)의 적벽赤壁은 부성府城의 한천문漢川門 밖 강가에 우뚝 선 절벽인데, 그 바위가 진홍색이기 때문에 그런 이름이 붙은 것이다. 〈수경水經〉[35]에서는 이곳을 적비산赤鼻山으로 적고 있다. 송宋나라의 소동파蘇東坡가 이곳을 유람하면서 「전적벽부前赤壁賦」, 「후적벽부後赤壁賦」를 짓고, 여기를 삼국 시대에 조조曹操가 전쟁한 곳이라고 한 것은 잘못이다. 절벽 아래에는 지금 육지로 변했고, 절벽 위에는 이부정二賦亭이 남았을 뿐이다.

---

34) 청대 양장거梁章鉅의 〈영련총화楹聯叢話〉 권6에 이와 비슷한 대구가 나옴.
35) 지리책 이름. 원서는 망실되었는데, 후위後魏의 역도원酈道元이 〈수경주水經注〉를 지음. 저자가 본 책은 이 〈수경주〉일 것임.

이해 동짓달에, 배는 형주荊州府(지금의 江陵)에 닿았다. 여기서 탁당은 동관潼關의 도대道臺로 승진됐다는 기별을 받아 임지로 떠나면서, 나에게 형주에 머물러 달라고 했다. 나는 사천四川省의 산천을 구경하지 못하는 것이 원망스러웠다. 이때 탁당만 사천에 들어갔고, 사자嗣子인 돈부敦夫와 권속들, 그리고 채자금蔡子琴과 석지당席芝堂은 나와 함께 형주에 처졌다.

우리는 류劉씨의 퇴락한 집에서 머물게 되었다. 나는 지금도 그 대청의 액자가 '등꽃과 단풍의 산방紫藤紅樹山房'이라고 되어 있는 것을 기억하고 있다. 정원에는 층계마다 돌난간이 둘려져 있었고, 6아르(약 180평)가량의 네모난 못이 패어 있었다. 못 가운데에는 정자가 있었고 돌다리를 통하여 들어갈 수 있었다. 정자 뒤 흙과 바위로 쌓은 석가산에는 잡목들이 빽빽이 자라고 있었다. 그 밖에 빈 땅이 많았으며, 누각은 모두 퇴락해 있었다.

우리는 객지에서 별로 할 일도 없었으므로, 매일 시를 읊거나, 놀러 나가거나, 모여 앉아 한담하거나 하면서 시간을 죽였다. 세모歲暮에는 비록 돈들은 없었으나 상하가 모두 희희낙락해서 옷을 잡혀 술을 받고, 또 징을 두드리고 북을 치며 놀았다. 그리고 매일 밤 반드시 술을 마셨고 술 마실 때에는 또 반드시 주령酒令을 시행했다. 아주 궁할 때에는 150밀리리터짜리 소주를 받기도 했으나, 주령의 격식만은 꼭 제대로 차렸다.

그곳에 있는 동안, 우리는 동향 사람 채蔡씨를 사귀게 됐다.

채자금과는 종씨로서, 항렬을 따져 보니 그의 조카뻘이 됐다. 우리는 그 사람에게 부근의 명승지를 인도해 달라 했다. 먼저 부학府學 앞에 있는 곡강루曲江樓에 올랐다. 옛날 장구령張九齡[36]이 이곳의 장사長史(刺史의 副官)로 있을 때, 이 위에서 시를 읊었다고 한다. 그리고 주희朱熹도 여기서 읊은 시가 있다.

> 그리워 돌아보고프면,
> 다만 곡강루에 올라라.
> (相思欲回首, 但上曲江樓.)[37]

성 위에는 또 웅초루雄楚樓가 있는데, 오대五代 때 고高씨[38]가 세운 것이었다. 규모가 웅장한 그 위에 올라서면 일이백 킬로미터가 한눈에 들어왔다. 성벽의 밖을 둘러싼 강가에는 수양버들을 쭉 심었고, 작은 배들이 흔들리며 오가고 있는 풍경은 마치 그림을 보는 듯했다. 형주荊州府의 아문은 바로 관운장關雲長의 원수부元帥府였다. 대문 안에는 청석靑石으로 만든 부러진 말구유가 있었다. 전하는 말에 의하면 이것은 적토마赤兎馬

---

36) 당나라의 시인·정치가. 광동성 곡강曲江縣 사람이므로, 세상에서는 그를 곡강공曲江公이라 불렀음. 누각의 이름도 여기서 딴 것임.
37) 제목은 「영형남막부詠荊南幕府」임.
38) 오대五代 남평국南平國(907~963) 국왕 고계흥高季興임.

를 먹이던 구유라 한다. 우리는 나함羅含(晉의 정치가)의 옛집을 찾기 위해 성 서쪽에 있는 작은 호수로 가 보았으나 찾지 못했고, 또 송옥宋玉(전국 시대 楚의 시인)의 옛집을 찾기 위해 성 북쪽으로 가 보았으나 역시 찾지 못했다. 송옥의 옛집은 유신庾信(北周의 시인)이 후경侯景의 난리 때 형주로 도망와서 머문 적이 있다 하며, 그 뒤에는 술집이 되었다고 한다.

이해 섣달 그믐에는 눈이 오고 강추위가 닥쳤다. 정초에는 객지라 세배 다니는 번거로움도 없어서, 우리는 날마다 폭죽을 터뜨리고, 연을 날리고, 꽃등불을 매달면서 즐겁게 지냈다. 곧이어 바람이 꽃소식을 전하고 비가 봄 먼지를 씻어 내자, 탁당의 안식구들이 사천으로부터 어린 자녀를 이끌고 물길〔長江〕을 따라 내려왔다. 돈부는 이에 행장을 다시 꾸려서 모두 함께 배를 타고 번성樊城까지 갔으며, 거기서부터는 육로를 택해서 곧장 동관으로 갔다.

하남河南省의 문향閿鄉縣에서 서쪽으로 함곡관函谷關을 나섰더니, 거기에는 '보랏빛 기운이 동방에서 오노라紫氣東來'고 비명碑銘이 적혀 있었다. 여기는 바로 노자老子가 검은 소를 타고 지나간 곳이었다. 두 산 사이에 낀 이 좁은 길은 겨우 말 두 필이 나란히 지날 수 있을 뿐이었다. 이런 길을 6킬로미터쯤 나갔더니, 바로 동관潼關[39]이었다. 동관은 왼쪽으로 깎아지른 절벽을 등져 있었고, 오른쪽으로는 황하黃河에 닿아 있었다. 관문은 산과 강의 목줄기를 짚고 서 있으며, 겹쳐진 누각과 무수한 성가퀴가 극히 웅장하였으나, 인적도 드물었고, 거마車馬의 왕래도 적적했다. 한유韓愈의 시에,

> 해는 동관을 비추는데 네 짝 대문이 열려 있다.
> (日照潼關四扇開.)[40]

라고 한 것은 아마 그 쓸쓸함을 말한 모양이리라.

성안에는 도대道臺 아래에 겨우 한 명의 별가別駕(隨行하는 官員)가 있었다. 아문은 북성北城에 바짝 붙어 있었는데, 그 뒤에는 20아르가량 되는 기름한 채마전이 있었고, 여기에는 동쪽과 서쪽으로 두 곳에 못이 패어 있었다. 물은 서남쪽 담장 밖에서 들어와 동쪽으로 흘러 두 못 사이로 와서는 세 가닥으로 나뉘었다. 하나는 남쪽으로 흘러 부엌으로 가서 일상 생활에 쓰였고, 하나는 동쪽으로 흘러 동쪽 못에 들어갔고, 하나는 북쪽으로 흐르다가 서쪽으로 꺾인 다음 돌로 만든 용의 입으로 분출되어 서쪽 못으로 들어갔다. 다시 이 물은 돌아서 서북쪽에 만들어 놓

---

39) 지금 관문은 철거되고 산 위로 뻗은 토성만 남아 있음. 1992년에 동관성유지潼關城遺址라는 푯말을 세움. 1998년 1월 22일 역자가 현장을 탐방함.
40) 한유의 시 「차동관 선기장십이 각로사군次潼關先寄張十二閣老使君」에 보임.

은 갑문閘門으로 빠져나가 성 아래에서 북쪽으로 꺾여서 도랑을 통해 황하로 곧장 떨어지는 것이었다. 밤낮으로 돌아 흐르는 이 물의 맑은 소리는 우리의 귀를 즐겁게 해 줬다. 그곳의 나무들과 대숲은 짙은 그늘을 만들어 하늘도 쳐다보이지 않았다. 서쪽 못에는 정자가 있었고, 연꽃이 그 좌우에 쭉 피어 있었다.

마당의 동쪽에는 남향으로 된 서재 세 칸이 있었다. 앞뜰에는 포도 덩굴을 올린 시렁(퍼골라)이 세워져 있었고, 그 아래에는 바둑도 둘 수 있고 술도 마실 수 있게 네모난 바위가 놓여져 있었다. 그 밖에는 모두 국화밭이었다. 서쪽에는 동향집이 세 칸 있었는데, 여기에 앉아 있으면 흐르는 물소리가 들렸다. 그 집 남쪽에는 내실로 통하는 작은 문이 있었다. 그 집 북쪽 창문 아래에는 또 작은 못이 패어 있었고, 못의 북쪽에는 화신花神을 모신 작은 사당이 있었다. 정원의 한가운데에는 3층 누각이 한 채 있었다. 그 누각은 북성北城에 가까웠고 성벽과 같은 높이였으므로, 성 밖으로 곧장 황하가 내려다보였다. 황하의 북쪽은 산이 병풍처럼 느런히 둘러져 있었는데, 그곳은 벌써 산서山西省에 속하는 땅이었다. 참으로 너르고 큰 경관景觀이 아닐 수 없다.

나는 정원의 남쪽에 있는 배〔舟〕모양의 집에서 거처했다. 뜰에는 토산土山이 있었고, 그 위에는 작은 정자가 한 채 서 있었다. 정자에 올라가면 정원의 전모가 한눈에 들어왔다. 사방에 녹음이 쫙 깔려 있었으므로 여름에도 더위를 느끼지 않았다.

탁당은 나를 위해서 그 서재에다, '매이지 않은 배不繫之舟'⁴¹⁾라는 액자를 써서 걸어 주었다. 이곳은 내가 아문의 막우로 떠돌아다닌 이래로 가장 훌륭한 거처였다. 나는 토산의 둘레에다 수십 종의 국화를 가꾸었으나 아깝게도 채 봉오리가 맺히기 전에 거처를 옮겨야 했다. 왜냐하면 이때 탁당이 산동山東省의 안찰사按察使(一省의 司法 장관)로 승진되어 본인은 곧 부임하러 떠나고, 권속들은 동천서원潼川書院에 임시로 거처를 정하게 했으므로, 나도 그 서원으로 거처를 옮겼기 때문이었다.

나와 자금子琴·지당芝堂은 또 할 일이 없어졌으므로, 걸핏하면 놀러 나다녔다. 어느 날 우리는 말을 타고 화음묘華陰廟를 찾았다. 그 중도에 있는 화봉리華封里는 요堯임금 때 '세 가지'⁴²⁾ 축원을 올린 곳으로 이름난 곳이었다. 화음묘에는 나무의 나이가 진秦나라보다 오래되었다는 홰나무〔槐〕, 한漢나라 때에 심었다는 측백나무〔柏〕가 많았는데, 굵기가 모두 서너 아름씩 되었다. 어떤 홰나무는 측백나무 속에서 자라고 있었고, 어떤 측백나무는 홰나무 속에서 자라고 있었다. 전각 안의 뜰에는 옛 비석들이 많이 있었다. 그 중에는 진단陳摶⁴³⁾이가 쓴 복福·수壽라

---

41) 〈장자莊子〉「열어구列禦寇」에서 인용한 말.
42) 수壽·부富·다남자多男子를 가리킴. 요堯임금이 화華를 순수했을 때, 그 봉인封人이 요임금을 위해 이 세 가지를 축원했음. 〈장자莊子〉「천지天地」에 이야기가 전함.

는 글자도 보였다.

화산華山의 발부리에는 희이希夷 선생이 신선이 되어서 사라졌다는 옥천원玉泉院이 있었다. 옥천원 안에는 됫박만한 석굴이 있었고, 그 돌침상에는 희이 선생의 와상臥像이 조각되어 있었다. 그곳은 물이 맑았고 모래가 깨끗했으며, 풀들은 대부분이 진홍색이었고 샘물은 아주 급하게 흘렀다. 그리고 쭉쭉 뻗은 대나무들이 둘려져 있었다. 석굴 밖에는 '근심 없을 정자〔無憂亭〕'란 액자가 걸린 네모반듯한 정자가 있었고, 그 옆에는 세 그루의 고목이 서 있었다. 그 나무는 껍질이 꼭 갈라진 숯덩이 같았고, 잎은 홰나무 같았으나 색이 좀더 검은 것이었다. 나는 그 이름을 알 수 없어서 그 고장 사람들에게 물었더니, 그 사람들은 대수롭잖게 '근심 없을 나무〔無憂樹〕'라고 대답했다. 화산華山(해발 2160미터)의 높이는 몇천 길이 되는지 짐작도 할 수 없다. 나는 다만 양식을 준비해 오지 않아, 거기를 올라가 보지 못하는 것이 마음에 걸렸다.

돌아오는 길은 감나무 숲을 지나게 되는데, 마침 감들이 노랗게 달려 있었다. 나는 말에 탄 채 나무에서 감을 하나 따서 당장에 먹으려 했다. 그 고장 사람들이 먹지 말라고 소리쳤지만 나는 말을 듣지 않았다. 그러나 한 입 베어 물었더니 너무나

---

43) 송나라의 유명한 도사. 사호賜號는 희이 선생希夷先生임.

떫었다. 나는 급히 입 안의 것을 토해 버린 다음, 말에서 내려와 샘물을 얻어다 양치질을 하고 나서야 겨우 말을 할 수 있었다. 내 하는 양을 지켜보고 있던 그 고장 사람들은 박장대소했다. 감이란 나무에서 따다가 침을 담가야 떫은 맛이 가시는 것을 나는 미처 몰랐던 것이다.

시월 초에 탁당은 권속들을 데려가기 위해 심부름꾼을 특별히 보내왔다. 우리는 이리하여 동관을 떠나 하남河南省을 지나서 산동山東省으로 들어갔다.

산동성 제남濟南府의 성 안에는 서쪽으로 대명호大明湖가 있는데, 그 가운데에는 역하정歷下亭·수향정水香亭 등의 여러 명승지가 있었다. 이곳은 여름날 짙은 버들 그늘 아래에서 술 실은 배를 띄우고 연꽃의 향기를 즐기면, 아주 운치스러울 것이었다. 그러나 나는 겨울에 갔으므로 시야에 드는 것은 엉성한 버드나무, 차디찬 안개 속으로 끝없이 퍼진 물뿐이었다. 표돌천趵突泉은 '제남 일흔 두 샘〔濟南七十二泉〕' 가운데 으뜸이었다. 샘물은 세 개의 구멍을 통하여 땅속으로부터 솟구쳐 나왔는데, 마치 끓는 물이 용솟음치는 것 같았다. 여느 샘물은 위에서 아래로 흐르는 것이지만, 이것은 아래에서 위로 치솟는 점이 신기한 일이었다. 못 위에는 여조呂祖[44]의 제단을 모신 누각이 있었다. 놀러 온 사람들은 모두 여기 와서 차를 사 마셨다.[45]

이듬해 이월에 나는 내양萊陽縣의 아문에서 막우로 일했다. 1807년 가을, 탁당이 한림翰林으로 좌천됐으므로, 나도 그를 따라서 서울[北京]로 들어갔다. 그리하여 나는 평판이 높은 등주登州府(지금의 蓬萊)의 신기루는 끝내 보지 못했다.

---

44) 즉, 여동빈呂洞賓, 당나라 때의 도사임. 도교道敎에서 신선으로 모심.
45) 이상 여럿을 아울러 표돌천공원을 이루고 있음. 지금은 샘물 솟구치는 것 보기 어려움. 2001년 7월 5일 역자가 현장을 탐방함.

5 | 유구국琉球國 기행

1799년, 즉 가경嘉慶 4년에 유구국琉球國 중산왕中山王 상목尚穆이 서거했다. 세자世子 상철尚哲은 7년 앞서 죽었으므로, 세손世孫 상온尚溫이 습봉襲封을 청하는 표表를 황제에게 올려왔다. 중국에서는 멀리 있는 번국藩國을 회유하느라 은혜로운 명령을 내렸다. 황제가 친히 대신들을 불러들여 의견을 들은 다음 유신儒臣을 칙사로 특명했다. 이리하여 조개산趙介山[1] 선생이 정사正使가 되었고, 이화숙李和叔[2] 선생이 부사副使가 되었다. 개산介山은 태호太湖 사람으로 이름은 문해文楷, 벼슬은 한림원翰林院의 수찬修撰이었으며, 화숙和叔은 면주緜州 사람으로 이름은 정원鼎元, 벼슬은 내각內閣의 중서中書였다.

---

1) 조문해趙文楷는 유구에서 돌아와 〈사상존고槎上存稿〉(1819)를 간행함.
2) 이정문李鼎文은 유구에서 돌아와 〈사유구기使琉球記〉(1802)를 간행함. 본서 5장은 이 책을 저본으로 삼아 위작한 것임을 장경초張景樵가 밝힘(台北 : 國語日報社,〈古今文選〉, 續篇, p.1680).

개산은 나에게 동행할 것을 청하는 글을 보내 왔다. 나는 연로하신 부모님이 계셔서 멀리 여행하는 것이 주저됐지만, 다시 생각해보니, 막객幕客으로 떠돌아다닌 20년간에 남방과 북방을 두루 돌아봤지만, 오히려 중원中原에 한정된 것일 뿐 외국은 돌아보지 못한 것이니, 이제 다시 바다 나라의 뛰어난 경치를 구경한다면 견문을 넓힐 수도 있으리라는 생각이 들었다. 나는 아버님께 여쭈어, 여행을 허락받았다.

 수행하는 사람은 모두 다섯 사람, 즉 왕문고王文誥 · 진원균秦元鈞 · 목송繆頌 · 양화재楊華才 그리고 나였다.

 1800년 오월 초하루, 사신의 배를 타고 떠났다. '바람의 신〔祥飆〕'은 바람을 보내 주었고, '고기의 신〔神魚〕'은 배를 보호해 주었다. 낮과 밤이 지나기 엿새 만에 우리는 목적한 곳에 닿았다. 그 사이 내가 눈으로 본 것을 모두 공책에 적었다. 산천의 아름다움, 물산의 특이함, 관청의 문물 제도, 남녀들의 기풍들을 모두 기록했다. 문장은 신기할 바 없더라도 모두 사실을 적은 것이다. 자신의 천학 비재淺學菲才함이 부끄럽지만, '바다의 깊이를 재려 한다'는 비웃음을 달게 받겠다. 만약 사실을 전할 수만 있다면, 도리어 허무맹랑한 얘기보다는 나을지도 모른다.

 오월 초하루, 마침 하짓날에 우리는 이불 보따리를 꾸려서 배에 올랐다. 전부터 중산왕中山王을 책봉하는 사신은 하짓날에 서남풍을 타고 떠나며, 동짓날에 동북풍을 타고 돌아온다. 바람〔계절풍〕이 일정한 것이다.

배는 모두 두 척이었으며, 정사正使와 부사副使가 한 배를 탔다. 선체는 길이가 22미터[3]인데, 이물과 고물은 허청으로 10미터이고, 깊이가 4미터, 너비가 7미터였다. 종전에 사신이 타던 배에 비교하면 거의 절반이나 작은 것이다. 앞과 뒤에는 각각 길이 20미터, 둘레 1미터의 작은 돛대가 하나씩 있고, 중창中艙 앞에는 또 길이 33미터, 둘레 2미터의 큰 돛대가 있었다. 큰 돛대는 외국에서 들여온 나무로 만든 것이었다.

선창은 도합 24실이 있었는데, 선창 밑바닥은 돌로 채우고, 화물 약 6만 6000킬로그램을 실었다. 용구龍口에는 대포 1문을 장비하고, 좌현과 우현에도 각각 대포 2문씩 장비하고 있었다. 그 밖의 병기들은 선창 속에 넣어 두었다. 큰 돛대 아래에는 기둥을 옆으로 걸쳐 고패〔轆轤〕로 삼고 있었다. 대포를 옮기거나 돛을 올릴 때에는 모두 이것을 이용하는데, 수십 명이 끌어야 했다.

갑판은 전투하는 마당으로 삼고, 고물의 누대는 장수가 지휘하는 곳으로 삼았다. 깃발을 꽂고 방패를 두른 고물의 누대는 또한 사신이 공사를 보는 곳이기도 했다. 그 밑은 조타실이었다. 키 앞에는 나침판〔沙布針盤〕을 장치해 둔 작은 통이 있었다.

---

3) 원문에는 七尺으로 되어 있으나 七丈의 오기로 보고, 22미터로 환산한 것임.

'가운데 선창'은 사다리로 해서 내려가게 되어 있는데, 높이는 약 2미터, 사신이 회식하는 곳이었다. '앞선창'에는 화약과 양식을 저장하고, '뒷선창'에는 병사들이 거처했다. 고물에는 식수를 담아 둔 수창水艙(물탱크)이 있는데 물 푸는 구멍이 네 곳 있었다. 둘째 배도 이와 규모가 같다. 두 배에는 각각 260여 명이 탔다. 배는 작은데 사람은 많아서 정말 입추의 여지가 없었다. 그러나 바람이 불기 시작했으므로 배를 바꾸자면 시일이 너무 지연될 것이었다.

초이튿날 정오에 배를 절강성浙江省 소산蕭山 동북에 있는 오문鼇門으로 옮기고 닻을 내렸다. 오후 네 시가 되자 오색 구름이 서쪽 하늘에 뭉게뭉게 피어났다. 마침 바람에 펄럭이는 누선樓船의 깃발들과 서로 잘 어울렸으므로 쳐다보는 사람들은 모두 신기한 길조라고 감탄했다. 검은 홀笏 같은 것도 있고 하얀 마노瑪瑙 같은 것도 있으며, 버섯 같은 것도 있고 벼이삭 같은 것도 있으며, 붉은빛 생사 같은 것도 있고 보랏빛 타래 같은 것도 있으며, 살구 이파리 같은 것도 있고 앵두 열매 같은 것도 있으며, 가을 언덕의 풀밭 같은 것도 있고, 봄 개울의 물결 같은 것도 있었다. 나는 전에 도융屠隆[4]이 지은 부賦를 읽은 적

---

4) 명나라의 문인. 자는 장경長卿, 호는 명료자冥寥子. 그의 〈유기遊記〉는 임어당林語堂의 〈생활의 발견〉에 소개되고 있음.

이 있지만, 오늘에야 비로소 그 형용의 묘함을 알게 되었다. 화사畫士 시施생이 '항해행락도航海行樂圖'를 아주 교묘하게 그려 냈다. 나는 이 그림을 보고 그만 다시는 화필을 들 용기가 나지 않았다. 향애香厓가 비록 그림을 잘 그렸지만 이처럼 그릴 수는 없을 것이다.

초나흗날 오후 열 시에 닻을 올려 조수를 타고 나성탑羅星塔[5]까지 갔다. 크고 넓은 바다와 하늘은 끝간 데를 알 수 없었다. 나의 아내 운랑芸娘은 전에 태호太湖를 지나면서 '천지의 넓은 것을 보았으니, 저의 한평생도 헛되지 않았군요' 하고 감탄했다. 이제 그에게 바다를 구경시켜 준다면 또 얼마나 유쾌하게 여길까?

초아흐렛날 오전 여섯 시에 팽가산彭家山(지금의 彭佳嶼)을 보았다. 그것은 동쪽은 높고 서쪽은 낮은 세 개의 산봉우리가 줄지어 있는 것이다. 오후 네 시에 조어대釣魚臺(우오쓰리시마)를 보았다. 그것은 산호 바위로 된 세 개의 산봉우리가 마치 붓꽃이처럼 떨어져 서 있는 것이었다. 이때 바다와 하늘은 한 빛이었으며 배는 평온하게 달렸다. 또 어디서부터 왔는지, 무수한 갈매기가 배를 돌면서 날았다. 밤이 되니 별빛은 옆으로 비꼈고

---

5) 탑 이름. 복건성 민후현閩候縣 동남 라성산羅星山 위에 있음. 민강閩江 입구에 위치함.

달빛은 조각조각 부서졌으며, 바다 위는 온통 불꽃이 되어 오르락내리락했다. 목화木華가 지은 「바다의 노래海賦」에서,

어두운 곳에는 도깨비불이 은밀하도다.
(陰火潛然。)

라고 한 것은 이것을 가리키는 말이다.

초열흘 오전 여덟 시〔辰正〕에 적미서赤尾嶼(아카오쇼)를 보았다. 네모꼴의 붉은 그 섬은 동서 양쪽이 불룩하고 가운데가 움푹했는데, 그 움푹한 곳에는 또 두 개의 작은 봉우리가 있었다. 배는 섬의 북쪽으로 지나갔다. 그때 큰 고기 두 마리가 배를 양옆에서 끼면서 따라왔다. 머리나 꼬리는 보이지 않았고, 등줄기는 약간 초록빛이 나는 검은빛이었다. 열 아름이 넘는 고목 같았다. 고기가 배 옆에 붙어 있는 것을 보고 뱃사람들은, 폭풍이 일어날 것을 알고 이 고기들이 미리 와서 보호해 주는 것이라고 말했다. 낮 열두 시에 천둥이 울리고 큰비가 쏟아지면서 바람이 동북풍으로 변했다. 키는 제멋대로 놀았고 배는 아주 위태롭게 좌우로 흔들렸다. 큰 고기들이 떠나가지 않고 붙어 있어 주는 것이 큰 다행이었다. 그러다가 갑자기 벼락치는 소리가 크게 나더니 비바람이 금방 멎었다. 오후 네 시에 바람은 다시 서남풍으로 변했고, 또 풍세도 커졌다. 온 배 안의 사람들

은 두 손을 이마에 올려 천우신조를 감사했다. 나는 이것을 기념하여 시 두 수를 지었다.

> 평생 방랑한 자취 중원을 누비더니,
> 다시 '성사'[6]에 얹혀 먼 길을 나서노라.
> 고기가 위급함을 돕고 바람도 순하게 되더니
> 바닷구름 붉은 곳 예가 유구국이라.
> (平生浪跡徧齊州, 又附星槎作遠遊。
> 魚解扶危風轉順, 海雲紅處是琉球。)

> 허연 파도 넘실넘실 거친 대양 흔들고,
> 바다 동쪽 하늘 끝은 그냥 아득해.
> 이번 길은 키웠다 서생의 간담을,
> 폭풍과 우뢰에도 기세 드높게.
> (白浪滔滔撼大荒, 海天東望正茫茫。
> 此行足狀書生膽, 手挾風雷意激昂。)

스스로 생각해도 당시의 풍경을 잘 그린 것 같다.

열하룻날 정오에 고미산姑米山(구메시마)을 보았다. 섬에는

---
6) 전설의 뗏목. 은하수까지 타고 갔다 함. 배〔船〕의 뜻으로 씀.

모두 여덟 개의 산이 있었는데, 산마다 끊어질 듯 이어진 봉우리가 한두 개씩 있었다. 오후 두 시에 또 폭풍우가 크게 쏟아졌다. 그러나 비는 폭우였지만 바람은 순풍이었다. 오후 여섯 시에 배는 섬에 가까워졌다. 유구 뱃사람들이 고미姑米에는 암초가 많아 어두운 밤에는 나아갈 수 없다고 하므로 밝는 날을 기다리기로 했다. 닻은 내리지 않고 돛은 내렸다. 배는 순풍에 서 있는데도 흔들리기만 할 뿐 나아가지도 물러서지도 않았다. 오후 여덟 시에 배 안에서 횃불을 올리니 고미산에서도 응답이 왔다. 무슨 일이냐고 물었더니, 낮이면 대포를 쏘고 밤이면 횃불을 올리기로 암호를 정해 놨았다고 유구 사람이 말해 주었다. 이것은 바로 의전儀典에서 '신호를 받는다'라고 하는 것이다.

열이튿날 오전 여덟 시에 마치산馬齒山(도카시키시마인 듯함)을 지났다. 이 섬은 어근버근하게 네 봉우리가 따로따로 서 있었으며, 마치 말이 하늘로 달리는 형상이었다. 도합 일곱 경更[7]을 더 가서 배는 침로針路를 다시 갑인甲寅(67°30′, 東北東)으로 잡아 나패항那覇港(나하)으로 들어갔다. 고개를 돌려 보니 유구의 영봉선迎封船이 뒤에 있었다. 두 배는 서로 반가운 인사를 나누었다.

---

7) 여러 설이 있음. 하루 낮밤을 10경으로 친다는 것, 100리(57.6킬로미터) 또는 60리를 1경이라는 것, 모래 시계 위아래를 한 번 바꾸는 것을 1경이라는 것 등임.

유구로 오는 항로 위에는 이 밖에 또한 소유구小琉球(臺灣)·계롱산鷄籠山(臺灣의 基隆港)·황마서黃麻嶼 등이 있지만 이번 길에는 모두 보지 못했다. 유구 사람 항해장航海長은 나이 예순이 넘고 바다를 여덟 번이나 왕래했다고 한다. 내가 묻는 말에 대해, 그는 항로를 매번 정확히 재어 보면 진辰(120°)과 묘卯(90°, 正東)의 두 방위에서 벗어나지 않으며, 그 가운데 을묘乙卯(97°30′)의 방위는 적고, 을乙(105°)의 방위가 특히 많이 택해진다고 했다. 이번 길은 가장 빨리 온 것으로 중도에서 겨우 세 개의 섬밖에 못 보고 바로 고미산에 도착했다는 것이었다.

 침로는 대양에서는 진辰의 방위로 잡았고, 일곱 경更을 더 가서는 을진乙辰(112°30′, 東南東)의 방위로 잡았다가 그 뒤로는 모두 을乙의 방위를 잡았으며, 고미산을 지나서는 다시 을묘乙卯의 방위로 잡았다는 것이었다. 다만 경更은 향을 살라서 셈했으므로 확실히 믿기는 어려웠다. 오호문五虎門(지금의 馬祖島)에서 관당官塘(지금의 琯頭)까지는 거리를 알고 있으므로 회중시계〔時辰表〕에 의해 배의 속도를 재어 봤더니 1시간에 약 31.6킬로미터를 가는 셈이었다. 초이레[8] 오후 한 시에 대양으로 나와서 열이틀 오전 아홉 시까지 항행했으니 도합 116시간이 될 테지만, 초열흘에는 폭풍으로 4시간 동안 정지했고 열하

[8) 원문에는 初八日로 되어 있으나 계산이 맞지 않아 고친 것임.

룻밤에는 암초에 걸릴까봐 6시간 동안 정선했으니 실제로는 106시간 항행한 것이다. 먼저 계산해 둔 항속航速에 의한다면 약 3,350킬로미터가 될 것이며, 나패항까지 계산하면 실로 바다를 6,000리, 즉 3,450킬로미터[9]나 항행한 셈이 된다.

유구 사람 항해장의 말에 의하면, 해상에서 선박이 항행하는 데에는 바람이 약해도 달릴 수 없지만 너무 강해도 역시 달릴 수 없다고 한다. 바람이 강하면 물결도 크고 물결이 크면 그 힘이 배의 전진을 가로막아 가령 1미터를 나아가면 20센티미터는 물러나게 된다고 하며 바람이 7할쯤 되고 물결이 5할쯤 될 때가 가장 달리기에 적합하다고 한다. 이번 길이 그랬다면서, 자기가 대양을 건너다닌 이래로 이번처럼 평온하게 항해한 적은 없었다는 것이다.

이때 유구 사람들은 수십 척의 통나무 배를 타고 밧줄로 우리 배를 끌었다. 책봉선을 맞이하는 의식을 차리는 것이었다. 오전 열 시[10]에 나패항에 들어갔다. 이보다 앞서 2호선은 초열흘부터 보이지 않았었는데 지금 보니 먼저 와 있었다. 영봉선도 뒤따라 들어왔다. 모두 임해사臨海寺 앞에 정박했다. 항해장이 말하기

---

9) 복주福州에서 나하[那覇]까지는 실제로 직선거리 800킬로미터에 지나지 않음(원문은 六千里임). 당시 중국과 우리 나라의 1리는 576미터임. 현재 우리 나라에서 10리를 4킬로미터로 치는 것은 일제 침략 이후의 잘못임.
10) 원문에는 辰刻으로 되어 있으나 이를 巳刻의 오기로 보아 오전 열 시로 환산한 것임.

를 세 척의 배가 함께 들어온 적은 한 번도 없었다고 한다.

우리는 정오 열두 시에 상륙했다. 온 나라 사람들이 모두 길에 나와서 구경하고 있었다. 세손世孫은 백관을 거느리고 의식에 따라 영접했다. 세손은 춘추가 열일곱, 살이 희고 턱이 두툼하며, 예의 법도가 몸에 밴 온화한 분이었다. 특히 글씨를 잘 썼는데, 조맹부趙孟頫[11]의 필법을 잘 살린 것이었다.

〈중산세감中山世鑑〉에 의하면 수隋나라 사신인 우기위羽騎尉 주관朱寬이 이 나라에 이르렀을 때(605년) 그 섬 모양이 마치 규룡虬龍[12]이 굽이치는 파도 속에 떠 있는 것처럼 보였으므로 유규流虬라고 이름지었지만, 〈수서隋書〉에서는 유구流求라고 썼으며, 그 뒤 〈신당서新唐書〉에서는 유귀流鬼[13]라고 썼고, 또 〈원사元史〉에서는 유구瑠求[14]라고 썼고, 명明나라에 와서는 다시 유구琉球라고 썼다 한다.

〈중산세감〉에서는 또 1314년, 즉 원元나라 연우延祐 1년에 나라가 크게 세 부분으로 갈라져서 도합 열여덟의 나라가 되었으며, 그래서 산남왕山南王·산북왕山北王이란 칭호가 생겼다

---
11) 원대의 학자. 시·서·화에 모두 뛰어남. 자는 자앙子昻, 호는 송설도인松雪道人, 시호는 문민文敏.
12) 빛이 붉고 뿔이 돋친 용의 새끼.
13) 이것은 유구를 가리키는 것이 아님. 혹수 말갈黑水靺鞨의 동북에 있던 것임.
14) 이것은 지금의 유구琉球가 아니라 대만臺灣을 가리키는 것임. 원문에는 또 이를 여구璵求로 적고 있지만 〈원사元史〉에 의하여 유구瑠求로 바로잡은 것임.

고 한다. 나는 중산中山 지방과 남산南山 지방을 몇 번 유람해 보았지만, 큰 마을이라야 1킬로미터밖에 안 되는데, 나라라고 부르고 있는 것은 너무 과장이 아닐까? 유구 사람들은 바람이 조금만 세어도 꼭 태구颱颶라 부른다. 그러나 한유韓愈의 시에,

천둥 소리는 '구일'을 모는도다.
(雷霆逼颶颱。* '구일'은 태풍임.)

라고 했으니 구颶와 숙어를 이루는 것은 일颱 인 것을 알 수 있다. 또 옥편玉篇[15]을 보면 '颱'의 의미는 '큰바람', 그 발음은 '일[於筆切]'이라고 되어 있으며, 〈당서唐書〉의 백관지百官志를 보면 일해도颱海道란 것이 있다. 아마 유구 사람들이 '태구'라고 하는 것은 잘못 쓰는 말일 것이다.

〈수서隋書〉에는, 유구에 범·이리·곰·말곰〔羆〕이 없다고 기록되어 있는데, 지금도 사실 없다. 그러나 〈수서〉에는 또 소·양·당나귀·말도 없다고 하는데, 당나귀는 과연 없지만 그 밖의 가축은 없는 것이 없다. 기록된 것을 모두 믿어서는 안 된다는 것을 알게 됐다.

---

15) 양梁나라 고야왕顧野王이 지은 자전字典.

천사관天使館[16]은 서향채로 중국의 관청을 본떠서 만들었다. 깃대가 두 개 있었는데, 그 위에는 책봉冊封이란 두 글자를 쓴 노란 깃발이 걸려 있었다. 또 게시판이 있었고, 동서의 원문(轅門, 軍門) 좌우의 고정鼓亭, 그리고 반방班房(下役이 일보는 방)이 있었다. 정문에는 '천사관'이라 써 붙였고 문 안에는 행랑이 각각 네 칸씩 있었다. 의문儀門(側門)에는 '천택문天澤門'이라 써 붙여 있었다. 이것은 명明 나라 만력萬曆 연간(1601년)에 사신〔正使〕 하자양夏子陽이 쓴 것이었으나 세월이 오래되어 없어졌으므로 앞서(1718년)의 사신〔副使〕 서보광徐葆光이 보수한 것이었다. 문 안에는 좌우로 각각 열한 칸의 방이 있었고 가운데에는 양 옆에 담을 쌓은 통로가 있었다. 통로의 서쪽에는 열 아름이 넘을 용나무〔榕〕 한 그루가 있었다. 서보광이 손수 심은 것이라고 한다.

집의 맨 서쪽에는 부엌이 있었다. 본채는 다섯 기둥이나 됐는데, '황제의 명령을 펼치다〔敷命堂〕'라고 씌어져 있었다. 앞서 (1682년)의 사신〔正使〕 왕집汪楫이 쓴 것이다. 약간 북쪽에는 서보광이 쓴 '황제의 사업이 세 번 베풀어지다皇綸三錫'란 액자가 있었다. 본채 뒤에는 회랑으로 연결된 역시 다섯 기둥의 뒷채가 있었다. 그 가운데 방은 정사와 부사가 회식하는 곳이다. 앞서

---

16) 중국 사신天使이 머무는 사관.

(1755년)의 사신〔副使〕 주황周煌이 여기에 '황제의 덕화가 동쪽으로 번지다聲敎東漸'란 액자를 써 붙였다. 그 좌우는 바로 오실寤室(거실인 듯함)이었다. 집 뒤에는 남루南樓·북루北樓라고 하는 두 채의 층집이 있었다. '남루'는 정사가 거처하는 곳으로 왕집이 쓴 '끊임없는 바람〔長風閣〕'이란 액자가 붙어 있었고, '북루'는 부사가 거처하는 곳으로 임인창林麟焻(1682년의 副使)이 쓴 '멈춰 있는 구름〔停雲樓〕'이란 액자가 붙어 있었다. 그 액자 옆에는 해산海山(周煌의 號) 선생이 지은 시패詩牌가 있었다.

사관의 주위에는 마치 성벽처럼 초석礎石을 갈아서 울타리를 만들어 놨다. 울타리 위에는 화봉火鳳이 쭉 심어져 있었다. '화봉'은 줄기가 모나고 꽃[17)]이 없고 가시가 있는 것이 마치 선인장〔覇王鞭〕 같았으며, 잎은 '꿩의 비름〔愼火草〕'처럼 보였다. 이 고장 사람들은 이 나무가 화재를 피할 수 있는 것이라 믿었으며, 길고라吉姑蘿(키린카쿠)라고 불렀다. 건물은 지붕에는 모두 수키와를 덮었고, 벽에는 네모 반듯한 벽돌을 쌓아 올렸다. 뜰은 모래밭이 판판했으며, 남쪽 뜰에 우물이 있었다. 방안의 탁자·의자·침상·방장房帳은 모두 중국식을 본뜬 것이었다. 기진奇塵은 시 네 수를 지었다. 그 가운데에는 이런 대구가 있다.

---

17) 일설에는 빨강 또는 노랑의 꽃이 있다 함.

바라보니 구름 속의 누각,

이곳이 봉래섬 위의 세상.

(相看樓閣雲中出, 卽是蓬萊島上居。)

또,

배는 곧바로 계절풍을 타고,

닷새 동안 날아 달세계에 머물도다.

(一舟翦徑憑風信, 五日飛帆駐月楂。)

모두 진실한 감정, 사실적인 풍경을 그린 것이다.

공자묘孔子廟는 구미촌久米村에 있다. 본당은 세 칸인데 가운데가 신좌神座이다. 임금처럼 생긴 이가 면류관을 쓰고 홀笏을 꽂고 있으며, '최고의 성인, 최초의 스승이신 공자님의 신주至聖先師孔子神位'라고 씌어져 있다. 좌우는 두 개의 감실龕室인데, 감실에는 각각 두 사람이 한 권의 경전을 들고 시립侍立하고 있다. 역경易經·서경書經·시경詩經·춘추春秋라는 쪽지가 붙어 있으니, 바로 안자顔子·자사子思·증자曾子·맹자孟子의 네 현인을 배향配享하는 것이다.

본당의 밖은 지대址臺로 되어 있고 지대의 동쪽과 서쪽에 층계가 있다. 그 목책은 영성문欞星門[18] 같으나 중간에는 극문戟

門(창을 세워 만든 軍門)을 본떠서 만들고 나무토막으로 막아 사람이 다니지 못하게 되어 있다. 밖은 개울가에 담이 쌓여 있다. 본당의 동쪽에는 명륜당明倫堂이 있고, 본당의 북쪽에는 계성사啓聖祠[19]가 있다. 구미촌의 우수한 선비들은 모두 여기서 공부한다. 문리文理에 정통한 이를 가려서 스승으로 삼는데, 해마다 봉급이 있다. 정제丁祭[20]는 중국의 의식대로 지낸다. 나는 성현을 앙모하는 경건한 마음으로 시를 한 수 지었다.

> 넘쳐흐르는 명성이 사해에 떨치나니,
> 섬나라에서도 공자님께 절하놋다.
> 엄숙한 묘당, 귀하신 면류관.
> 성인의 가르치심은 이제 '구이'[21]에 미치놋다.
> (洋洋聲名四海馳, 島邦也解拜先師。
> 廟堂肅穆垂旒貴, 聖敎如今洽九夷。)

이 나라 안의 많은 사찰 가운데, 규모가 가장 큰 것은 원각사圓覺社이다. 절로 들어가자면 '연못 다리〔蓮塘橋〕'를 건너야 했

---
18) 중국 학궁學宮의 공자묘 앞에 있는 문.
19) 공자의 아버지 숙량흘叔梁紇을 모신 사당.
20) 선성先聖・선사先師를 제사 지내는 것. 음력 이월, 오월, 팔월, 동짓달의 상정일上丁日에 제사 지냄.
21) 모든 야만국. 〈논어〉「자한子罕」에 '子欲居九夷'의 말이 보임.

다. 정자에는 변재천녀辯才天女[22]를 공양하고 있다. 우리 중국에서는 두모斗姥라 부르는 여신이다. 대문 곁에 있는 '둥근 거울〔圓鑑〕'이란 못에는 노랑어리풀과 말, 마름과 연이 얼키설키하였다. 대문은 높다랗고 탁 트여 있으며, 그 문루는 마치 두 날개를 쫙 벌린 듯하다. 좌우에는 금강역사金剛力士 넷이 있는데 규모는 중국 것과 비슷하다.

불전佛殿은 일곱 칸으로 되어 있고, 더 들어가면 역시 일곱 칸으로 된 대전大殿이 있다. 대전은 용연전龍淵殿이란 이름이다. 그 중간은 불당佛堂이며, 좌우에는 나무로 깎은 신주가 모셔져 있다. 이는 선왕先王과 원조遠祖를 제사 지내는 곳이다. 왼쪽은 방장方丈이고 오른쪽은 객좌客座인데, 모두 돗자리가 깔려 있다. 자리의 둘레를 헝겊으로 두르고 바닥이 아주 판판하고 깨끗한데, 이것을 답각면踏脚緜(다다미인 듯함)이라고 부른다.

방장의 앞은 봉래정蓬萊庭이고, 왼쪽은 부엌〔香積廚〕인데, 그 곁에는 '안 찬 샘〔不冷泉〕'이라 부르는 우물이 있다. 객좌 오른쪽은 '노송의 언덕〔古松嶺〕'인데 소나무 사이로 기암 괴석이 많이 있다. '왼쪽 채〔左廂〕'는 승방, '오른쪽 채〔右廂〕'는 사자

---

22) 범천왕梵天王의 비妃. 변론과 지혜의 여신.

굴(獅子窟, 說法하는 곳)이다. 승방 남쪽에는 악루樂樓가 있고, 악루 남쪽에는 꽃나무가 많은 동산이 있다. 이상은 원각사의 간단한 소묘이다.

또 국왕이 기우제를 드리는 호국사護國寺란 절이 있다. 그 감실龕室 안에는 벌거벗은 살이 새까만, 손에 칼을 든, 아주 사나운 모습의 신령이 한 분 있다. 여기에는 1456년, 즉 명明나라 경태景泰 7년에 주조된 종이 있다. 절 뒤에는 일명 소철蘇鐵이라고도 하는, 봉미초鳳尾蕉가 많이 있다. 천왕사天王寺란 사찰에도 역시 1456년에 주조된 종이 있다. 또 정해사定海寺에는 1459년, 즉 천순天順 3년에 주조된 종이 있다. 그 밖에 용도사龍渡寺·선흥사善興寺·화광사和光寺 같은 사찰이 있으나, 모두 황폐된 것으로 특별히 얘기할 거리가 못 되었다.

이 나라의 해산물에는 중국에서는 보기 드문 특산물이 퍽 많았다. 첫째로, 낙지〔石距〕는 묵어墨魚[23]와 비슷하지만 좀더 크고, 거미처럼 배가 둥글고, 두 개의 수염과 여덟 개의 팔이 모두 두 어깨에서 무더기로 나와 있고 팔에는 해삼海蔘처럼 가시는 있지만 전복〔鮑魚〕처럼 다리나 비늘은 없다. 산동山東省의 등주登州에는 문어〔八帶魚〕라는 것이 있는데, 그 형상으로 미

---

23) 바로 오징어임. 뒤에 나오는 烏鯽과 같은 것이나 글자가 다르니 다른 해산물로 작자가 착각한 듯함.

루어 보면 아마 이 낙지와 같을 것이다. 아니라면 오징어〔烏鰂〕의 별종일까?

둘째로, 바다뱀〔海蛇〕[24]은 길이가 1미터쯤 되는데, 썩은 새끼처럼 빳빳하고 빛깔이 검고 모습이 사납게 생긴 것이다. 이 고장 사람들은 이놈이 벌레를 죽이고 고질을 고치고 염병을 없앤다고 해서, 아주 귀중한 것으로 여기고 있다. 아마 호남湖南 省의 영주(永州, 지금의 零陵縣)에서 나는 '이상한 뱀'[25]과 같은 종류일 것이다.

셋째로, 섬게〔海膽〕는 고슴도치〔蝟〕같이 생겼는데, 껍질을 벗기고 살을 꺼내어 짓이겨서 작은 병에 담았다가 반찬으로 쓴다.

넷째로, 기생소라〔寄生螺〕는 크고 작은 것이 일정치 않고 둥글고 긴 것이 각각이지만 모두 두꺼운 껍데기를 짊어지고 다니는데, 그 소라 속에 게가 들어 있는 것이다. 이놈은 두 개의 집게발과 여덟 개의 발을 가지고 있다. 발은 네 개는 크고 네 개는 작은데, 큰 발로 걷는다. 집게발은 하나는 크고 하나는 작은데, 작은 것은 언제나 감춰져 있고 큰 것이 먹이를 집는다. 건드리면 큰 발을 모두 오므라뜨리고 큰 집게발로 항거한다. 게인데도 소라의 성질을 가졌으니, 이는 '가람의 노래江賦'[26]에,

---

[24] 뱀장어의 일종. 식용할 수 없음.
[25] 당나라 유종원柳宗元의 산문,「포사자설捕蛇者說」에 나옴.

'소길'[27]은 게를 품고,

(璅蛣腹蟹。)

라는 것과 같은 종류일까? 〈태평광기太平廣記〉[28]에는,

"게가 소라 속에 들어가 있으니, 마치 게와 껍데기와는 따로 있는 것같이 보일 것이다. 그러나, 이놈을 잡아다 주발 속에 넣어 두고 그놈이 탈출하는 형세를 살피니, 힘이 뻗쳐 껍데기가 벗겨지면 금방 죽었다. 그렇다면 또 껍데기와 게는 서로 목숨을 의지하는 것이라 볼 수 있다."

라는 기록이 보인다. 조물주의 뜻은 함부로 짚어 보기 어렵다.

다섯째로, '모래게〔沙蟹〕'는 널따랗고 얄팍한데, 두 개의 집게발은 몸보다 크며 껍데기가 모자라 그 앞이 이지러져 있다. 그러나 집게발을 오므려 여기를 보충하는데, 하도 딱 붙어서 틈이 없는 것 같다. 여덟 개의 발은 특히 짧고, 배꼽 쪽에는 딱딱한 껍데기가 없다. 배꼽이 둥근 암놈인지 뾰족한 수놈인지 알 수 없다. 이 게는 사람을 보면 두 눈알이 쑥 들어가고 물을 한 자가량이나 뿜어내는 것이 아마 골을 잘 내는 듯했다. 나는 모래를 깔고 물을 부은 그릇 속에 이놈을 길러 봤으나, 10여 일

---

26) 동진東晋의 곽박郭璞이 지음. 원문에는 해부海賦로 되어 있음.
27) 게의 일종.
28) 송나라 초기에 이방李昉 등이 칙명을 받들어 지은 책.

이 지나도 먹지도 않고 죽지도 않았다.

여섯째로, 새고막(蚶)은 지름이 60센티미터 이상이고, 둘레는 160센티가량 된다. 이놈은 옛 사람이 '기와지붕(屋瓦子)'이라 부른 것인데, 껍질이 울툭불툭한 것이 마치 기와를 이은 지붕 같기 때문이다.

일곱째로, 해마海馬의 살은 대팻밥처럼 꼬부라진 얄팍한 조각인데 그 빛깔은 말린 복령茯笭[29] 같다. 이놈은 가장 귀중한 것으로 치는데, 쉽사리 얻을 수 없다. 이놈을 얻게 되면 먼저 임금께 진상한다고 한다. 그 모양은 몸뚱이는 물고기(魚)이고 머리는 말(馬)인데, 털은 없고 다리는 있으며 껍질은 돌고래(海豚) 같다. 이상은 모두 이 나라의 특별한 해산물이다.

이 나라의 과일 또한 중국과 다른 것이 있다. 파초芭蕉의 열매는 손가락 같은 모양으로 색이 노랗고 맛이 달며, 꽃잎은 유자나무(柚)와 같다. 감로甘露라고도 부른다. 막 익기 시작할 때에는 푸른 빛깔이지만, 거기에 사탕을 발라 두면 노랗게 된다. 꽃은 붉으며 이삭 하나가 오륙십 센티미터씩이나 되고, 술이 대여섯 개나 나와 있다. 해마다 열매를 맺는데, 열매는 그 술의 수효와 같다. 중국에도 파초가 있기는 하지만 해마다 열매를 맺는다는 말은 듣지 못했고, 또 여기서 하는 것처럼 파초의 섬

---

29) 버섯의 일종. 원색은 흑갈색이지만 말리면 백색이 됨.

유를 뽑아 베를 짜는 법도 없으니 아마 그 성질이 다른 것일까?

베의 원료 및 베 짜는 법도 중국과 다른 점이 있다. 초포蕉布는 미색米色으로 너비가 32센티미터이다. 이것은 파초를 물에 담갔다가 그 섬유를 뽑아서 짠 것으로 얇은 비단〔羅〕 같다. 저포(苧布, 모시)는 흰빛으로 올이 고우며 너비가 38센티미터인데, 면포(綿布, 무명)와 대등한 물건이다. 사포絲布는 흰빛으로 감촉이 부드러우며, 모시〔苧〕를 씨로 하고 명주〔絲〕를 날로 하여 짠 것인데, 가장 좋은 물건이다. 〈한서漢書〉에서 말하는 초·통·전·갈蕉筒筌葛은 바로 이 종류이다. 마포麻布(삼베)는 미색으로 올이 거칠며 품질이 최하이다.

이 나라 사람들은 옷감에 무늬를 잘 찍어낸다. 무늬는 여러 가지로서, 모두 종이를 오려 본을 삼은 것이다. 먼저 본을 헝겊 위에 붙여 놓고, 재를 칠하여 재가 마르면 본을 떼어 낸다. 그 위에 색을 칠하여 말려서 빨면 재는 떨어지고 무늬가 나온다. 그리고 빨면 빨수록 무늬는 더 고와지며, 옷은 해어져도 색은 바래지 않는다. 이것은 반드시 남에게는 알려주지 않는 별난 제법이 있는 것임에 틀림없다. 그러므로 동양화포東洋花布[30]라 하여 특히 복건福建省에서 귀중하게 취급되는 것이다.

---

30) '동양'이란 말은 중국에서 일본을 가리키는 것이며, 화포는 무늬를 찍은 헝겊을 말함.

이 나라의 초목은 대부분 중국과 다른 이름으로 부른다. 애석하게도 〈군방보群芳譜〉를 가져오지 않아 낱낱이 변증할 수가 없었다. 나한송羅漢松은 견목樫木[31]이라 부르고, 동청冬青은 복목福木[32]이라 부르고, 만수국萬壽菊은 선국禪菊이라 부른다. 소철蘇鐵은 이파리가 봉의 꼬리와 비슷하다 해서 봉미초鳳尾蕉라 부르기도 하고, 또 이파리가 위를 덮은 것이 종려와 비슷하다 해서 '바다종려〔海椶櫚〕'라 부르기도 한다. 이것을 중국에 가져와서는 분에 심어서 만년종萬年椶이라 했던 것이다.

봉리(鳳梨, 파인애플)는 꽃이 피는 것을 '수나무〔男木〕'라 하는데, 흰 꽃잎이 연꽃 같으며 향내가 매우 짙으나 열매는 맺지 못한다. 꽃이 피지 않는 것을 '암나무〔女木〕'라 하는데, 암나무에는 참외처럼 먹을 수 있는 큰 열매가 맺힌다. 어떤 이는 이것이 바라밀波羅密[33]의 별종이라고도 하고, 또 유구 사람들은 '아다니阿呾呢'라고도 한다. 월귤月橘은 십리향十里香이라 부른다. 잎은 대추 같고, 조그만 흰 꽃은 향기가 짙으며, 열매는 천죽자(天竹子, 매자나무의 열매) 비슷하지만 조금 크다. 이월에는 온

---

30) '동양'이란 말은 중국에서 일본을 가리키는 것이며, 화포는 무늬를 찍은 헝겊을 말함.
31) 견은 일본의 속자로 음독音讀은 할 수 없고, '카다기'로 훈독訓讀함. 나한송은 槙〔마키〕으로 써야 할 것임. 樫은 '떡갈나무'이고 槙은 '쫏꼭자나무'임.
32) '후쿠기'임. 동청은 黐木(모치노키)으로 써야 할 것임.
33) 빵나무 비슷함. 또는 파인애플을 가리키기도 함.

나무에 붉은 열매가 주렁주렁 매달려 마치 앵도처럼 보인다고 들었으나, 나는 애석하게도 볼 수 없었다.

유구는 기후가 따뜻하여, 이때 가을이 깊었지만 화초들도 시들지 않았고 앵앵거리는 모기 소리도 걷히지 않았으며 물억새 꽃이 활짝 피어 있었다. '들모란〔野牡丹〕'은 이삼월에 꽃이 피어 팔월까지 계속하여 피고 또 핀다. 꽃은 크고 작은 방울들처럼 주렁주렁한데, 하얀 꽃잎, 보랏빛 무리, 붉은 화심을 가진 둥글고 큰 꽃송이는 향기가 퍽 짙다. 불상佛桑(무궁화의 일종)은 사철 꽃이 피는데 하얀 것도 있고 진홍·분홍의 것도 있다. 이리하여 나는 시를 한 수 얻었다.

> 우연히 사신 따라 신선 뗏목 탔더니,
> 날마다 봄 놀이에 화려한 경물 즐기네.
> 날씨는 언제나 이삼월과 같아,
> 산과 숲에는 사철 꽃 아니 끊이네.
> (偶隨使節泛仙槎, 日日春遊玩物華。
> 天氣常如二三月, 山林不斷四時花。)

이 또한 진실한 감정, 진실한 경치를 그린 것이다.

유구 사람들은 난초를 '공자꽃〔孔子花〕'이라 부르면서 아주 좋아했다. 진陳씨의 저택에는 특이한 것이 많았다. 풍란風蘭이란 것은 잎사귀는 여느 난초보다 조금 긴데, 대껍질로 분을 만들어 바람결에 걸어 두면 잘 자란다. 명호란名護蘭이란 것은 잎사귀는 계수나무 잎 같으면서 더 두껍고 또 손가락처럼 조금 길쭉하며, 꽃은 한 줄기에 열아홉 개가 나오는데, 사월에 피며 향내는 여느 난초보다 좋다. 명호악(明護嶽, 나고山)의 바위 틈에서 나오는 것으로 물이나 흙이 필요 없고, 나뭇가지에 붙거나 종려棕櫚에 감기거나 하면서 매달려 있는데도 매우 무성하다. '좁쌀란〔粟蘭〕'이란 것은 또한 지란芝蘭이라고도 하는데, 잎사귀는 소철 같고 꽃은 진주 같다. '막대란〔棒蘭〕'이란 것은 초록색의 줄기는 산호 가지 같고 이파리는 없으며 꽃은 가지에서 나오는데 여느 난초와 비슷하지만 조금 작다. 역시 다른 나무에 기생하는 것이다. 또 서표西表[34]의 송란松蘭·죽란竹蘭 등의 종류도 있다. 외도外島에서 온 것이거나 바위 사이에서 캐 온 것으로 향기는 모두 여느 난초보다 못하지 않다. 그리하여 또 한 수의 시를 얻었다.

> 외진 섬에 뿌리 옮겨 가장 사랑스러우니,
> 길에 줄지어 선 공자님의 꽃이라.
> 범상한 초목에야 비길 수 없으니,

---

34) '니시오모데'. 유구 열도 야에야마〔八重山〕 제도의 한 섬.

봄바람 건듯 불어 꽃은 화려하여라.

(移根絶島最堪誇, 道是森森闕里花。

不比尋常凡草木, 春風一到卽繁華。)

시를 지은 뒤, 또한 꽃을 사생寫生해 보았으나, 황전(黃筌, 宋의 화가)의 재주 없음이 부끄럽다.

유구국의 연해에는 구멍이 뚫리고 영롱한 속돌〔浮石〕이 많았다. 여기에 파도가 치면 종소리나 석경石磬 소리가 울렸다. 이것은 중국 파양호鄱陽湖 입구에 있는 석종산石鐘山과 비슷했다.

나는 한가하여 소견거리가 없을 때에는 시施생과 함께 바둑을 두었다. 유구 바둑을 썼는데, 백白은 고둥의 봉구석封口石을 갈아서 만든 것이고, 흑黑은 창석蒼石을 갈아서 만든 것이다. 내지의 작은 고둥도 입구를 막는 동그란 껍질이 있지만 바다의 큰 해라海螺(鸚鵡貝)는 그 입구를 막는 껍데기의 두께가 2센티미터 좀 못 되고 지름이 6센티미터 남짓 되는데 차거硨磲[35] 같이 희고 둥글다. 이 고장 사람들은 이 껍데기를 봉구석封口石이라고 불렀다.

바둑알은 지름이 2센티미터이고 둘레가 6센티미터 남짓한

---

35) 유구·대만·인도 등지에서 나는 세계 최대의 이매패二枚貝. 껍질은 백색의 광택이 나며, 이것을 갈아 장식용으로 씀. 칠보七寶의 하나.

데, 가운데는 볼록하고 언저리는 얄팍하며 앞뒤의 구별이 없다. 운남雲南省의 바둑알과는 모양이 다르다. 바둑판은 나무로 만든다. 두께가 25센티미터인 판 위에는 줄이 패어 있고, 높이 13센티미터인 다리가 넷이 있다. 그곳 풍속은 바둑을 즐겼다. 바둑을 두는 데 정설定說이 없지도 않았고, 또한 국수國手도 꽤 있었다. 판이 끝난 다음에는 빈 눈이 얼마나 되는지 헤아릴 뿐 중국에서처럼 돌을 헤아리지 않았다. 그러나 집 계산은 마찬가지였다. 전하는 말에는 이 나라에 선녀처럼 그린 '바둑의 신〔棋神〕'을 모시고 있다 한다. 사람들이 이것을 볼 수는 없지만, 나라에서는 모두 존중했다.

 유월 초여드레 오전 여덟 시에 정사와 부사는 유제문諭祭文을 받들고 제은祭銀(제사 때 사르는 종이 돈)과 분백焚帛(제사 때 사르는 폐백)을 용채정龍綵亭 안에 담아 가지고 천사관天使館을 나왔다. 동쪽으로 구미촌久米村[36]과 박촌泊村(도마야)을 지나 안리교安里橋, 즉 진옥교眞玉橋에 이르렀더니, 세손世孫이 의식에 따라 꿇어앉아 영접하고서는 곧 종묘宗廟로 인도했다. 예식이 끝난 다음 선왕묘先王廟를 구경했다.
 정묘正廟는 일곱 칸으로서 한가운데가 밖으로 향하고 있으

---

36) 원문에는 구미림久米林으로 되어 있음.

며, 모두 하나의 감실龕室로 되어 있었다. 여기에 여러 임금들의 신위가 모셔져 있었다. '왼쪽 줄〔左昭〕'에는 순마舜馬(舜天인 듯함)로부터 상목尙穆까지 도합 열여섯 분이었고, '오른쪽 줄〔右穆〕'에는 의본義本으로부터 상경尙敬까지 열다섯 분이었다.

이날 구경 나온 유구 사람들은 인산인해를 이루고 있었다. 남자들은 길 옆에 꿇어앉았고, 여자들은 멀찍이 모여 서서 구경했다. 또한 휘장이나 대발을 드리우고 있는 사람도 있었는데, 토인의 말로는, 높은 관원들의 권솔들이라 한다. 여자는 이마와 손가락 마디를 입묵入墨[37]으로 장식하고 있었다. 심한 사람은 온통 새까맣고, 적은 사람은 군데군데 매화 무늬를 이루고 있었다. 이 나라의 습속은 귀걸이를 달지 않았고, 연지와 분을 바르지 않았으며, 진주나 비취 같은 머리 장식도 하지 않았다.

인가의 대문에는 석감당石敢當[38] 같은 비석이 많이 세워져 있었다. 담장 위에는 길고라吉姑蘿, 또는 유수楺樹가 많이 심어져 있었는데 아주 고르게 손질되어 있었다. 이 나라 사람들은 중국을 당산唐山(모로코시), 중국 사람을 당인唐人이라고 불렀다.

유구의 땅은 모두 모래땅으로 비가 와도 금방 다닐 수 있었으며 질척거리지 않았다.

---

37) 지금은 80 노파들 가운데 손톱을 새까맣게 한 것을 볼 수 있다 함.
38) '장승'과 비슷함. 불상不祥을 금압禁壓하기 위해 다리·길 등의 요충에 세우는 돌. 돌에는 '石敢當……'이란 글자가 새겨져 있음.

오산奧山에는 각금정卻金亭이 있다. 명明나라의 책사冊使 진간陳侃 급사중給事中이 귀국할 때(1528년), 선물로 주는 황금을 물리쳤으므로, 이 나라 사람들이 정자를 만들어 기리는 것이다.

변악辨岳은 왕궁 동남 2킬로미터가량 떨어진 곳에 있었다. 원각사圓覺社를 지나서 산등성이를 타고 가면 개울이 좌우로 갈라지는 곳이 나온다. 이곳은 풍수가風水家들이 과협過峽이라 부르는 지형인데, 중산中山의 주맥主脈을 이루고 있다. 산은 크고 작은 다섯 개의 봉우리가 있으며 그 중 가장 높은 것이 변악이다. 잗다란 나무가 촘촘히 덮여 있었다. 앞에는 돌기둥이 둘, 가운데에는 울짱이 둘, 밖에는 널집이 둘 있었으며, 또 약간 왼쪽에는 작은 돌탑이 하나 있었고, 좌우에는 돌탁자가 다섯 있었다. 동쪽으로 꺾어서 수십 개의 계단을 올라가면 정상에 다다랐다. 거기에는 두 개의 돌항아리가 있었다. 서쪽 것은 산山을 제사 지내고, 동쪽 것은 해악海岳의 신인 축祝을 제사 지내는 것이었다. 축은 천손씨天孫氏(유구의 전설상의 시조)의 둘째 딸이라고 한다. 국왕은 중국으로부터 책봉冊封을 받으면 반드시 재계齋戒하고 몸소 제사 지냈다. 또 정월·오월·구월에는 산신·해신·호국신을 제사 지내는데 모두 변악에서 행해졌다.

파상波上·설기雪崎 및 귀산龜山을 나는 모두 가 보았지만, 학두산鶴頭山이 가장 경치가 뛰어나다고 하겠다. 나는 정사와 부사를 따라 그리로 놀러 갔었다. 꼭대기에 올라가 우리는 해를 피해 자리를 잡았다. 풀 빛깔은 하늘에 닿았고 소나무 그늘은 땅에 그득했다. 동쪽을 바라보니 변악이 하늘 가운데로 삐죽히 솟았고 왕궁王宮이 그림처럼 또렷했다. 그 남쪽으로는 가까운 바다는 호수 같았고 먼 산은 벼랑 같았는데, 그 사이로 풍견성豊見城(도요미)이 높다랗게 튀어나와 있었다. 산남왕山南王의 유적이 아직 남아 있는 것이다. 서쪽을 바라보니 마치 馬齒섬과 고미姑米섬이 멀고 가깝게 보일락말락했는데 바로 우리 책봉선이 지나온 길이다. 북쪽으로는 나패那霸와 구미久米가 내려다보였는데, 인가가 조밀했다.

한마디로 말해서, 산과 강은 영특하게 빼어나고 풀과 나무는 푸르게 그늘지고 물고기와 새들은 자유롭게 놀고 구름과 연기는 갖가지로 변화하고 있어, 그 신기함·교묘함을 다투지 않는 것이 없다. 이 모든 것이 눈앞에 펼쳐져 있으니 전날의 산천 구경은 특히 조잡했던 것임을 알게 됐다. 양梁 대부大夫가 술상을 조그맣게 차려 왔으므로 우리는 땅에 앉아서 마셨다. 나도 종복을 재촉하여 술과 안주를 가져오게 했다. 우리는 술방구리를 들고 배에 옮겨 탔다. 때는 마침 밀물이 불어나 모래톱에 물이 그득했다. 이리하여 우리는 오산奧山의 남쪽 기슭에서 동북쪽으로 꺾어 갔다. 산의 바위들은 깊이 패어서 금방 떨어질 듯한데, 바다 제비〔海燕〕들은 갈매기처럼 날았고 고깃배들은 오락가락하고 있었다. 잠시 후에 낙조가 서산에 비치더니, 곧 희고 둥근 달이 바다 위로 떠올랐다. 무수한 날치〔飛魚〕들이 밀물과 물마루〔潮頭〕를 향하여 살처럼 날아가고 있었다. 개산介山과 더불어 술잔을 들고 달을 즐기면서 노를 두들기고 노래를 불렀다. 술방구리가 비기도 전에 손들은 모두 취해 버렸다. 배가 도리촌渡里村을 지나갈 때는 벌써 자정이었다. 각금정 앞에는 횃불이 대낮처럼 밝혀져 있었고, 마중 나온 사람들은 지칠 대로 지쳐 있었다. 이리하여 우리는 함께 달빛을 밟으며 돌아왔다. 이것은 내가 유구국에 있으면서 가장 멋지게 논 것이다.

천기교泉崎橋의 다리 밑이 만호호漫湖滸이다. 구름 없는 밤이면 한 쌍의 홍예문에 달이 받쳐지고 삼라만상이 모두 맑아져서 마치 유리세계같이 된다. 중산 팔경中山八景 가운데 하나이다. 왕성王城에는 정자 하나가 있었다. 나는 성벽에 기대어 멀리 바라보다가 정자에 잠깐 들어가 쉬었다. 여기에는 물맛이 단 왕천旺泉이란 샘이 있었다. 역시 중산 팔경 가운데 하나이다. 나는 샘물을 맛보면서 중산 팔경을 훑어봤다. 팔경이란,

천기泉崎의 저녁달, 바닷가의 밀물 소리,

구미촌久米村의 대나무 울, 용동龍洞 솔밭의 파도,

순애筍厓의 낙조, 무지개 뜬 가을하늘,

성악城嶽의 영검한 샘물, 중도中島의 파초 동산

이다. 정자 밑에는 종려자죽棕櫚紫竹이 많았다. 이 대나무는 촘촘히 나는데, 높이는 1미터 남짓하고 잎은 종려 같으나 조금 길다. 바로 관음죽觀音竹이라 부르는 것이다.

정자 남쪽에는 새꼬막〔蚶〕 껍데기가 있었다. 길이가 2.5미터나 되는 이 새꼬막 껍데기를 세숫물 담아 두는 그릇으로 삼고 있는 것이었다. 큰 새꼬막은 쉽사리 얻기 힘든 모양이다.

이 나라 사람들은 세수하거나 빨래하는 데 뜨거운 물을 쓰지 않는다. 집집마다 돌기둥을 세운 위에 돌자배기나 새꼬막 껍데기를 올려 놓고 여기에 물을 담아 두고, 또 곁에는 자루 달린 물통을 놓아두고 있다. 아침에 일어나면 물통으로 물을 퍼다가 세수를 한다. 손님이 와도 역시 그러했다.

이 고장에는 보드라운 담요 같은 풀이 많았다. 큰일이 있으면 깨끗한 모래를 그 위에 깔았다.

이 나라 사람들은 대모玳瑁(바다거북의 일종)의 껍데기로 비녀를 삼았다. 이것은 대개 복건福建省이나 광동廣東省의 상인을 거쳐 중국에 들어오는데, 값이 무척 비싸다. 그러나 유구 사람들은 이것이 귀중한 것인 줄 모르고 천하게 여긴다. 마치 '곤륜崑崙山에서는 옥을 던져 까치를 친다'[39)]는 말처럼 귀중한 것

---

39) 〈신론新論〉(일명 劉子, 작자 미상)의 「변시辯施」편과, 〈번우잡지番禺雜誌〉에 나오는 얘기임. 곤륜산은 옥玉의 산지産地임.

도 흔하면 값이 없는 모양이다.

풍견산豊見山의 꼭대기에는 산남왕山南王의 옛 성이 있다. 서보광徐葆光의 시에,

퇴락한 담장의 궁궐이라 온전한 기와 없고,
황폐한 풀밭의 소·양이 허물어진 촌 같아라.
(頹垣宮闕無全瓦, 荒草牛羊似破村。)

고 하는 대구가 있다. 임금의 자손은 지금 나邢씨가 되어, 아직도 여기에 모여 살고 있다.

'辻山'⁴⁰⁾을, 이 나라 사람들은 실산失山이라 읽었다. 유구국의 글자는 모두 발음에 맞춘 것인데 십十과 실失과는 구별이 없다. 아마 질산迭山이라 쓸 것을 잘못 쓴 모양이다.

부사副使는〈구아球雅〉라는 책을 썼다. 거기에는 유구말이 한 개의 한자漢字를 두세 음절로 읽는 것도 있고, 두세 개의 '한자'를 한 음절로 읽는 것도 있다. 이것은 모두 '한자'의 뜻〔訓〕을 저희말로 풀어서 읽는 것이지 '한자'의 음音으로 읽는 것이 아니다. 이것이 이른바 기어奇語라는 것이다. 이 나라 사

---

40) 辻은 일본의 속자로 음독은 없고 다만 '쓰지'로 훈독함. 뜻은 '십자로'임.

람들은 모두 그렇게 읽는 법을 알고 있다. 음절을 표시하는 글자[41]는 모두 100여 개이며, 여남은 글자는 같은 음인 것도 있다. 중국의 발음과는 생판 다르다. 이 나라에서는 다만 책을 읽고 문리文理를 깨친 사람만 발음과 글자를 맞출 수 있을 뿐이고, 그 밖의 서민들은 모두 알지 못한다.

구미久米에서 벼슬하는 이의 자제들이 말을 할 수 있게 되면 중국말[漢語]을 가르치고 글을 쓸 수 있게 되면 중국 글[漢文]을 가르친다. 열 살이 되면 약수재若秀才(어린 수재)라 부르며 임금이 100리터의 쌀을 준다. 열다섯 살이 되면 배코를 치고 먼저 공자님을 배알한 뒤에 임금에게 알현하는데, 임금은 그 이름을 기록하고 수재秀才라 부르며 300리터의 쌀을 하사한다. 어른이 되면 통사通事로 뽑히고 나라 안의 문물文物에 있어 가장 성망이 높게 된다. 이들은 곧 명明나라에서 보낸 '삼십육성三十六姓'[42]의 후손들이다. 나패那覇 사람들은 상업하는 이가 대부분이었고 부자도 많았다. 명나라 홍무洪武(1368~98)초년에 복건福建省 사람으로 배를 잘 다루는 '삼십육성'에게 중국과 유구국을 왕래하면서 조공朝貢의 일을 맡아보게 했다. 나라 안의 구미촌에 있는 양梁·채蔡·모毛·정鄭·진陳·증曾·원

---

41) 유구어는 일본어와 비슷하지만 'ㅔ'·'ㅗ'의 음절이 없고 순경음脣輕音 '퐁'이 있음. 처음엔 47자모, 뒤에는 67자모가 있었음.
42) 중국 민강閩江 하류의 주민의 칭호임. 실수實數를 가리키는 것이 아님.

阮·금金 등의 성씨는 모두 '삼십육성'의 후예이며 지금도 나랏사람들이 존중하고 있다.

나는 기寄공과 도교道敎의 현리玄理에 대해서 담론해 보았다. 그는 깨달은 점이 퍽 많았으므로, 그와 더불어 시를 지어 화답했다. 법사法司(正二品)인 채온蔡溫과 자금 대부(紫金大夫, 從二品)인 정순칙程順則·채문부蔡文溥는 〈삼인시집三人詩集〉이 있는데, 좀 조작적인 듯한 느낌이 드는 것이었다. 정순칙은 따로 〈항해지남航海指南〉을 저술했는데, 그 책은 항해에 관하여 아주 자세한 설명을 하고 있다. 채온은 고문古文(漢學) 연구에 특히 힘을 기울여 〈사옹어록簑翁語錄〉·〈사옹지언簑翁至言〉 등의 저서를 냈는데, 그 책은 경학經學에 근본을 두었으나 도학道學의 기운도 많이 가미된 것이다. 유·도儒道의 두 학문을 넘나든 것으로, 말하자만 주희朱熹를 배웠으나 그 순수한 경지에는 이르지 못한 것이었다.

유구에는 산이 많고 땅이 척박하고 돌이 많아서 고구마 재배만 적당할 뿐이다. 그곳 부로父老들이 전하는 말로는 책봉 받는 해에는 반드시 풍년이 든다고 한다. 금년에도 오월에는 좀 가물었지만 다행하게도 그 뒤로 비 오는 시기가 어그러지지 않았으므로 마침내 큰 풍년이 들었다는 것이다. 고구마를 네 번이나 수확할 수 있어, 이 바다 나라의 '신민'들은 곱절 기뻐했다. 모두들 '책봉 받는 해가 아니었다면 이러한 풍년이 들지 않았을 것'이라고 했다.

유월 초순에 벼는 모두 거둬 들인다. 유구국은 기후가 따뜻해서 벼는 언제나 일찍이 여문다. 동짓달에 모를 심어서 다음 해 오월이면 거둬 들이는 것이다. 고구마는 사철 어느 때나 심으며, 세 번 거두면 풍년이라 하고 네 번 거두면 대풍년이라 한다. 논이 적고, 고구마밭이 많다. 이 나라 사람들은 고구마로 살고, 쌀은 임금과 관원들만 겨우 먹을 수 있다. 그 밖에 보리·콩도 있으나 소산이 많지는 못하다. 오월 스무날은 나라 안에서 '벼의 신〔稻神〕'에게 제사를 드린다. 이 제사를 드리기 전에는 벼가 익어도 집 안으로 들이지 못한다.

칠월 초순에 처음으로 제비가 보였다. 제비는 인가에 붙여 집을 짓는 것이 아니었다. 중국의 제비는 팔월에 돌아가니까 이 제비들은 중국에서 오는 것이 아닌 모양이다. 제비들은 칠월에 와서 일정한 곳에 집을 짓는다고 한다. 그 밖에 바다제비〔海燕〕라는 것이 따로 있다. 바다제비는 여느 제비보다 좀 크며 깃털이 하얗다. 갈매기처럼 온통 흰 놈도 있다. 바다제비는 대개 섬 속에 집을 짓는다. 이것이 간혹 중국으로 날아오는 경우도 있는데, 중국 사람들은 상서로운 것으로 여긴다. 응조계應潮鷄라는 것은 수놈은 새까맣고 암놈은 새하얗다. 모두 다리는 짧고 꼬리는 길다. 길이 들어서 사람을 보고도 피하지 않는다.

향애香厓가 강아지 한 마리를 샀다. 털에 표범 무늬가 있고 성질이 영민했다. 쌀밥을 주니까 먹지 않다가 고구마를 주니까 그제야 먹는다. 사람들이 모두 고구마를 양식으로 하고 있다는 것을 새삼 깨달았다. 쥐와 참새가 아주 많았는데 쥐의 피해가 우심尤甚하다. 고양이도 있긴 하지만 쥐를 잡을 줄 모른다. 이 나라 사람들은 고양이를 애완물로만 여긴다. 사물의 성질도 고장에 따라서 변하는 모양이다. 매·기러기·거위·오리는 특히 적다.

베개는 모서리가 반듯하게 네모진 것도 있고, 바퀴에 가는 굴대가 이어진 것처럼 둥근 것도 있으며, 문장文欌처럼 여러 층으로 된 것도 있다. 만듦새가 특히 정교한데, 모두 나무로 만든 것이다. 대개, 너비 10센티미터에 높이 16센티미터이며, 겉에는 까망 또는 빨강 칠이 칠해져 있다. 이것을 세워서 베는데, 몸을 뒤척이면 베개가 쓰러졌다. 〈예기禮記〉 소의少儀의 주注를 보면,

"영穎은 경침警枕이니라."

는 말이 있는데, 이것을 '영'이라고 하는 것은 날카롭게〔穎〕 경각시키기 때문이다. 또 사마광司馬光(宋의 학자·정치가)은,

"둥근 나무로 경침을 만든다. 깜박 잠이 들면 베개가 굴러서 잠이 깬다. 그러면 일어나서 글을 읽는 것이다."

했으니, 유구국의 베개는 아마 경침의 유물인지 모르겠다.

의복의 제도는 모두 너르고 옷섶을 엇갈리게 여미는 것이다. 소매 폭은 60센티미터인데, 소맷부리는 꿰매지 않고 소매 길이는 일하기 편토록 특히 짧다. 깃〔襟〕에는 단추나 고름이 달려 있지 않고, 그냥 옷깃〔衿〕이라고만 부르며, 남자는 커다란 허리띠를 맨다. 띠는 길이 5미터, 너비 13센티미터를 표준으로 삼는다. 띠를 허리에 네댓 번 돌려 감고 그 끝은 옆구리 밑에 늘어뜨렸다. 여기에다 담배쌈지·종이주머니·빗·비녀 따위를 모두 꽂기 때문에 가슴 앞의 띠는 불룩하게 튀어나온다. 옷의 옆구리를 호지 않는 것은 어린아이나 스님의 옷만 그렇다. 스님은 이 위에 또 단속斷俗이라 부르는 배자 비슷한 짧은 옷을 덧입는다. 이것이 의복 제도의 대강이다.

모자는 얄팍한 나뭇조각을 뼈대로 하고 여기에 머리띠를 접어서 덮는 것으로 앞에서 보면 일곱 겹이고 뒤에서 보면 열한 겹이 된다. '알록달록한 비단 모자〔花錦帽〕'는 멀리서 바라보면 지붕에 물이 샌 모양같이 보인다. 품위가 가장 높은 것으로 오직 섭정攝政·왕숙王叔이나 재상만 이것을 쓸 수 있다. 그 아래는 '알록달록한 보랏빛 모자〔花紫帽〕'로서 법사法司가 쓰고, 그 아래는 '순수한 보랏빛 모자〔純紫帽〕'이다. 대개 보랏빛을 귀하게 여기고, 그 다음이 노랑, 그 다음이 빨강이고, 청색이나 녹색은 이보다 아래이다. 같은 빛깔에서는 또 비단〔綾〕이 윗길이고 명주〔絹〕는 그 아랫길이다.

임금은 책봉을 받기 전에는 검은 깁으로 만든 오사모烏紗帽를 썼다. 양 날개가 위로 삐죽이 뻗쳐 올랐고 붉은 갓끈을 턱에 늘어뜨렸으며 그 아래에는 오색 술을 매어 놓은 것이었다. 책봉을 받은 지금은 피변皮弁을 쓰고 있는데, 그 모습은 마치 중국의 창극 배우들이 임금으로 분장하여 편모偏帽를 쓴 것 같았다. 피변 앞에는 일곱 개의 꽃잎을 늘어놓았다. 옷은 망복蟒服[43]을 입고 허리에는 패옥을 달고 있었다.

가마는 중국의 병교餠轎와 같다. 가운데에는 의자를 놓고 위에는 양산을 받치는데 휘장은 없으며, 끌채는 굵고 길지만 멜 대줄도 가로지른 나무도 없이 그냥 여덟 사람이 좌우에서 어깨에 메고 다녔다.

〈두씨통전杜氏通典〉(唐 杜佑 지음)에서는 유구의 풍속을 기술하면서,

"부인이 아기를 낳으면 반드시 태胎를 먹고, 스스로 불을 가지고 뜸을 떠서 땀을 낸다."

고 적어 놨다. 내가 이에 대해 양문봉揚文鳳에게 물었더니, 대답이 이러했다.

"불을 가지고 뜸을 뜨는 것은 사실 있었지만 태를 먹지는 않

---

43) 용의 무늬가 있는 관복. 천자가 입는 곤룡포보다 용의 발톱 수효가 적음.

소. 그리고 지금 중산中山에는 불을 가지고 뜸을 뜨는 풍속도 없어졌소. 다만 북산北山에는 아직 다 없어지지 않았지만요."

혼인하는 법은 고루하기 이루 말할 수 없다. 점잖은 집안에서도 역시 술·안주·구슬·조개 따위로 예물을 삼는다. 혼인할 때에는 앞서 말한 가마를 썼는데, 그 위에 비단 헝겊으로 장식을 해 단다. 그리고는 풍악을 울리면서 새색시를 맞이하는 것이다. 색시가 가져오는 혼수는 셀 수 없이 많다. 색시의 부모는 신랑집까지만 바래주고 그냥 되돌아간다. 잔치는 베풀지 않으며, 다만 몇 사람의 아주 가까운 친척들에게만 술대접을 한다. 〈수서隋書〉에는,

"유구의 풍속은 남녀가 서로 좋아지면 곧 짝을 이룬다."
고 적혀 있지만, 아마 이것은 옛날 습관인 모양이다. 내가 정득공鄭得功에게 물었더니, 이렇게 대답했다.

"'삼십육성'이 처음 왔을 때에는 이러한 풍속이 그냥 고쳐지지 않고 있었지만, 그 뒤로는 점차 혼인의 예법을 알게 됐어요. 이러한 풍속은 지금은 없어졌죠. 지금 나라 안에서 유부녀가 간통하면 곧 죽입니다."

나는 비로소 유구가 '수례지국守禮之國'을 표방하고 있는 것이 또한 '삼십육성'이 교화시킨 공덕이라는 것을 알게 되었다.

일반 백성은 상사喪事가 나면 이웃에서 모여 장사를 치르고, 구경꾼들이 호상護喪 일을 돌보며, 파묻고 나서는 곧 돌아온

다. 관원의 집에서는 서로 친한 동관同官이 와서 영구를 내가는데, 출상만 끝내면 곧 돌아간다. 대부분이 손님에게 연회를 베풀지 않고, 제주관題主官은 대개 스님으로 삼는다. 죽은 이가 남자일 경우에는 '원적대선정圓寂大禪定'이라 쓰고, 여자일 경우에는 '선정니禪定尼'라 쓴다. 선고先考·선비先妣라는 칭호는 쓰지 않는다. 근자에 와서 관원의 집에서는 관작官爵을 쓰는 사람도 있다. 관의 규격은 1미터로서, 시신을 굽혀서 염한다. 관원의 집에서는 근자에 2미터가량 되는 것을 쓰기도 하지만 일반 백성들은 옛날 식을 그대로 쓰고 있다.

이 나라 사람들은 팔뚝이 중국 사람보다 약간 짧았다. 〈조야첨재朝野僉載〉(唐 張鷟의 原著)에서도 말하기를,

"사람들의 키가 왜소하여 마치 곤륜崑崙(말라야人) 같다."

고 했다. 내가 본 사대부士大夫 가운데에는 왜소한 사람도 사실 많았지만, 또한 수염이 많고 턱이 둥근 사람, 풍채가 좋고 키가 큰 사람, 살이 찌고 배가 나온 사람도 있었다. 이전 사람의 말은 그대로 모두 믿을 수 없는지 모르겠다.[44] 그 몸에서는 암내(狐臭)가 많이 났다. 옛말로 온저慍羝라는 것이다.

세록世祿을 받는 집에는 모두 사성賜姓이 있으나, 보통 선비

---

44) 역자는 1961년 10월 26일 나하那覇의 거리를 걷다가 문득 자신의 키가 커진 듯하게 느꼈던 것을 기억함.

들이나 서민들은 대개 자기가 사는 전지田地를 성으로 삼으며, 이름이 따로 없다. 그 후손은 아무개〔某氏〕의 자손으로 몇째 사내라고 부른다. 이른바 '논밭에서 사사로이 지은 성씨田米私姓'라는 것이다.

이 나라의 형법은 단지 3장뿐이다. 첫째로 살인한 자는 죽이고, 둘째로 상해한 자와 중한 죄를 지은 자는 귀양 보내고, 셋째로 경한 죄를 지은 자는 뙤약볕을 쬐게 하는 것이다. 뙤약볕을 쬐게 하는 데는 죄에 따라 볕 쬐는 날짜를 정한다. 그러나 이 나라에는 지난 수년간 참형에 처한 죄인은 없었다. 간혹 참형에 처할 죄를 범한 사람이 생겨도 대개는 스스로 칼로써 배를 갈라 죽었기 때문이다.

칠월 보름밤에 창문을 열고 보니, 집집마다 문 앞에 두 자루의 횃불을 걸어 놓고 있었다. 지방민에게 어찌된 일인가고 물으니, 이렇게 대답한다.

"나라의 풍속이 보름날에 분제盆祭를 올려서 신을 미리 맞이합니다. 제사가 끝나면 떠나보내구요."

"'분제'란 중국에서 말하는 우란분盂蘭盆이다. 연일 저자에서 어린아이들이 각기 조그만 종이 깃발을 들고 마주 서서 서로 흔들면서 신을 맞는〔迎新〕 흉내를 내고 있었다. 이 나라의 풍속은 '분제'가 조상을 위한 큰 제사라는 것을 알 수 있었다.

귀산龜山의 남쪽 해안에는 이 나라 사람들이 차오車螯(대합

조개 비슷한 바닷조개의 일종)와 새꼬막의 껍데기를 갖다 불에 태워 가루를 만드는 가마〔窯〕가 있었다. 이 가루를 벽에 칠하는데, 석회石灰만은 못하나 차진 기운은 더했다. 거기서 다시 동북쪽으로 가면 소금을 굽는 못이 있었다.

 칠월 스무닷샛날, 정사와 부사는 책봉의 예식을 거행했다. 도중에 구경 나온 사람이 지나번보다 더욱 많았다. 만송령萬松嶺을 지나 동쪽으로 쭉 갔더니 길이 널따랗게 다듬어져 있고 중산도中山道라는 패가 붙은 정문旌門이 나왔다. 더 나아가 '수례지방守禮之邦'이란 패가 붙은 정문으로 들어갔더니, 세손은 피변을 쓰고 망복을 입고 허리에 옥대玉帶를 두르고 상의裳衣에 패옥을 늘인 차림으로, 백관을 인솔하고 길 옆에 꿇어앉아 마중했다.
 더 나아가니 환회문歡會門이 나왔다. 초석礎石을 쌓아서 만든 성이 산꼭대기에 자리잡고 있었는데, 성벽은 절벽처럼 깎아질렀고 그리고 올라가는 좁고 험한 길이 하나 있을 뿐이었다. 성가퀴〔雉堞〕는 없었고 성벽 높이는 1.6미터 이상이었다. 멀리서 바라보면 마치 해골을 쌓아 놓은 것처럼 보였다. 〈수서隋書〉에,
 "왕궁에는 그 밑에 많은 해골을 쌓아 놓았다."
라 한 기록은 멀리서만 봤지 실지로 성 아래까지 가 보지 않았기 때문에 생긴 착오라는 것을 알 수 있었다. 성 밖의 깎아지른 바위에는 왼쪽에 '용의 언덕〔龍岡〕'이란 글자, 오른쪽에 '범의

봉우리〔虎崒〕'란 글자가 각각 새겨져 있다.

왕궁은 서향이었다. 중국이 바다 서쪽에 있으므로 그리로 향하여 충성과 순종을 표시하는 뜻에서다. 뒤쪽은 동향으로 계세문繼世門, 왼쪽은 남향으로 수문水門, 오른쪽은 북향으로 구경문久慶門이 있다. 다시 들어가면 층암 절벽이 나오고 서북향으로 서천문瑞泉門이 있다. 그 좌우로는 양쪽에 담을 쌓은 통로를 따라 좌액문左掖門·우액문右掖門이 있다. 더 들어가면 서향으로 각루刻漏(물시계)가 있는데 그 위에 구리로 만든 누호漏壺가 놓여 있다. 더 들어가면 서북향으로 봉신문奉神門, 바로 왕부王府의 대문이 나온다. 전정殿廷은 넓이 60아르(2000평)가량 된다. 돌을 깐 통로가 두 개 있는데 길은 곧장 임금이 청정聽政하는 궐정闕廷까지 닿는다. 벽에는 복희伏羲가 용마龍馬의 등에 있는 하도河圖를 보고 팔괘八卦를 그리고 있는 그림이 걸려 있었다. 명주 바탕이 오래되고 벌레 먹은 자국이 약간 있는 것으로 보아, 요새 것이 아니라는 것을 알 수 있었다. 북궁北宮의 전각은 아주 소박하게 되어 있다. 손을 올리면 추녀가 닿는데, 언덕에 처해 있고 또 심한 바닷바람 때문인 모양이다. 북궁은 남궁과 마주 보고 있다. 이날 정사와 부사는 북궁에서 연회를 베풀었다.

책봉册封의 대례大禮가 끝나자, 온 나라에서는 모두 즐거워하면서 국왕이 지나가는 곳에는 온통 울긋불긋한 헝겊으로 장식해 놓았다. 천기泉岐의 길 옆에는 이상한 화초를 심은 화분을 늘어 세웠고 그 둘레에는 붉은 난간으로 막아 놓고 있었다. 중간에는 나무로 기린麒麟(상상의 동물, 아프리카의 기린과는 다름) 형상을 깎아 놓고,

> 용도 아니고, 범도 아니고,
> 곰도 아니고, 말곰도 아니라오.
> 임금님의 상서로운 짐승이라오.
> (非龍非彪, 非熊非羆, 王者之瑞獸。)

라는 글귀를 써 붙였다. 천비궁天妃宮 앞에는 여섯 그루의 큰 소나무가 심어져 있고, 네 개의 석가산이 쌓여져 있고, 두 마리의 흰 두루미가 만들어져 있고, 세 마리의 어미·새끼 사슴이 길러지고 있었다. 못 위에는 시렁을 만들고 솔가지를 덮었는데 솔방울이 포도처럼 매달려 있었다. 못 안에는 나무로 만든 크고 작은 잉어 다섯 마리가 띄워져 있었다. 못 주위에는 대나무가 둘러 서 있었다. 그 옆에는 해락방偕樂芳이란 정문이 있었으며, 기둥에는 다음과 같은 글이 씌어진 널빤지가 붙어 있었다.

> 사슴[45]은 반지르르,

---
45) 시경詩經 대아大雅의 영대靈臺에서 끌어 맞춘 것임.

새는 함치르르.

그득히 고기는 뛰어오르네.

(鹿濯濯, 鳥鶯鶯, 牣魚躍。)

　　나는 사관에 돌아와서 부사副使에게 얘기했다. 부사는
　"그건 모두 〈유구국지략琉球國志略〉(周煌이 지음)에 실려 있어요. 수십 년(43년) 전의 것과 한 글자도 바뀌지 않았으니, 참판에 박은 소리군요."
라는 대답이었다. 종객從客들은 모두 웃었다.

　　의야만현宜野灣縣에 귀수龜壽란 사람이 있었다. 그는 계모에게 지극한 효성을 바친 사람으로 이 나라 사람들은 모두 그 얘기를 알고 있다. 계모는 제가 낳은 자식만 사랑하면서 귀수를 헐뜯는 말을 그 아비 이좌伊佐에게 했고, 또 그의 화를 돋우려고 밥도 먹지 않았다. 이좌는 이에 미혹되어 귀수를 죽일 마음을 먹었다. 그래서 한밤중에 북궁北宮으로 물 길러 가게 하고 중간에 숨어 있다가 죽이기로 계획을 짰다. 그런데 머슴이 귀수를 집안에 숨겨 두고 이좌에게 가서 간했더니, 이좌는 '이미 일이 탄로난 이상 죽일 수는 없다'고 하며, 귀수를 쫓아냈다. 귀수는 쫓겨난 뒤 자살하고 싶었으나, 그러면 계모의 허물을 들춰내는 셈이 되므로 그러지도 못했다. 그때 하늘에서는 우박이 내렸는데 귀수는 병들어 지탱할 힘도 없어 길 옆에 뻗치고 누워 버렸다. 마침 지나가던 순관巡官이 보고서 다가가 그 몸을 만져 보니 아직 따뜻했다. 죽지 않은 것을 안 순관은 자기의 옷으로 덮어 주었다. 소생한 뒤에 천천히 까닭을 캐물었으나 귀수는 부모의 허물을 들춰 내기 싫어서 다른 말로 꾸며 댔다. 애초에 순관은 효자 귀수가 쫓겨났다는 말을 들었을 때부터 마음이 편치 못했었는데, 지금 대답하는 말이 어물어물하는 것을 보자 바로 귀수가 아닌가 하는 의심이 들었다. 그는 옷과 밥을 주고 돌려 보냈다. 그리고는 몰래 그 진상을 알아내서는 마을 사람들을 불러 놓고 이좌의 처를 잡아들였다. 여러 사람 앞에서 그 죄목을 낱낱이 들어 책망하고 감금했다. 그리고는 임금님께 아뢰려고 했으나 귀수는 자기가 대신 벌을 받겠다고 나섰다. 순관은 효자의 마음을 차마 아프게 하기 어려워 이좌 부부를 불러다가 직접 타일렀다. 계모는 감격하여 제 잘못을 뉘우쳤으므로 모자간의 정리는 새로워졌다.―부사가 이 얘기를 이미 기록했으니, 나는 다시 시를 지어 이를 표창하고자 한다. 계모를 모시면서 효도를 다하지 않는 사람을 권면하는 의미에서.

> 사신의 수레 타고 풍속 찾아 유구 갔더니,
> 숨은 덕의 아름다움은 높이 기릴 것이라.
> 효자의 유래는 마음을 감동시키나니,

민손[46]·왕상[47]의 사적과 다를 바 없어라.

(輶軒問俗到球陽, 潛德瑞須爲闡揚。

誠孝由來能感格, 何殊閔損與王祥。)

질산(迭山, 辻山)의 장터를 지나려니 마침 장날이었으므로 장안으로 들어가 팔고 있는 물건을 구경했다. 고구마가 많았고, 그 밖에 생선·소금·술·푸성귀, 그리고 도기陶器와 목기木器, 또 초포蕉布·저포苧布·토포土布 들이 있었으나 모두 조악한 것일 뿐 볼 만한 것이 없었다. 이 나라에는 점방이 없었다. 모든 것을 집안에서 꾸려 나가다가 장이 서는 날 서로 유무有無를 바꾸고 있을 뿐이었다. 그리고 은전銀錢을 쓰지 않았다. 나라 안에서는 모두 일본의 관영전寬永錢[48]을 써 왔는데 근자에는 이것도 보이지 않는다고 한다.

지난번에 향애香厓가 돈 꿰미를 가져와 보여 주었는데, 돈은 거위 눈처럼 동그란데 윤곽이 없었다. 길이 10센티미터 가량 되게 쌓은 것을 노끈으로 꿰었으며, 네 꿰미를 한데 뭉쳐 종이로 싸서 봉했고 그 위에 도장을 찍어 놨다. 이것은 유구 사람들이 새로 만든 돈이다. 이 한 뭉치는 대전大錢[49] 열 개에 해당됐

---

46) 춘추 시대 공자孔子의 제자로서 계모에게 효성스러웠던 것으로 이름남.
47) 진晉나라 사람으로 계모에게 효성스러웠던 것으로 이름남.
48) 1636년부터 통행된 관영통보寬永通寶라는 일본 엽전.

다. 나라 안에 돈이 적고, 관영전은 구리의 질이 비교적 좋으므로 혹시 다른 사람이 사서 가져갈까봐 이것은 감춰 두고 특별히 새 돈을 만들어 사용하는 것이었다. 저자에 돈이 안 도는 것은 이 까닭에서였다.

  이 나라에서 남자는 편안히 놀고 먹는데 여자는 힘들여 일했다. 짐을 어깨에 메는 법[50]도 없고, 짐을 등에 지는 법도 없다. 장에 가거나 옷을 짓거나 나무를 하거나 물을 긷거나 모두 부인들이 주로 했는데, 짐은 모두 정수리[51]에 이었다. 여자의 의복은 단추도 고름도 없고 또 허리띠도 매지도 않는데, 게다가 나라 풍속이 남녀간에 모두 속바지를 입지 않으므로 여자들은 손으로 옷깃을 그러잡아야만 한다. 여자의 옷깃은 남자 옷보다 길었고, 또 옷깃의 밑이 두 겹으로 되어 있으므로 바람이 불어도 펼쳐지지는 않았다. 그래서 나는 유구 여자들이 쪽을 아래로 처지게 찌는 것은, 손으로 옷깃을 그러잡고 있어야 하므로 짐은 정수리에 일 수밖에 없기 때문이라는 것을 깨달았다. 어려서부터 이렇게 익혀 왔으므로 짐이 아무리 무거워도, 또 산을 타고 개울을 건너도 넘어지는 법이 없었다. 이건 이 나라의 첫째가는 묘기다. 여자들이 일할 때에는 두 소매를 등까지 말

---

49) 동전銅錢의 뒷면에 '當十'이란 글자를 새긴 돈. 보통 돈보다 두 배의 값어치가 있음.
50) 중국인은 2미터쯤 되는 장대 양쪽에 짐을 달고 그 한가운데를 어깨로 메고 다님.
51) 중국인은 짐을 머리에 이지 아니함.

아 올리고 끈을 꿰어 비끄러맸다. 머리는 더럽기가 무섭게 감았다. 머리를 감을 때는 진흙을 썼다. 옷을 벗어서 허리에 동여매고 맨몸을 드러낸 채 머리를 숙이고 감았다. 사람을 보아도 피하지 않았다. 아기는 한 손으로 안아 허리에 대었다. 이렇게 함으로써 옷깃을 그러잡는 것이었다.

동원東苑은 기산崎山에 있다. 환회문歡會門을 나서서, 북쪽으로 꺾여 서천瑞泉의 하류를 따라 용연교龍淵橋에 이르면 물이 모여서 못을 이루고 있다. 너비 30미터이고 길이 칠팔십 미터나 되는 못은 둑으로 막혀 있다. 용담龍潭이라 부르는 이곳은 고기를 셀 수 있을 만큼 물이 맑고 연잎들이 반쯤 쓰러져 있다. 다시 동쪽으로 꺾어 가면 작은 동네가 나온다. 대나무는 병풍처럼 가지런하고 소나무는 일산日傘처럼 그늘져 있으며, 엷은 구름은 수풀의 틈을 메우고 가벼운 바람은 대밭에서 휘파람을 불고 있다. 동산의 바깥 경치가 벌써 아주 그윽하다. 대문으로 들어가니 널로 만든 정자 두 채가 남향으로 나 있고, 더 들어가 남쪽으로 향하니 세 칸짜리 집이 있다. 정자의 동쪽에는 사발을 엎어놓은 것처럼 조그만 언덕이 있다. 남쪽으로 꺾으면 서쪽으로 향한 큰 바위에 범자(梵字, 산스크리트)가 새겨져 있고 그 아래로는 오색으로 꾸며진 돌사자 한 마리가 쭈그리고 있다. 다시 그 아래에는 네모진 조그만 못이 있고 못에는 돌을 쪼아 만든 용의 머리가 있는데 그 입에서 샘물이 흘러 나오고 있다.

또 금붕어를 기르는 못도 있다. 그 앞은 만 그루의 대밭이고 그 뒤는 백 그루의 솔 숲이다. 다시 동쪽으로 가면 망선각望仙閣이 있다. 그 앞에 동원각東苑閣이, 그 뒤에 능인당能仁堂이 있다. 그리고 동북쪽으로는 바다가, 서남쪽으로는 산이 바라보인다. 이 나라의 훌륭한 지형 가운데 이곳이 제일이다.

남원南苑의 훌륭한 경치도 동원보다 못하지 않다. 중마中馬·부성富盛을 지나 동쪽으로 꺾여 논두렁 밭두렁을 따라가면, 논에는 물이 그들먹했고, 밭에는 고구마 잎이 번드르르했다. 조금도 가을 경치 같지 않았다. 새로 심은 고구마밭을 보고 물어봤더니 벌써 세 번이나 거둬 들였다고 했다. 다시 산으로 들어서면 소나무 그늘이 길을 뒤덮고 초가집이 올망종망한 농촌 풍경이 마치 한 폭의 산수화처럼 나타났다. 이런 길을 한 6킬로미터 남짓 가면 비로소 동산이 있는 동네—고장천姑場川이란 곳—바로 동락원同樂苑이 나왔다. 동산은 산등성이에 걸쳐 있다. 별당은 다섯 칸인데 방을 끼고 도는 복도가 몹시 꼬불꼬불하다. 별당 앞에는 동서로 좁고 길쭉한 못이 새로 패어 있다. 그 위에 걸쳐 있는, 초석礎石을 쌓아 만든 다리의 남쪽에는 새로 쌓은 언덕이 동글동글 연이어 있다. 그 언덕 위에 정자가 있으므로 전망이 좋다. 정자의 동쪽에는 신기한 화초들이 심어져 있다. 꼭 나비처럼 생긴 꽃이 있는데, 꽃은 새빨갛고 잎은 홰나무〔槐〕의 어린 잎 같은데 '나비꽃〔蝴蝶花〕'이라 부른다고

한다. 또 소나무 잎이 백발 같은 것도 있는데, 이것은 백발송白
髮松이라고 한다. 못의 동쪽에는 베로 가려 놓은 무너진 정자가
있다. 못의 서쪽에는 누각이 있는데 퍽 시원스럽게 처마가 퇴
어 있어 사방에서 바람이 불어와 바람쐬기에 아주 좋다. 또 '영
휘迎暉'라는 누각과 '일람一覽'이란 정자가 있는데, 이것은 정
사와 부사가 각각 이름지은 것이다. 별당의 북쪽에는 소나무·
소철·복사나무·버드나무가 있다. 황혼이 되니 저녁 짓는 연
기가 오르는 것이 마치 중국인 듯싶었다.

나는 기진奇塵과 더불어 파상波上으로 놀러 갔었다. 널빤지
로 만든 누각에는 다른 신상神像은 없고 오직 구리판으로 만든
번당幡幢이 걸려 있을 뿐이다. 앞면에 '임금님의 예물을 받들
어 모시다奉寄御幣'란 글자가 새겨져 있고 뒷면에 '원화 2년 임
술元和二年壬戌'[52)]이라 씌어 있다. '원화'는 당唐나라의 연호이
므로 혹시 당나라 때의 것인가 하고 생각되었지만, 그런 것이
아니었다. 당나라의 원화 2년(807년)은 정해丁亥였지 임술壬戌
은 아니었다. 일본의 마장신무馬場信武가 지은 〈팔괘통변지남
八卦通變指南〉을 보면 삼원三元의 지장指掌을 열거하면서,

"상원上元은 영록永祿 7년 갑자甲子(1564년)로부터 원화 9년[53)]

---

52) 일본 원화元和 8년이 임술임. 즉 1622년임.

계해癸亥(1623년)까지이고, 여원如元은 관영寬永 1년 갑자(1624년)로부터 천화天和[54] 3년 계해(1683년)까지이고, 하원下元은 정형貞亨 1년 갑자(1684년)로부터 지금 원록元祿 16년 계미(癸未, 1703년)까지이다."

라고 하였다. 그리고 이 나라에서 관영전寬永錢이 쓰이고 있는 이상, 이 번당에 쓰인 '원화'는 일본이 참람僭濫하게 지은 연호를 말하는 것이겠다. 이로써 유구는 예전에 일본의 정삭正朔[55]을 받들었는데, 지금은 그 사실을 숨기고 있다는 것을 알 수 있었다.

  종이연을 정교하게 만들지는 못하지만, 아이들은 지붕 위에 올라가서 많이 날린다. 중국에서는 연을 청명淸明(양력 4월 5~6일) 이전에 많이들 날린다. 그것은 입을 벌리고 위를 쳐다보는 것이 양기陽氣를 잘 소통시켜 아이들의 병을 없애 준다는 뜻에서다. 그런데 이 나라에서는 구월에 날리고 있다. 구월이 아니면 연이 뜨지 않기 때문이다. 다시 말해서, 바람이 중국과 다르다. 이것으로써도 유구는 날씨가 따뜻하므로 시월에 모를 심는다는 것을 증험證驗할 수 있다.

  이 나라의 풍속은 남자가 스님 되기를 원하기만 하면 허락되

---

53) 원문에는 3년으로 되어 있음.
54) 원문에는 元和로 되어 있음.
55) 정삭을 받든다 함은 칭신稱臣의 뜻이 들어 있음.

고, 또 수계受戒한 뒤에는 나라에서 양식이 급여된다. 계율을 어긴 자는 환속시켜 딴 섬으로 추방한다. 그리고 여자가 창기娼妓 되기를 원해도 역시 허락된다. 그래서 바깥 손님을 받게 되면 그 여자의 형제는 그 손님을 친척으로 치며 내왕한다. 그러나 대개는 가난한 사람들이었으므로 부끄럽게 여기지 않는다. 남편 있는 여자로서 간통하면 여자의 부모로 하여금 죽이게 하며, 임금에게 아뢰지 않는다. 설사 임금에게 아뢴다 해도 임금이 용서하지 않는다. 이것이 이 나라의 양민이건 천민이건 간에 가장 큰 법이며, 이로써 염치가 중하게 된 것이다.

 이 나라에 홍의기紅衣妓란 기생이 있었다. 나는 얘기를 해 보려 했으나, 말이 통하지 않았다. 그 기생은 박자에 맞춰 맑은 노래를 불렀는데, 노랫말이 모두 방언方言(琉球語)이었다. 그러나 맵시와 멋은 감원憨園이 못지 않게 훌륭했다. 갑자기 일이 생겨 다른 곳으로 가게 되면서 부채를 내어 놓고 나더러 시를 써 달라 했다. 나는 두 수의 시를 써 주었다.

  꽃다운 나이 이팔, 가장 풍류롭도다.
  잘쑥한 허리여, 깜박이는 눈동자여.
  비파만 끌안고 도무지 말이 없도다.
  전날 '소주'에서 서로 알던 사이인 듯!
  (芳齡二八最風流, 楚楚腰身翦翦眸。

手抱琵琶渾不語, 似曾相識在蘇州。)

새로운 시름 옛날의 한, 천 갈래 만 갈래로다.
다시 보기는 정녕 저 세상에서나!
애석하도다 오늘 밤 좋은 달이여,
누구와 더불어 수놓은 발을 들고 보리?
(新愁舊恨感千端, 再見眞如隔世難。
可惜今宵好明月, 與誰共倦繡簾看。)

  이 나라 사람들은 대개 공손하다. 무엇이든 받으면 반드시 높이 쳐들어 예를 나타낸다. 존경의 뜻을 나타낼 때는 몸을 굽히고 손을 비빈 다음 땅에 꿇어앉아 손을 쳐들고 절한다. 어른께 술을 권할 때는 술을 따른 잔을 손가락 끝에 놓는 것으로 존경의 뜻을 표시하고, 평등한 이에게 권할 때에는 손바닥에 잔을 놓는다.
  이 나라의 집들은 모두 나지막하다. 지붕은 태풍을 피하기 위해 반드시 기와로 이으며, 마루는 습기를 피하기 위해 반드시 땅에서부터 1미터를 떼어놓고 있다. 지붕 마루는 사방으로 뻗친 것이 마치 팔각정八角亭 같다. 그리고 사면은 그냥 벽일 뿐, 거기에 달리 골방을 겹쳐 만들지 않는다. 재료를 절약하기 위한 것이다. 방에는 경첩을 단 널빤지 문이 없고, 다만 문틀에

두 줄의 개탕을 파고 네모난 창살에 종이를 바른 것〔장지문〕을 좌우로 밀게 되어 있다. 달리 덧문을 달지 않는다. 간편하고 도둑이 없기 때문이다. 그러나 길거리에 있는 집에는 덧문이 설치되어 있다. 신단神壇은 화로에 청석青石을 올려 놓고 그 빈 곳에는 모래로 채운 것이다. 조상을 제사 지낸다고 한다. 이 나라에서는 돌〔石〕을 신으로 모시며 따로 초상을 걸어 두지 않는다. 지붕 위에는 사자 머리 모양을 한 기와(鬼面瓦 따위)를 올려 놓고 있다. 〈수서隋書〉에,

"짐승 머리의 뿔"

이라고 적은 것은 이것을 가리키는 것이다. 바람벽에는 회칠을 하지 않는다. 질박하기 때문이다. 귀한 집에서는 간혹 광택 있는 흰 가루를 칠하거나 꽃무늬 있는 종이를 붙이기도 한다. 중국풍을 본떠서 점차 사치하게 된 것이다.

귀산龜山에는 다른 여러 산들과는 뚝 떨어져서 홀로 우뚝 선 산봉우리가 하나 있고, 그 앞에는 한 6미터가량 떨어진 곳에 또 작은 산봉우리가 있다. 그 고장 사람들이 이 사이에 바위로 석굴을 쌓아 두 봉우리를 이어 놓았다. 석굴의 높이는 30미터 남짓하다. 석굴의 동쪽에는 포장이 둘려져 있었다. 우리는 여기서 쉬지 않고 층계를 따라 석굴 위로 오르고 다시 열 계단 남짓 올라가니 산꼭대기가 나왔다. 산꼭대기에는 누각 하나가 겨우

서 있었다. 누각에는 이름이 없었다. 그리고 창문 같은 것이 없이 그냥 사방이 툭 트였다. 부사〔李鼎元〕는 나에게,

"이 누각은 중산中山의 전모를 내려다볼 수 있는 곳이오. 이름이 없을 수 없지."

라고 말하면서 촉루蜀樓라 이름지었다. 그리고 발문跋文을 이렇게 썼다.

"촉蜀이란 무엇이뇨? '홀로 독〔獨〕'자와 같으니라. 어찌하여 이 누각을 촉으로 이름붙이느뇨? 홀로 선 산〔獨山〕임에서라."

그런데 같은 뜻이지만 독루獨樓라 아니하고 촉루蜀樓라 한 것은 부사의 고향이 옛날 촉蜀(지금 四川省)나라였기 때문이다. 누각은 세워진 지 이미 100년이나 됐는데, 부사가 이제 이름을 붙였으니 마치 그러기를 기다리고나 있었던 것 같다. 누각 한가운데 앉아 있으려니 사방의 경치가 한눈에 들어왔다. 나는 또 부사에게 이렇게 말했다.

"액자를 단 이상, 주련柱聯도 없을 수 없군요."

부사는 이렇게 썼다.

동쪽으로 푸른 밭을 굽어보고,
서쪽으로 검은 돌을 기대노라.
뒤에는 바다가 마주 대이고,
앞에는 중산이 고개 숙이노라.

(左瞰靑疇, 右扶蒼石。後臨大海, 前挹中山。)

귀로에는 바다를 돌아 서쪽으로 왔다. 절벽·석굴·개울·골짜기가 모두 뛰어나게 기묘했다. 또한 하루의 멋진 놀이였다.

하루는 남산南山을 넘어서 사만촌絲滿村(이토만)으로 지나갔다. 인가들이 모두 바다를 향하고 있으며, 기암괴석이 많이 서 있다. 바다를 따라 서쪽으로 갔더니, 푸른 나무는 하늘로 솟아 있고 날카로운 바위는 바다로 뻗쳐 있었다. 사악砂嶽이란 산이었다. 마침 낮 밀물이 물러나기 시작할 때라서, 허연 바위들이 느런히 보였다. 마치 한 무리의 말들이 물을 튀기면서 다투어 달리는 듯했다. 다시 서쪽으로 향하여 대령촌大嶺村을 지났다. 가시나무를 심어 만든 울타리 위에 수백 개의 고기 그물을 말리고 있었다. 동네 밖으로는 논에 물이 그들먹했다. 그 진흙 속에서 말들은 발목이 빠지면서 일하고 있었는데, 소는 언덕 위에서 한가로이 풀을 뜯고 있었다. 왕집汪楫의 〈유구 봉사록琉球奉使錄〉에,

"말이 밭을 갈고 소는 없다."

고 한 말은, 이제 보니 다 옳은 것은 아니다.

이 섬에서 중산中山말을 할 줄 아는 사람에게 노란 모자를 주어 추장으로 삼으며, 1년에 한 번씩 친운상親雲上(베이킨)을 파

견하여 감독한다. 이 추장을 봉행관奉行官이라 부르는데, 조세와 소송의 일을 맡는다. 조세는 토지에 적합한 것으로 거둬서 임금께 바친다. 간절間切(마기리)이란 것은 외방의 부府에서 이르는 말이다. 수리首里·박泊·구미久米·나패那覇의 네 부府는 경기京畿라서 간절을 설치하지 않으며, 그 밖에는 모두 설치되어 있다. 그 소임은 백성을 교화시키고 마을의 여러 가지 문제를 살펴서 친운상에게 보고하는 것이다. 간절은 대략 중국의 부府의 지사知事와 같다.

중산에 속해 있는 부는 열넷이나 간절은 열이며, 산남山南省에 속해 있는 부는 열둘, 산북성山北省에 속해 있는 부는 아홉인데, 이 두 성에서의 간절의 수는 부의 수와 같다.

이 나라의 풍속은, 팔월 초열흘부터 보름 사이에 쌀과 붉은 팥으로 밥을 지어 서로 대접하면서 달을 제사 지낸다. 이 풍속은 중국과 같다. 이날 밤, 정사와 부사는 우리들 종객을 불러 마당에서 같이 술을 마셨다. 달빛은 맑은 물빛, 하늘은 짙은 남빛이었으며 바람은 자서 조용했는데, 밀물 소리가 풍악에 섞여 멀리서 들려왔다. 마치 몸은 삼신산三神山에 놀면서 신선 왕자 교王子喬가 부는 생황笙篁 소리를 듣는 듯, 선녀 마고麻姑가 뜯는 거문고 소리를 듣는 듯, 온갖 인연이 모두 고요할 뿐이었다.

"우주의 크기는 이 달과 같아요."

전날 소상루蕭爽樓에서 아름다운 밤을 가벼이 보냈던 일을 회상하면서 지금은 각각 하늘 한끝에 갈라져 있는 것에 생각이 미치니, 어찌 달을 보고 감회가 없을 수 있겠는가!

이곳 전설로는 팔월 열여드렛날이 조수潮水의 생일이라고 한다. 그래서 이날 밤에는 파상波上에서 조수 들어오기를 기다리는 풍습이 있다. 자정에 나는 기진奇塵과 더불어 파상으로 나갔다. 풀밭은 비단보료 같은데 이슬에 젖어 한층 더 매끄러웠다. 우리는 종복의 부축을 받고 가서 울타리 옆에 있는 바위에 걸터앉았다. 새로 두 시에 조수가 처음 들어왔다. 천겹 만겹으로 쌓인 구름처럼 바다를 말아 들어오는 것이었다. 조금 있으려니, 비린내가 왈칵 끼치면서 '물속의 괴물〔水怪〕'이 회오리바람을 일으키고, '황금의 뱀〔金蛇, 번개〕'이 번개를 쳤다. '하늘을 괴는 기둥〔天柱〕'은 꺾어질 듯, '땅을 돌리는 굴대〔地軸〕'는 흔들거리는 듯했다. 눈빛과 같이 하얀 파도는 옷자락에 물방울을 뿌리면서 곧추 30미터나 솟았다. 감히 용궁을 슬쩍 들여다볼 마음도 먹지 못하는데, 마치 아래서 밀어 올리기라도 하는 듯 어슴푸레하고 어질어질한 가운데 천태만상이 나타났다. 이것을 보고서야 나는 매승枚乘의 〈칠발七發〉이 그래도 형용이 미진하다는 것을 알았다. 조수가 빠져 나가니까 비로소 '땅땅' 종 치는 소리가 산호초 사이에서 들려왔다. 나는 천천히 걸어서 호국사護國寺까지 갔으나 그래도 귀는 우레 치는 듯 멍멍했다. 조수 구경은 이에 이르러서 최고봉이라 하겠다.

　원단元旦에서부터 초엿새까지는 새해를 경축하고, 초닷새는 '부엌의 신〔竈神〕'56)을 맞아들인다. 이월에는 '보리의 신〔麥神〕'에게 제사 드리고, 이달 열이틀에는 우물 치고 새 물을 긷는다. 이것은 '온갖 병을 씻는다〔洗百病〕'고 하는 것이다. 그리고 삼월 초사흘에는 쑥떡을 만들고, 오월 초닷새에는 경조競漕를 행하며, 유월 초엿새에는 유월절六月節이라 하여 집집마다 찹쌀밥을 지어서 서로 대접한다. 섣달 초여드레에는 켜마다 종려 잎으로 싸 가지고 찐, '귀신떡〔鬼餠〕'이라고 하는 찹쌀떡을 만들어 서로 대접하며, 스무나흘에는 '부엌의 신'을 하늘나라로 배웅한다. 정월·삼월·오월·구월은 좋은 달로 쳐서, 부녀자들은 대개 바닷가로 나가 놀면서 '물의 신〔水神〕'에게 절하고 복을 빈다. 매달 초하루에는 새 물을 길어다가 신에게 바친다.
　이상은 이곳 명절의 대강을 얘기한 것이다. 이 나라에서는 부처님을 공경하면서도 사월 초파일이 석가모니의 탄신이란 것을 모르고, 또 납팔臘八(섣달 초여드레)에 먹는 '귀신떡'은 오히려 각서角黍57)와 비슷하면서, 정작 칠보죽七寶粥58)을 알지

---

56) 한 집안의 화복禍福을 주재함.
57) 찹쌀을 댓잎으로 모나게 싸서 찐 떡. 중국에서는 단오端午에 먹음.
58) 호두·버섯·백합 등을 섞어서 쑨 죽. 중국에서는 납팔臘八에 먹음.

못하고 있는 것이, 나로서는 아무래도 이상하게 생각되었다.

 임금님이 우리에게 국화 분을 스무 개 남짓 보내 주었다. 잎과 꽃 모두 싱싱했으며, 뿌리 옆에는 각각 이름을 쓴 대쪽이 꽂혀 있었다. 그 가운데 세 가지는 정말 특이했다. 하나는 '황금의 비단〔金錦〕'이라는 것으로, 꽃송이는 빨강·노랑·하양의 삼색이 섞이고 흩어진 별들이 반짝이는 것처럼 잘고도 많았다. 또 하나는 '귀중한 보배〔重寶〕'라는 것으로, 꽃잎은 연꽃 같지만 좀 작고 담홍색이었다. 또 하나는 '하얀 공〔素球〕'이라는 것으로 넓적한 꽃잎이 여러 겹으로 되고 눈처럼 하얀데, 국화 종류처럼 보이지 않았다. 모두 처음 보는 것이었다. 나는 여기에 시 한 수를 부치었다.

   국화밭 울타리엔 가을이 깊었건만,
   당시에 이 꽃이 있지는 않았으리.
   네 조용한 모습 참으로 아름답건만,
   '중화'의 나라로 데려갈 길 없어라.
   (陶籬韓圃多秋色, 未必當年有此花。
   似汝幽姿眞可惜, 移根無路到中華。)

 '사자놀음〔獅子舞〕'을 구경해 봤다. 헝겊으로 몸통을, 가죽으로 머리를, 실로 꼬리를 만들었고, 비단을 오려서 털처럼 그 위에 붙였는데, 머리·꼬리·입·눈이 모두 살아 움직였다. 눈알은 금으로 칠하고 이빨은 은으로 붙여 놓았다. 두 사람이 속에 들어가서, 사자가 고개를 올렸다 내렸다 하고 뛰어오르면서 서로 장난치고 즐겁게 놀게 하는 것이었다. 나는 이것이 근고近古의 악무樂舞라고 생각했다. 〈구당서舊唐書〉의 음악지音樂志에,

"북주北周의 무제武帝(宇文邕, 560~578년 재위) 때 태평악太平樂, 일명 오방사자무五方獅子舞를 만들었다."

고 하는 기록이 보이고, 또 당唐나라의 백거이白居易의 「서량기西涼伎」에,

> 가면 쓴 되놈이 사자를 놀리네.
> 나무 깎아 머리 삼고 실 달아 꼬리 만들고,
> 금으로 눈알 칠하고 은으로 이빨 붙였네.
> 털옷을 빨리 돌리며 두 귀를 뒤흔드네.
> (假面夷人弄獅子, 刻木爲頭絲作尾。
> 金鍍眼睛銀貼齒, 奮迅毛衣擺雙耳。)

라고 한 것은 이 놀음을 말하는 것이다.

이 나라에는 널뛰기〔踏跎戲〕란 놀이가 있다. 높이 30센티미터[59]

---

59) 원문에는 四尺으로 되어 있으나 一尺의 오기로 보고, 약 30센티미터로 환산한 것임.

남짓하게 나무토막을 가로지르고 그 위에 길이 4미터쯤 되는 널빤지를 걸쳐 놓는다. 두 끝에는 아무것도 고여 놓지 않았는데 평형을 이루고 있다. 두 여자가 비단옷을 단단히 입고 수건 하나씩을 들고 맨발로 올라갔다. 그리고는 마주 보고 서서 노래를 하다가 노래가 끝나기도 전에 널의 양쪽에서 뛰어올랐다. 처음엔 물방아처럼 조금씩 오르내리다가 점차 높아졌다. 동쪽 사람이 내려서면서 널을 세차게 밟으면 서쪽 사람이 나는 듯이 세 길이나 뛰어올랐다. 그 가벼운 모습은 마치 제비가 하늘에서 춤추는 것 같았다. 서쪽 사람이 내려오면서 또 널을 세차게 밟으면 동쪽 사람이 다시 뛰어올랐다. 그 또한 사나운 수리가 곧장 흰 구름 속으로 솟아오르는 것 같았다. 이렇게 서로 올라가고 내려오고 하면서 점점 더 세차고 빠르게 됐다. 꿩이 춤을 추듯, 어느 것이 그림자고 어느 것이 모습인지 분간하기 어려웠다. 잠시 후에 기세가 차츰 약해지고 속도도 늦춰지다가 널이 마침내 안정됐다. 두 사람은 함께 널에서 뛰어내려 옷을 매만지고는 가만히 섰다. 이 놀이가 끝나도록 한 치라도 헛딛는 법이 없었다. 묘기도 이 정도면 절정이라 할 것이다.

이 나라 사람들은 손님을 마중하거나 배웅할 때 퍽 솔직했으며, 서로 번거로운 예절을 차리지 않는다. 손님이 와도 마중하지 않고, 손님은 또 마음대로 앉는다. 주인은 담뱃대걸이·화로·대나무통·나무상자를 하나씩 내어 놓고 담뱃대를 그 위에 올려 놓는다. 상자에는 담배가 들어 있고 통은 재떨이로 사용된다. 존경하는 손님이 오면 차를 끓여 내온다. 찻잔에다 고운 쌀가루 조금과 찻가루를 섞고 거기에 끓는 물을 반쯤 부은 다음, 작은 대나무 솔로 휘저어서 거품이 잔에 가득 차면 손님에게 건넨다. 손님이 떠나도 또한 배웅하지 않는다. 고귀한 관원이 손님을 접대할 때는 언제나 젓가락 끝에 장漿을 조금 찍어서 손님의 입술에 넣어 주는 것이 존경의 뜻을 표하는 것이 된다. 소주에 황설탕을 섞은 것을 복福, 그리고 백설탕을 섞은 것을 수壽라고 하는데, 이것 역시 손님을 대접하는 귀한 물건이다.

중양절重陽節(구월 초아흐레)에 용담龍潭에서 용주龍舟의 경조競漕 놀이가 있었다. 유구에서는 원래 오월 단오에 경조 놀이를 하는 것이 풍습이지만, 이번에 중양절에 한 것은 오로지 천사天使(중국 사신)를 위해 특별히 베푼 것이었다. 그러므로 세 수의 시를 지어 이를 기념했다.

> 고향 동산의 노란 국화 저버리고,
> 만리 길 머나먼 타향에 있놋다.
> '용담'에 배 띄우고 경조 놀이 구경하니,
> 중양절이 단오로 착각되놋다.
> (故園辜負菊花黃, 萬里迢在異鄕。
> 舟泛龍潭有競渡, 重陽錯認作端陽。)

지난 가을엔 동정호에 있으면서
푸른 머리에 국화 꽂아 줬거늘…
오늘 중양절엔 바다 밖에 왔으니,
그 사람 홀로 망부산에 오르렸다.
(去年秋在洞庭灣, 親揷黃花揷翠鬟。
今日登高來海外, 纍伊獨上望夫山。)

계절풍이 불면 귀로에 오르리니
오히려 초겨울엔 집에 닿을 수 있으렷다.
이미 서리 앞 국화 잔치는 틀렸거니와
또한 눈 속 매화는 찾을 수 있으렷다.
(待將風信泛歸槎, 猶及初冬好到家。
已誤霜前開菊宴, 還期雪裏訪梅花。)

정순칙程順則은 전에 진문津門에서 송宋나라 주희朱熹의 친필 열네 글자를 샀다고 한다. 지금도 그 자손들이 이것을 더욱 보배로 삼고 있다. 빌려 보자고 했으나 되지 않았으므로 그의 집에까지 가서 보았다. 펴 보니 필세筆勢가 삼엄한 것이 마치 기암 괴석같아 감히 범접할 수 없는 힘이 있었다. 당시 도학자들의 기상이 직접 보이는 듯했다. 한 글자의 지름은 25센티미터가 넘었는데 글은 이렇게 씌어 있었다.

향기는 한원에 날아 교외를 에워싸니,

봄은 남교에 알려 신록을 포개놋다.

(香飛翰苑圍川野, 春報南橋疊萃新。)

   그 아래 낙관은 있었지만 연월年月은 적혀 있지 않았다. 주희의 친필로서 세간에 전하는 것은 모두 보물로 여기면서 수장하고 있다. 그분은 유학儒學의 대도大道에만 힘을 기울이고 필묵은 여기餘技로 생각했지만 이와 같이 일가를 이루고 있었다. 옛날 분들의 공부는 정말 미치지 않는 곳이 없다는 것을 깨달았다.

   나는 또 채청파蔡淸派의 사당에도 가 보았다. 사당 안에는 채군모蔡君謨의 화상이 모셔지고 있었다. 또 주인이 내어 뵈는 채군모의 필적도 보고, 이 집안이 과연 채군모의 종가로서 명明나라 초기에 처음으로 유구에 건너온 '삼십육성'의 하나임을 알았다. 채청파는 중국말을 할 줄 알고 사람됨이 또한 기개가 컸다. 사당에서 그의 집으로 갔더니, 꽃나무들이 모두 깨끗했으며, 또 달처럼 동그란 못이 있었다. 그리고 객실에는 '월파대옥月波大屋'이란 액자가 걸려 있었다. 대체로 유구 사람들은 수목에 가위질하고 석가산 쌓는 데 뛰어났다. 그러므로 사대부의 집에는 모두 거닐 만한 동산이 있었다.

   뜰 가운데에 기다란 장대를 세우고 그 위에 나무로 만든 조그만 배를 올려 놓은 것을 보았다. 배의 길이는 60센티미터인데, 돛·돛대·키·노 같은 것이 모두 갖춰져 있었다. 이물과 고물에 다섯 개의 바람개비를 달아 놓고 또 빛깔 있는 깃발을 꽂아 놓고서 바람을 기다리는 것이었다. 배 타는 사람의 집안에서는 모두 돌아올 날짜를 꼽고 있다가 마파람이 불면, 나간 사람이 돌아온다고 모두들 기뻐하는 것이다. 사람이 돌아오면 이 조그만 배는 떼어 낸다. 이것은 옛날 오량기五兩旗[60]의 유풍이다.

임금님에게는 길이 16센티미터, 너비 6센티미터나 되는 먹과, 길이 32센티미터, 너비 19센티미터나 되는 노갱단연老坑端硯이란 이름의 벼루가 있었다. 벼루에는 '영락永樂 4년'이란 글씨가 있고, 또 뒤쪽에는 '7년 사월에 동파거사東坡居士(蘇軾)가 반빈로潘邠老에게 드림'이란 말이 적혀 있다. 물어 보니 명明나라 때 하사받은 물건이라 했다. 이 나라에는 또〈동파시집東坡詩集〉이 전해지고 있으니 임금님은 다만 그 벼루만 보배로 삼고 있는 것이 아니란 것을 알 수 있다.

면지棉紙와 청지淸紙는 모두 닥나무〔楮〕껍질로 만들었으나 질이 나빠 글씨를 쓸 수 없었다. 호서지護書紙는 옥처럼 하얗고 좋았다. 큰 것은 길이 1미터가량, 너비 60센티미터가량 되고 작은 것은 그 절반이었다. 또한 꽃무늬를 찍은 전지箋紙도 있는

---

60) 돛대 위에 달고 풍향을 보는 깃발.

데, 시나 서찰을 쓸 수 있었다. 그 밖에 위병지圍屛紙라는 벽지도 있었다. 서보광徐葆光의 '유구의 종이球紙詩'란 시에 상세하게 묘사되어 있다.

> '냉금'[61]을 손에 드니 누인 명주보다 희고
> '측리'[62]는 바닷물결과 한 조각으로 엉기어라.
> 곤오국[63]의 칼로 사방 한 자씩 자르니
> 천 겹 눈이 쌓인 듯 포갠 면 아니 보여라.
> (冷金入手白於練, 側理海濤凝一片。
> 昆刀截截徑尺方, 疊雪千層無冪面。)

남포대南砲臺에는 두 개의 비석이 있었다. 하나는 진서眞書로 씌어 있었는데 몹시 침식되어 있어 다만 봉서조奉書造라는 글자만 판독되었다. 또 하나는 이 나라에서 본떠 만든 글씨로 씌어 있었는데, 명明나라 가정嘉靖 2년(1542년)에 건립한 것은 알겠으나, 모두 읽을 수는 없었다. 그 필력은 힘차고 춤추는 듯했다.

산미山米 또는 야마고野麻姑라는 나무가 있다. 이 잎은 염료로 쓸 수 있는 것이고, 열매는 감탕나무〔女貞〕 열매와 같은 모

---

61) 종이 이름.
62) 종이 이름.
63) 신강新彊省 하미〔哈密〕에 있던 나라. 명검의 산지임.

양인데, 맛이 시다. 그 고장 사람들은 이것을 짜서 초를 만든다. 유구의 초는 순백색이고 맛이 별로 시지 않다. 시중드는 사람은 우리 상에 내놓은 것을 쌀로 만든 초라고 하지만 맛이 다르다. 아마 이 열매를 짜서 만든 것이 아닌지 모르겠다.

　돗자리에 앉을 때, 동쪽은 상석上席으로 치며 융단을 깐다. 밥은 조그만 소반에 받쳐 먹는다. 소반은 사방 30센티미터이며, 여기에 두 조각의 널빤지를 달아 다리로 삼는데, 그 높이는 25센티미터가량 된다. 찬은 네 소반이 나오며, 그 소반은 함께 받는 것이 아니라 차례로 따로 받는다. 셋째 소반까지는 밥이 딸리지만 넷째 소반에는 술이 나온다. 그러나 세 순배에 지나지 않는 것이다. 한 소반에는 찬이 한 접시뿐이다. 먼저 소반의 접시를 치워야 다음 소반의 찬이 나온다. 밥으로는 첫째 소반에 '기름에 지진 점병〔油煎麵果〕'이 나오고, 둘째 소반에 '볶은 밥〔炒米花〕'이 나오고, 셋째 소반에 그냥 밥이 나온다. 술을 낼 때는 주인이 반드시 몸소 소반을 높이 쳐들어 손님 앞에 놓고는 허리를 굽히고 손을 비비면서 물러난다. 밥상이 모두 끝나도록 주인은 곁에 모시지 않는 것이 가장 경의를 표시하는 것이다. 이것이 유구 사람들이 연회에서 손님을 존중하는 예법이다. 평등한 사이에서는 대작한다.

　대체로 유구의 풍속은 모두 돗자리에 앉아 생활하며 의자나 탁자 같은 것을 쓰지 않는다. 식기는 옛날의 조두俎豆(祭器)같이 생겼다. 찬은 모두 국물이 없는 것이므로 숟가락은 쓸 필요가 없다. 비록 고관의 집에서라도 찬 한 접시, 밥 한 공기, 젓가락 한 쌍뿐이었다. 젓가락은 대개 새로 나온 버들가지를 깎아서 만든다. 자기의 처와 자식하고도 같이 먹지 않는다. 이 점은 옛사람들의 유풍과 같다.

사관使館의 부명당敷命堂 뒤에는 두 개의 방榜이 있었다. 하나는 명明나라 책사册使들의 성명이 씌어 있었고, 또 하나는 본조本朝(淸) 책사들[64]의 성명이 씌어 있었다. 명나라의 책사들은 이러했다.

> 1372년, 즉 홍무洪武 5년에 중산왕中山王 찰도察度를 책봉함. 사신은 행인行人 탕재湯載임.
>
> 1404년, 즉 영락永樂 2년에 무녕武寧을 책봉함. 사신은 행인 시중時中임.
>
> 1425년, 즉 홍희洪熙 1년에 상파지尙巴志를 책봉함. 사신은 중관中官 시산柴山임.
>
> 1442년, 즉 정통正統 7년에 상충尙忠을 책봉함. 사신은 급사중給事中 유변俞忭, 행인 유손劉孫임.

---

[64] 여기에 나온 책사들의 방榜은 역사적 기록과 약간 다른 점이 상당수 있음.

1448년, 즉 정통 13년에 상사달尙思達을 책봉함. 사신은 급사중 진전陳傳, 행인 만상萬祥임.

1451년, 즉 경태景泰 2년에 상경복尙景福을 책봉함. 사신은 급사중 교의喬毅, 행인 동수굉童守宏임.

1455년, 즉 경태 6년에 상태구尙泰久를 책봉함. 사신은 급사중 엄성嚴誠, 행인 유검劉儉임.

1462년, 즉 천순天順 6년에 상덕尙德을 책봉함. 사신은 이과吏科 급사중 반영潘榮, 행인 채철蔡哲임.

1470년, 즉 성화成化 6년에 상원尙圓을 책봉함. 사신은 병과兵科 급사중 관영官榮, 행인 한문韓文임.

1477년, 즉 성화 13년에 상진尙眞을 책봉함. 사신은 병과 급사중 동민董旻, 행인사사부行人司司副 장상張祥임.

1528년, 즉 가정嘉靖 7년에 상청尙淸을 책봉함. 사신은 이과 급사중 진간陳侃, 행인 고징高澄임.

1562년, 즉 가정 41년에 상원尙元을 책봉함. 사신은 이과 좌左급사중 곽여림郭汝霖, 행인 이제춘李際春임.

1576년, 즉 만력萬曆 4년에 상영尙永을 책봉함. 사신은 호과戶科 좌급사중 소숭업蕭崇業, 행인 사걸謝杰임.

1601년, 즉 만력 29년에 상녕尙寧을 책봉함. 사신은 병과 우右급사중 하자양夏子陽, 행인 왕사정王士正임.

1628년, 즉 숭정崇政 1년에 상풍尙豊을 책봉함. 사신은 호과 좌

급사중 두삼책杜三策, 행인사사정司正 양륜楊倫임.

이상 도합 열다섯 차례의 사절과 스물일곱 사람의 사신이 있었다. 시산柴山 이전엔 부사副使가 없었다.

본조의 책사들은 이러했다.

> 1663년, 즉 강희康熙 2년에 상질尙質을 책봉함. 사신은 병과 부리관副理官 장학례張學禮, 행인 왕해王垓임.
>
> 1682년, 즉 강희 21년에 상정尙貞을 책봉함. 사신은 한림원 검토翰林院檢討 왕집汪楫, 내각 중서사인內閣中書舍人 임인창林麟焻임.
>
> 1719년, 즉 강희 58년에 상경尙敬을 책봉함. 사신은 한림원 검토 해보海寶 한림원 편수編修 서보광徐葆光임.
>
> 1756년, 즉 건륭乾隆 21년에 상목尙穆을 책봉함. 사신은 한림원 시강侍講 전괴全魁, 한림원 편수 주황周煌임.

이상 도합 네 차례의 사절과 여덟 사람의 사신이 있었다.

청명淸明(양력 4월 5~6일경) 이후에는 보통 마파람이 불고, 상강霜降(양력 10월 22~3일경) 이후에는 보통 된바람이 분다. 이것이 거꾸로 되면 구풍颶風과 일풍颱風이 생긴다. 정월·이월·삼월에는 구풍이 많고 오월·유월·칠월·팔월에는 일풍이 많다. 구풍은 갑자기 일어나서 빨리 끝나고, 일풍은 천천히 생겨서 여러 날 끈다. 어떤 때에는 구월에 된바람이 한 달이 넘도록 불기도 하는데, 이것을 속칭 구강풍九降風이라 한다. 그 사이에 일풍이 일어나기도 하는데, 이때는 또한 구풍처럼 갑자기 생긴다. 구풍을 만나는 것은 오히려 괜찮아도 일풍을 만나면 배가 애먹게 된다.

시월 이후에는 대개 된바람이 불지만 구풍 또는 일풍이 일정치 않게 불어 닥치기도 한다. 그래서 뱃사람들은 바람의 틈을 타서 내왕하는 것이다. 구풍이 불어오려면 하늘에 검은 반점이 생긴다. 그러면 돛을 거두고 키를 단단히 잡고 기다려야지, 늦었다가는 큰일난다. 배가 엎어지기도 하는 것이다. 일풍이 불어오려면 '찢어진 돛〔破帆〕'이 나타나고, 조금 있으면 '굽은 참게〔屈蠏〕'가 나타난다. '찢어진 돛'이란 하늘 끝에 끊어진 무지개가 돛 조각처럼 보이는 것을 말하고 '굽은 참게'란, 하늘 반쪽이 참게 꼬리처럼 되는 것을 말한다. 만약 이런 현상이 북쪽에 더 심하고 해면이 갑자기 변하면서, 쌀겨 같은 쓰레기가 뜨거나 바다뱀〔海蛇〕이 보이거나 고추잠자리가 날아들거나 하는 것은 모두 일풍의 조짐이다.

유구에 온 지 어느덧 반년이 지났다. 샛바람이 불지 않아 돌아가고 싶어도 갈 길이 없었다. 그러다가 시월 스무닷샛날에야 비로소 돛을 올리고 귀국의 길을 떠났다.

  스무 아흐렛날에 온주溫州府(지금 福建省 永嘉縣)의 남기산南杞山(지금의 南麂山)이 보였다. 조금 뒤에 북기산(北杞山, 지금의 北麂山)이 또 보였는데, 거기에는 수십 척의 배가 정박하고 있었다. 뱃사람들은 마중 겸 보호하러 나온 배로 알고 모두 기뻐했다. 그러나 고물 위에서 망보던 사람은 놀라서 이렇게 보고했다.

"정박하고 있는 것은 해적선이오!"

"해적선들이 모두 돛을 올렸소!"

  얼마 안 있어 해적선 열여섯 척이 꽹과리를 치고 고함을 지르면서 달려왔다. 우리 배에서는 타문舵門으로부터 자모포子母砲(榴散彈)를 쏘아 즉시 네 명을 넘어뜨렸고, 또 고함지르던 놈을 바다에 떨어뜨렸다. 해적이 물러나므로 화총火銃을 한꺼번에 쏘아 또 여섯 명을 넘어뜨렸고 다시 대포를 쏘아 다섯 명을 넘어뜨렸다. 조금 앞으로 나아가서 또 공격하여 다시 네 명을 넘어뜨리고 물러섰다. 그때 해적선은 바람이 불어오는 쪽을 차지하고 있었으므로 우리 배에서는 살며시 자모포를 타문의 우현右舷으로 옮겨 연해 열두 명을 쏘아 넘어뜨리고 해적선의 뜸〔頭蓬〕을 불태웠다. 해적선들은 모두 키를 돌려서 물러났으나 그 가운데 좀 큰 두 척의 배는 바람을 타고 다시 북을 치면서 나는 듯이 달려들었다. 우리 배에서는 대포를 정확하게 겨냥하여 쏘았다. 한 방이 해적의 두목에게 맞고 연기는 1킬로미터가량이나 퍼졌었는데, 걷히고 나서 보니 해적선들은 모두 물러가고 없었다. 이 전투는 우리 배의 화총이나 대포가 하나도 헛방을 쏘지 않았으므로 다행히 위험한 고비를 넘긴 것이다.

조금 있자 된바람이 또 불어와서 물결이 배 위로 날았다. 그런데도 나는 잠이 들었던 모양이다. 꿈결에,

"관당官塘에 닿았다!"

하고 떠드는 뱃사람들의 소리가 들려 깜짝 놀라 일어났다. 종객들은 모두 온밤을 뜬눈으로 샜다고 하면서, 이렇게 물었다.

"그렇게 위태로웠는데도 자네는 잠을 잘 수 있었나?"

어땠었느냐고 내가 물었더니,

"배가 기울어질 때마다 돛은 모두 물 위에 가로누웠고, 물결이 덮어씌우면 배는 온통 물속으로 빠져들어갔다네. 들리느니 쉴 새 없이 떨어지는 폭포 소리였지. 참, 배가 엎어지지 않은 것만도 다행이었네."

나는 웃으면서 이렇게 대꾸했다.

"만약 배가 엎어졌더라면 자네들은 살 수 있었겠나? 나는 달콤한 꿈나라에 들어갔기에 그 위험한 것을 목격하지 않았으니 다행이었지 뭔가?"

나는 세수를 마치고 갑판 위에 올라가 보았더니, 앞뒤에 걸렸었던 열 개 남짓한 솥이 모두 없어졌고, 갑판에는 아무것도

없었다. 밥을 지을 수 없게 된 것이다. 그때 뱃사람 하나가 손가락으로 가리키며 이렇게 말했다.

"저 앞이 바로 정해定海입죠. 염려하실 것 없구말굽쇼."

오후 네 시에야 배가 정박할 수 있었다. 뱃사람들이 상륙하여 쌀과 나무를 사 온 뒤, 겨우 밥을 먹을 수 있었다.

이날 밤 나는 운芸이의 염려를 덜어 주기 위해 집에 부칠 편지를 썼다. 돌아가고 싶은 마음은 더욱 간절해졌고, 또 전날 운이가 나에게 하던 말이 생각났다.

"……베옷에 나물국이라도 한평생 즐겁게 지낼 수 있어요. 돈벌이하러 멀리 가실 것 없어요."

이번 항해가 비록 신기롭고 모험스러운 것이긴 했지만, 위태로움을 간신히 면하고 보니, 나는 비로소 운이의 말뜻을 다시 새기게 되었다.

6 | 양생養生과 소요逍遙

운랑芸娘이 떠나가 버린 뒤로 나는 즐거움을 모르고 슬픔에만 잠겼다. 봄날 아침이나 가을날 저녁, 또는 산에 오르거나 물에 나서도, 눈에 띄는 것은 나를 상심케 하는 것—슬픔이 아니면 한스러움이었다. 3장 '슬픈 운명'을 읽어 보면 내가 당한 역경을 알 수 있을 것이다.

나는 해탈解脫하는 방법을 조용히 생각하면서 장차 집을 하직하고 속세를 멀리 떠나 적송자赤松子(上古의 신선의 이름)의 도를 닦으려 했지만, 담안淡安과 읍산揖山 두 형제의 권을 따라 마침내 근처 암자에 몸을 의탁하고 오직 남화경南華經(즉 〈莊子〉)으로써 소일했다. 장주莊周는 아내가 죽었을 때 동이를 두드리며 노래했다지만 정이야 어찌 참으로 잊었겠는가? 어쩔 수 없는 일이기에 도리어 달관한 것이었다.

나는 그 책을 읽으면서 점점 깨달음이 생겼다. 양생주養生主(〈莊子〉 제3편)를 읽고, 달관한 선비는 살아서는 그 시운時運에 안존하지 아니함이 없고 죽어서는 그 변화에 순응하지 아니함이 없다는 것을 깨달았다. 깊이 천지·자연의 원리와 일치되어 있으니 무엇이 얻음이고 무엇이 잃음이며, 어느 것이 죽음이고 어느 것이 삶이라 할 것인가? 그러므로 마음대로 받아들여도 슬픔과 즐거움이 그 사이에 뒤섞이지 않는 것이다. 또 소요유逍遙遊(〈莊子〉제1편)를 읽고, 양생養生의 요체는 오직 거리낌 없이 조용하게 자유스럽게 여기는 것과 불평 없이 즐겁게 만족스럽게 여기는 것에 있음을 깨달았다. 나는 비로소 앞서 한때의 어리석은 정은 자승자박이 아니었던가고 뉘우쳤다. 이것이 '양생養生과 소요逍遙'를 쓰게 된 까닭이다. 또한 간혹 옛날 현철賢哲들의 말씀을 가려서 스스로 원한을 풀고 갖가지 번뇌를 쓸어 버리겠다. 오직 몸과 마음에 유익한 것만으로써 주장 삼을 뿐이다. 이는 곧 장주의 뜻이니, 아마, '천성을 보전할 수 있고 수명을 온전하게 마칠 수 있다(可以全生, 可以盡年)'[1]는 것에 가까이 될 것이다.

내 나이 겨우 마흔인데 점점 노쇠 현상이 나타난다. 아마 온갖 근심에 기가 죽었던 것과 여러 해 마음이 울적했던 것으로 해서 속으로 곯은 점이 없지 않았던 모양이다. 담안淡安은 나

---

[1] 〈장자莊子〉「양생주養生主」에서 인용한 말임.

더러 소식蘇軾의 '양생송養生頌'의 방법을 본떠서 매일 조용히 앉아 '호흡 셈하기〔數息〕'를 해보라고 권했다. 나는 이 말을 따르기로 했다. 호흡을 조절하는 방법은 다음과 같다.

먼저, 시간에 상관없이 반듯하고 얌전하게 앉는다. 소식의 말을 빌리면 '몸을 나무 인형처럼 다스린다'는 것이다. 다음은 옷을 풀고 띠를 늦춰 편안토록 한다. 그리고 입 안을 혀로 두어 번 휘젓고 탁한 공기를 슬슬 내쉬되 소리나지 않게 하며, 콧속으로는 숨을 슬슬 들이마신다. 이렇게 하기를 열네댓 번쯤 하는데, 이때 침이 생기면 삼켜 버린다. 그리고 이를 두어 번 맞닥뜨리고 혀를 윗잇몸에 대고 입술과 이를 서로 붙이고 두 눈까풀을 드리워서 시력을 몽롱하게 한다. 이와 같이하여, 헐떡이지도 않고 거칠지도 않도록 호흡을 조절하는 것이다. 그런 뒤에 내쉬는 숨을 셀 수도 있고 들이마시는 숨을 셀 수도 있지만, 아무튼 하나부터 열까지, 또 열부터 백까지 센다. 세는 것으로써 마음을 가다듬어서 흐트러짐이 없게 하는 것이다. 소식의 말을 빌리면 '고요하고 반듯하여 허공과 같다'는 것이다. 마음과 호흡이 서로 하나가 되어 잡념이 생기지 않으면 세는 것을 그만두고 그 자연스러움에 맡긴다. 소식의 말을 빌리면 '따른다'는 것이다. 이렇게 오래 앉아 있으면 더욱 좋다. 만약 일어나고 싶으면 모름지기 우선 천천히 손발을 풀어야 한다. 갑자기 일어나서는 안 된다. 이것을 부지런하게 행할 수 있으면 그 조용함 가운데 갖가지 특이한 일이 생김을 보게 될 것이다. 소식의 말을 빌리면 '안정은 능히 슬기를 낳아 절로 환히 깨닫게 되나니, 비유컨대 장님이 갑자기 눈뜬 것과 같다'는 것이다. 곧장 마음을 밝혀 본성을 깨달을 수 있다. 한갓 신체를 섭양하고 천성을 보전하는 것만이 아니다. 들이마시는 것과 내쉬는 것이 있는 듯 만 듯하되 끊임없이 이어지면 정신과 기력이 하나가 된다. 이것이 '참호흡〔眞息〕'이다. 쉬는 숨마다 모두 근본에 다다르게 되면 절로 천지 조화의 이치를 얻어내게 된다. 이것은 장생불사長生不死의 절묘한 방도이다.

남은 크게 말하지만 나는 작게 얘기하고, 남은 번거로움이 많지만 나는 기억함이 적고, 남은 무서움에 떨지만 나는 성내지 않는다. 담담하게 자연 그대로 둘 뿐 인위를 보태지 않으니 정신과 기력이 절로 가득 찬다. 이것이 장생의 묘약이다.

'가을의 소리秋聲賦'[2]에,

> 하물며 그 힘이 닿지 못하는 것까지 생각하고
> 슬기가 미치지 못하는 것까지 근심하고 있으니,
> 붉게 빛나던 얼굴이 마른 나무처럼 되고
> 검게 윤나던 머리가 희끗희끗해지는 것도 마땅하다.

---
2) 송宋나라 구양수歐陽修가 지은 부賦.

(奈何思其力之所不及, 憂其智之所不能,
宜其渥然丹者爲槁木, 黟然黑者爲星星。)

라고 노래했지만, 이것은 지금 선비들의 공통된 병폐이다. 또 이렇게 노래했다.

백 가지 근심이 그 마음을 흔들고
만 가지 일이 그 몸을 괴롭히니
중심에 움직임이 있으면
반드시 그 정신이 흔들린다.
(百憂感其心, 萬事勞其形, 有動於中, 必搖其精。)

 사람은 늘 근심 많고 생각 많은 병폐가 있다. 막 장년이 되자마자 갑자기 늙어 버리고, 막 노년이 되자마자 갑자기 쇠약해 버린다. 이와 반대로 한다면 또한 장생하는 방법이 될 것이다.
 무희舞姬의 옷이나 가기歌妓의 부채도 순식간에 없어지는 것이고, 붉은 연지 바른 미인이나 푸른 누각의 창녀도 당장에 사라지는 것이다. 영혼의 촛불로써 헤매는 심정을 비추고 지혜의 칼날로써 사랑의 욕망을 끊어야 한다. 그러나 큰 용기가 아니면 거의 할 수 없는 것이다. 그런데, 또 정이란 반드시 붙일 곳이 있어야 하니, 차라리 그 정을 꽃이나 나무, 또는 그림이나 글씨에 붙이는 것이 좋다. 예쁘게 치장한 미녀에게 정을 붙이는 것에 못하지 않으면서 오히려 허다한 번뇌를 없앨 수 있는 것이니까.

범중엄范仲淹(宋 仁宗 때의 宰相)은 이렇게 말했다.

"천고千古에 빛나는 현인賢人이라도 생사의 굴레는 벗어나지 못했으며, 또 사후의 일은 맡아볼 수 없었습니다. 육신은 무無에서 와서 무로 돌아가는 것입니다. 누가 가깝고 멀며, 누가 이를 주재할 수 있겠습니까? 어쩔 수 없는 이상 그냥 마음을 풀고 소요 자적하는 것이며, 만사가 오가는 대로 맡겨 두는 것입니다. 이처럼 결단하면, 심기心氣도 점차 온순해지고 오장五臟 또한 조화되니 비로소 약은 효험을 내고 음식은 맛있게 됩니다. 그저 안락한 사람처럼 근심스런 일이 없어야 됩니다."

"진지를 드셔도 잘 내리지 않으신다니, 하물며 오랜 병에 어떠하시겠습니까? 또 죽음을 근심하고 또 죽은 뒤의 일까지 근심하고 계시니, 바로 크나큰 두려움 속에서 사시는 것입니다. 음식이 어찌 내려가겠습니까? 마음을 너그러이 하시고 편히 쉬도록 하십시오."

이것은 중사中舍로 있는 셋째형〔范仲溫〕에게 올린 편지다. 나도 이즈음 근심 걱정이 많은데, 이 구절을 읽는 것이 참으로 마땅할 것이다.

육유陸游(南宋의 시인, 호는 放翁)는 흉금이 크고 넓었다. 도연명陶淵明·백거이白居易·소옹邵雍·소식蘇軾 등과 같이, 사물에 매이지 않고 마음이 편한 사람이었다. 그는 양생養生의 방도에 대해 많은 말을 했는데, 참으로 그 정도正道를 터득한 선비라고 말할 수 있을 것이다. 이 뒤로는 마땅히 그의 시를 찾아서 음미해야겠다. 바로 나의 병도 고칠 수 있을 것이다.

목욕하는 것은 몸에 아주 이롭다. 나는 요사이 큰 통을 하나 만들어 여기에 물을 가득히 붓고 목욕하는데 썩 상쾌하다. 소식의 시구,

> 삼목에 옷칠한 목욕통에 강물이 넘친다.
> 애초에 없던 때라도 씻으니 더욱 가벼워.
> (杉槽漆斛江河傾, 本來無垢洗更輕。)[3]

는 그 진가를 잘 알고 하는 말이다.

병이 나서 다스리는 것보다는 병이 나기 전에 다스리는 것이 낫고, 몸을 고치는 것보다는 마음을 고치는 것이 나으며, 남을 시켜서 고치는 것보다는 먼저 스스로 고치는 것이 더욱 낫다. 임감당林鑑堂의 시에 이런 구절이 있다.

---

3) 시구의 제목은 「해회사에 묵으며宿海會寺」임.

자갸의 마음 병은 자갸가 아는 것,
상념이 일면 도리어 상념을 고쳐야 하리.
단지 마음이 생기면 마음이 병드는 것,
마음이 편안하면 병들 틈 어디 있으리?

(自家心病自家知, 起念還當把念醫。

只是心生心作病, 心安那有病來時?)

여기서 말하는 스스로 고친다는 약은 '잡념·망상 없는 조용함〔虛靜〕'에 마음을 놀리고 '정밀·심원한 이치〔微妙〕'에 소망을 맺고, '욕망 없는 경지〔無慾〕'에 생각을 맡기고, '인위를 보태지 않은 자연〔無爲〕'에 뜻을 돌리는 것이다. 그러므로 생명을 연장시켜 도道와 함께 영원하게 될 수 있다.

도교道敎의 경전에서는 정력〔精〕·기운〔氣〕·영혼〔神〕을 '안의 세 보배〔內三寶〕'라 하고, 귀·눈·입을 '밖의 세 보배〔外三寶〕'라 한다. 항상 '안의 세 보배'는 사물을 좇아 흐르지 못하게 해야 하고, '밖의 세 보배'는 본심을 꾀어 어지럽히지 못하게 해야 한다.

중양조사重陽祖師[4]는 하루 스물네 시간 동안 걷고, 서고, 앉고, 눕고 하는 모든 동작에 있어, 마음을 태산처럼 흔들리지 않

---

[4] 이름은 왕철王喆, 금金나라의 도사道士임.

게 했으며, 눈·귀·코·입의 '네 문[四門]'을 조심스럽게 지켜 안으로 들어오고 밖으로 나가는 일이 없게 했다. 이것을 '수명을 보양하는 요결'이라 한다. 밖으로는 몸을 괴롭히는 일이 없고 안으로는 속을 태우는 근심이 없으며, 편하게 즐기는 것을 일로 삼고, 스스로 만족하는 것을 공으로 삼으니, 형체는 피폐되지 않고 정신은 산란되지 않는 것이다.

익주노인益州老人은 일찍이 이렇게 말했다.

"무릇, 몸에 병이 없기를 바란다면 반드시 먼저 그 마음을 바로잡아, 그 마음으로 하여금 어지럽게 구하지 못하게 하지 않으면 안 된다. 마음이 미친 생각을 하지 않고 기호를 탐하지 않고 미혹에 걸리지 않으면 마음속이 태연하게 된다. 마음속이 태연하게 되면 온몸이 비록 병이 들었다 하더라도 치료하기 어렵지 않다. 오직 이 마음이 한번 흔들리기만 하면 온갖 질병이 몰려와서 설사 편작扁鵲·화타華陀 같은 명의가 곁에 있다 하더라도 또한 손을 쓸 길이 없다."

임감당 선생은 '마음 편안히[安心詩]'란 시를 6수 지었다. 참으로 불로장생을 위한 요결이다.

> 조그만 '영단' 한 알이 나에게 있나니
> 천하의 '미혹병'을 고칠 수가 있노라.
> 조금만 삼키면 곧 몸이 편안하리니

틀림없이 늙지 않게, 또 오래 살게 하노라.
(我有靈丹一小錠, 能醫四海羣迷病。
些兒呑下體安然, 管取延年兼接命。)

마음을 편안케 하는 법을 그 누가 아는가?
도리어 형체 없는 것을 묘약이 고치노라.
이 마음을 고쳐 병나지 않을 수 있나니
몸을 돌려서 '허무의 진리'에 뛰어들 때엔.
(安心心法有誰知, 卻把無形妙藥醫。
醫得此心能不病, 翻身跳入太虛時。)

상념이 어수선하면 본디 업장이 많은 것,
갈팡질팡하다가는 끝내 어찌 되는가?
마귀를 쫓는 데는 절로 묘방이 있는 것,
소요부[5]의 '안락별장'으로 끌어들이노라.
(念雜由來業障多, 憧憧擾擾意知何。
驅魔自有玄微訣, 引入堯夫安樂窩。)

사람은 두 마음이 있고서야 비로소 상념이 나타나는 것,

---

5) 즉 송나라 소옹邵雍, 요부는 그의 자字임. '안락별장〔安樂窩〕'은 그의 거처임.

상념에 두 마음이 없을 때 곧 사람이 되노라.
사람은 두 마음이 없으면 모든 상념 없어지고,
상념이 끊이면 '청정한 세계'가 보이노라.
(人有二心方顯念, 念無二心始爲人。
人心無二渾無念, 念絶悠然見太淸。)

이것이 끝날 때 저것도 끝이 나서,
얼키설키한 것이 모두 밝혀지노라.
만리 길에 구름 걷히어 맑은 빛 보이나니
둥근 달 한 덩이 희고도 깨끗하여라.
(這也了時那也了, 紛紛攘攘皆分曉。
雲開萬里見淸光, 明月一輪圓皎皎。)

사방 바다로 놀러 다니며 호연지기 기르면
마음은 푸른 물에, 물은 하늘에 이어지노라.
나루터에는 절로 길 물을 어부[6] 있으리니
무릉도원에는 복사꽃 날로 고와라.
(四海遨遊養浩然, 心連碧水水連天。

---

6) 도연명陶淵明의 〈도화원기桃花源記〉에, 한 어부가 도원桃源이란 유토피아에 갔었다 함.

津頭自有漁郞問, 洞裏桃花日日鮮。)

스님은 나와 더불어 심성心性을 기르는 방법에 대해 담론했다. 그의 주장은 이러했다.

"마음은 '밝은 거울〔明鏡〕' 같으므로 여기에 먼지가 끼게 해서는 안 되며, 또 마음은 '고요한 물〔止水〕' 같으므로 여기에 물결이 일게 해서는 안 됩니다."

이것은 다음과 같은 주희朱熹의 말과 같은 뜻이다.

"공부하는 사람은 늘 이 마음을 일깨워서 잠들지 않고 말똥말똥하게 할 것이다. 해가 중천에 뜨면 많은 사악함이 절로 스러지는 것과 같다."

스님은 또 이렇게 말했다.

"눈은 망령되게 보지 말고, 귀는 망령되게 듣지 말고, 입은 망령되게 말하지 말고, 마음은 망령되게 움직이지 말아야 합니다. 그러면 탐욕·노기·미련·사랑, 그리고 옳음·그름·남·나, 이 모든 것이 쫓겨날 것입니다. 앞으로 닥쳐올 일은 앞질러 맞이해선 안 되고, 지금 당하고 있는 일은 지나치게 소란 피워선 안 되고, 이미 지나간 일은 오래 마음 써선 안 됩니다. 저절로 오도록 맡겨 두고, 가도록 내버려 둘 것입니다. 그러면 분함·두려움·즐거움·근심스러움이 모두 바로잡힐 것입니다."

이것이 심성을 기르는 요체이다.

왕화자王華子는 이렇게 말했다.

"'재계할 재[齋]'자는 '같이할 제[齊]'자의 뜻에서 나왔다. 그 마음을 같이하고 그 몸을 깨끗이 한다는 것이다. 어찌 겨우 채식한다는 것만 가리키겠느냐? '그 마음을 같이한다'는 것은 뜻을 담박하게 하고 경영經營을 적게 하고 이해 득실을 가벼이 하고 자기 반성을 부지런히 하면서, 파·마늘과 술 따위를 멀리하는 것이다. 그리고 '그 몸을 깨끗이 한다'는 것은 바르지 않은 길을 걷지 않고 나쁜 여자를 보지 않고 음란한 소리를 듣지 않고 물질에 유혹되지 않으면서, 다만 방에 들앉아 문을 닫고 향을 피우고 조용히 앉아 있는 것이다. 이렇게 해야만 재계齋戒한다고 말할 수 있다."

실로 이렇게 될 수만 있다면 몸 안의 신명神明이 절로 편안해지고 영고성쇠榮枯盛衰에 거리끼지 않으므로 병을 물리칠 수 있고 오래 살 수 있을 것이다.

내가 거처하는 방은 사면이 모두 창문이다. 바람이 불면 지쳐 놓고 바람이 자면 열어 둔다. 내가 거처하는 방은 앞에는 발이 있고 뒤에는 병풍이 있다. 너무 밝으면 발을 내려서 방안의 반사를 고르고 너무 어두우면 발을 말아서 방 밖의 광선을 받아들인다. 이렇게 하면 마음도 안정되고 눈도 안정된다. 마음과 눈이 모두 안정되면 곧 몸도 안정된다.

스님은 나에게 다음과 같은 두 마디의 말을 해 주었다.

"죽음이 오기 전에 먼저 죽음을 배우십시오. 삶이 있으면 곧 삶을 죽이십시오."

'삶이 있다'는 것은 망령된 생각이 처음 생기는 것을 뜻하고, '삶을 죽인다'는 것은 즉각 그 망령된 생각을 잘라 버리는 것을 뜻한다. 이것은 맹자孟子가 '호연지기浩然之氣'를 어떻게 공부해야 되는가 하는 것을 설명하면서,

"마음속으로 잊어버리지만 않으면 된다. 그리고 기르려고 억지로 힘써서도 안 된다."[7]

라고 한 말과 서로 뜻이 통한다.

손진인孫眞人[8]의 '생명 보호 노래〔衛生歌〕'에서는 이렇게 노래했다.

> 생명 보호의 요체는 세 가지 계율에 있으니,
> 크게 성내고 크게 탐내고 크게 취하는 것.
> 세 가지 가운데 만약 하나라도 있으면
> 참된 기력 잃는 것을 막아야 하노라.
> (衛生切要知三戒, 大怒大慾并大醉。
> 三者若還有一焉, 須防損失眞元氣。)

---

7) 〈맹자孟子〉「공손축公孫丑 상上」에서 인용한 것임.
8) 당唐나라 손사막孫思邈인 듯함.

세상 사람들이여 생명 보호의 길을 알려거든,
즐거움에 도를 지키고 성내는 것을 줄이며,
마음과 뜻을 바로 하고 깊은 생각을 없애며,
도리에 따라 수신하고 번뇌를 물리칠 것이라.
(世人欲知衛生道, 喜樂有常嗔怒少。
心誠意正思慮除, 理順修身去煩惱。)

취해도 억지로 마시고 배불러도 억지로 먹는,
이러한 생활에서 병이 안 날 수 없노라.
알맞게 음식을 들어 몸을 보양하고
지나친 것 버리면 스스로 편안케 되노라.
(醉後强飲飽强食, 未有此生不成疾。
入資飲食以養身, 去其甚者自安適。)

또 채서산蔡西山(송宋의 학자, 이름은 원정元定)의 '생명 보호 노래〔衛生歌〕'에서는 이렇게 노래했다.

어찌 반드시 놀을 마시고 '대약'을 먹으며[9]
거북·두루미와 비길 망령된 생각을 하는도다?

---

[9] 놀을 마시고 대약을 먹는 것은 도가道家의 한 수련修鍊임.

다만 음식물에 있어서 기호품에 대해서
지나친 것만 버리면 안락하게 되는 것을!
밥 먹은 뒤에는 천천히 백 걸음 걸을 것이다,
가슴·배·겨드랑이를 두 손으로 문지르면서.
(何必粲霞餌大藥, 妄意廷齡等龜鶴。
但於飲食嗜欲間, 去其甚者將安息。
食後徐行百步多, 兩手摩脇幷胸腹。)

술 취해 잠들고 배불러 눕는 것은 모두 해로우며,
목말라 마시고 주려서 먹을 때는 더욱 조심하라.
음식은 서둘지 말고 빨리 먹지 말 것이니,
차라리 적은 밥이라도 거르지 않도록 하라.
만약 한 번 먹을 때 배를 가득 채우면
기운 덜리고 비위 상하여 그대의 복 아니되노라.
(醉眠飽臥俱無益, 渴飲饑餐尤戒多。
食不欲粗幷欲速, 寧可少餐相接續。
若敎一頓飽充腸, 損氣傷脾非爾福。)

술을 마시면 크게 취하지 말도록.
크게 취하면 정신 심지가 상하노라.
술 깨어 조갈나면 물이고 차 마시니,

허리와 다리는 이래서 무거워지노라.
(飮酒莫敎令大醉, 大醉傷神損心志。
酒渴飮水并啜茶, 腰脚自玆成重墜。)

보고, 듣고, 걷고, 앉아 오래 있지 말라.
'오장'의 피로, '칠정'의 손상이 여기서부터 생기노라.
팔다리는 그렇지만 조금은 수고시켜야 하니
비유컨대, 문지도리는 끝내 썩지 아니하노라.
(視聽行坐不可久, 五勞七傷從此有。
四肢亦欲得小勞, 譬如戶樞終不朽。)

'도가'에서는 다시 양생하는 길이 있으니
첫째로 할 경계는 성냄을 적게 하는 것이라.
(道家更有頤生旨, 第一戒人少嗔恚。)

이 말들을 그대로만 따를 수 있다면 효험이 하룻저녁에라도 나타날 것이다. 늙은 서생의 푸념으로 여겨, 흘려 버릴 것이 아니다.

방을 깨끗이 치우고 남창을 열어제치면, 여덟 개의 창문이 환해진다. 마음과 눈을 어지럽히는 완기玩器는 많이 차려 놓지 않는다. 넓은 평상과 긴 책상을 하나씩 두고, 그 옆에는 또 작은 책상을 하나 둔다. 작은 책상 위에는 붓과 먹을 정갈하게 올려놓고 그 위에는 서화 한 폭을 걸어 둔다. 서화는 자주 갈도록 한다. 긴 책상 위에는 마음에 드는 책 한두 권, 옛 비석의 탑본 한 책, 그리고 오래된 거문고 한 벌을 놓아둔다. 마음과 눈은 늘 티끌 하나라도 이를 더럽히지 못하게 한다. 새벽에는 동산에 들어가 채소와 과일을 심고 풀을 베고 꽃에 물 주고 약초를 모종하고는 방에 들어와서 눈을 감고 정신을 안정시킨다. 때로는 재미있는 책을 읽으면서 기분을 즐겁게 하고 때로는 좋은 시를 읊으면서 감정을 시원케 하며, 또 탑본을 대고 붓글씨를 쓰기도 하고 거문고를 뜯기도 한다. 그러나 싫증이 나면 곧 치운다.

뜻 맞는 친구끼리 모여서 얘기할 때에는 시국 정치에 대해 언급하지 않고, 권문 세가에 대해 언급하지 않으며, 인물을 추어올리거나 깎아내리지 않고, 시비를 가리고 다투지 않는다. 간혹 가볍게 산책 나갈 때에는 옷이나 신을 아무렇게나 걸친다. 예절을 따르느라 애쓰지 않는다. 술은 취하도록 마시지 않고 그저 흥이나 날 정도로만 한다. 실로 이상에서 말한 바와 같이만 될 수 있다면 또한 자기의 뜻을 즐길 수 있는 것이겠다. 저 다리를 오므려 올가미에 들어가고 목을 늘여 굴레를 쓰듯 공경과 대신의 문을 들락거리고 감투와 패옥의 번거로움에 지치는 일에 이것을 비교한다면, 이 어찌 하늘과 땅의 차이가 아니겠는가?

태극권太極拳은 다른 권법拳法이 겨룰 수 있는 것이 아니다. '태극'이란 두 글자가 이미 이 권법의 의의를 모두 포괄하고 있는 것이다. 태극이란 하나의 동그라미다. 태극권은 바로 무수한 동그라미가 연속되어 이루어지는 일종의 권법이다. 손 한 번 들어올리고 발 한 번 내딛는 데도 모두 이 동그라미에서 벗어나지 않는다. 이 동그라미에서 벗어나면 벌써 태극권의 원리에 어긋나는 것이다. 사지四肢·백해百骸가 움직이지 않는다면 모르지만, 일단 움직이기만 한다면 모두 이 동그라미를 벗어날 수 없다. 허실을 따라서 곳곳에 동그라미를 이루는 것이다. 연습을 시작하기 전에 먼저 반드시 정신과 기운을 가다듬고 한 삼사십 분 동안 정좌해야 한다. 이것은 도가道家의 수규守竅[10]와는 다른 것으로, 다만 깊은 생각을 물리쳐서 끊어 버리고 모든 것이 조용하도록 힘쓰기만 하면 된다. 연습은 느릿느릿 하는 것이 원칙이고 또 조금도 힘들이지 않는 것이 요체인데, 처음부터 끝까지 잇닿아지도록 한다. 전해 오는 말에 의하면 요양遼陽(滿洲에 있음)의 장통張通[11]이 명明나라 홍무洪武 연간(1368~1398)의

---

10) 규竅는 몸에 있는 일곱 개의 구멍. 신체의 출입구를 지키는 수련의 한 가지인 듯함.
11) 장삼봉張三丰인 듯함. 중국의 권법(태권도 따위)에는 소림少林파·무당武當파의 두 파로 크게 나뉨. 무당파는 송宋나라 무당 사람 장삼봉이 명수名手로서 그는 휘종徽宗의 부름을 받은 적도 있음. 장삼봉이란 이름은 또 명明나라 요동遼東의 도사道士의 이름이기도 한데 무당에서 수양했다고 함. 작자는 이 두 장삼봉의 사적을 혼동한 듯함.

초기에 황제의 부름을 받아 서울[南京]로 가던 도중, 무당산武當山(湖北省에 있음)에서 길이 막혔었는데, 그날 밤 꿈에 한 이인異人이 이 권법을 가르쳐 주었다고 한다. 나는 근년에 이것을 연습했더니 과연 신체가 보다 튼튼해져서 추위·더위를 모르게 되었다. 이것으로써 생명 보호[衛生]의 방법으로 삼는다면 참으로 이로움은 있을지언정 해로움은 없을 것이다.

말을 줄이고 편지를 줄이고 사귐을 줄이고 망상을 줄여야 한다. 그러나 한 순간이라도 줄여서 안 되는 것은 몸을 바르게 닦고 마음을 훌륭하게 키우는 것이다. 양유정楊維楨(元의 학자)은 '길에서 세 노인을 만나[路逢三叟詞]'란 제목으로 이렇게 노래했다.

> 윗노인이 나서서 하는 말,
> 크나큰 도리는 천진함을 품는다고.
> 가운뎃노인이 나서서 하는 말,
> 추위·더위에 언제나 절제한다고.
> 아랫노인이 나서서 하는 말,
> 백 살의 세월은 절반이 단잠이라고.
> (上叟前致詞, 大道抱天全。
> 中叟前致詞, 寒署每節宣。
> 下叟前致詞, 百歲半單眠。)

전에 읽은 진사도陳師道(宋의 학자)의 시 가운데도 바로 이런 뜻을 쓴 것이 있었다. 이것은 응거應璩(魏의 문학자)의 다음과 같은 시에서 인용한 것인지도 모르겠다.

옛적에 길을 가던 사람이
밭머리에서 세 노인 만났다오.
나이는 모두 백 살 남짓한데,
서로서로 논밭을 김매고 있었다오.
앞으로 나아가 세 노인께 묻는 말,
무슨 수로 이렇게 장수하시냐고.
윗노인이 나서서 하는 말,
방 안의 계집이 곱지 않고 밉다고.
가운뎃노인이 나서서 하는 말,
양에 맞춰 음식을 덜 먹는다고.
아랫노인이 나서서 하는 말
밤에 잘 때 뒤척이지 않는다고.
요긴할진저, 세 노인의 말씀은.
이리해서 오랠 수 있었다오.
(昔有行道人, 陌上見三叟。
年各百餘歲, 相與鋤禾麥。
往前問三叟, 何以得此壽。

上叟前致詞, 室內姬粗醜。

二叟前致詞, 量腹節所受。

下叟前致詞, 夜臥不覆首。

要哉三叟言, 所以能長久。)

   옛 사람의 말에, '위에 견주면 모자라고 아래에 견주면 남는다'라는 말이 있다. 이것은 즐거움을 찾는 가장 묘한 방법이다. 배고파 우는 사람에게 견주면 배부른 것만으로도 절로 즐겁고, 추위에 떠는 사람에게 견주면 따뜻한 것만으로도 절로 즐겁고, 힘들게 일하는 사람에게 견주면 한가한 것만으로도 절로 즐겁고, 병에 걸린 사람에게 견주면 튼튼한 것만으로도 절로 즐겁고, 재난에 빠진 사람에게 견주면 평안한 것만으로도 절로 즐겁고, 죽은 사람에게 견주면 살아 있는 것만으로도 절로 즐거운 것이다.
   백거이白居易의 시에 이런 것이 있다.

> 달팽이 뿔 위에서 무슨 일을 다투는고?
> 돌이 부딪쳐서 생긴 불꽃에 이 몸을 부쳤거늘!
> 넉넉하거나 가난커나 그대로 즐기시소.
> 입을 벌리어 웃지 않는 — 이놈이 바보.
> (蝸牛角上爭何事, 石火光中寄此身。

隨富隨貧且歡樂, 不開口笑是癡人。)¹²⁾

요새 어떤 사람도 이렇게 노래했다.

사람의 한평생은 하나의 커다란 꿈.
꿈속에 어쩌자고 애써 따지려는가?
꿈이 짧거나 길거나 모두 꿈인 것을!
후딱 한번 깨어나면 꿈이 어데 있는가?
(人生世間一大夢, 夢裏胡爲苦認眞。
夢短夢長俱是夢, 忽然一覺夢何存。)

역시 백거이와 똑같이 활달한 사람이다.

"세상 일은 아득하고 광음은 한정이 있거늘, 헤아려 보면 왜 부산하고 바빠야 하는 것인지! 인생은 시들한데 못났느니 잘났느니 하는 것은 서로 다투면서도, 영고성쇠는 정해진 운수가 있는 것이며 이해득실은 따지기 어렵다는 것만은 오히려 모르는도다.

---

12) 시제는 「대주對酒」임. 원시의 角上, 歡樂은 본서에 角內, 歡喜로 쓴 것을 바로잡은 것임.

저 금곡金谷[13]의 가을 바람, 오강烏江[14]의 밤 달, 쓸쓸해진 아방궁阿房宮[15], 버려진 동작대銅雀臺[16]를 보아라. 영화는 꽃 위의 이슬 되고, 부귀는 풀 끝의 서리 되었도다. 모든 책략은 꿰뚫리고, 온갖 염려는 잊혀졌거늘! 무슨 '용의 문루'니 '봉의 전각'이니 하고 자랑하며, 무슨 '이익의 쇠사슬'이니 '명예의 고삐'니 하고 말하는도다?

한가하여 조용히 지낼 땐 또한 시와 술에 미쳐 보나니, 소리 한가락 하고 돌아와도 늦을 것 없고 노래 한 곡조 하면 바다는 아득해지는도다. 좋은 시절 아름다운 경치를 만나면 푸른 잎 향기로운 꽃을 찾아 몇몇 마음 맞는 벗과 약속하여 들로 시내로 놀러 가는도다. 거문고와 바둑으로 취미를 살리거나, 굽이진 물가에서 술잔을 돌리거나, 인과응보의 전설을 얘기하거나, 예와 이제의 흥망을 논하거나 하면서, 비단을 쌓은 듯한 꽃가지를 보고 생황을 부는 듯한 새소리를 듣는도다.

권세가 있으면 아첨하다가 없어지면 푸대접하는 둥, 이랬다저랬다 하는 세상 인심은 그냥 던져 놓고서, 유유하게 세월을 보내고 소탈하게 시간을 건네는도다."

---

[13] 진晉나라 거부 석숭石崇의 별장이 있었던 곳.
[14] 초패왕楚霸王 항우項羽가 자살한 곳.
[15] 진시황秦始皇 영정嬴政의 궁전.
[16] 삼국 시대 위魏나라 조조曹操가 지은 누대.

이것은 누가 지은 글인지 모르겠지만, 나는 이것을 읽고 마치 커다란 꿈에서 깨어난 것 같았다. 뜨거운 여름에 불어온 한 가닥의 시원한 바람이었다.

정호程顥(北宋의 大儒) 선생은 이렇게 말했다.
"나는 참을성이 아주 적었으므로 섭생에 힘을 기울여 왔다. 서른이 되자 기운이 왕성하게 됐고, 마흔·쉰이 되어서도 왕성했는데, 마흔·쉰이 지나자 그쳤다. 지금 내 나이 일흔둘이지만 그 근육이나 골격은 장년 때보다 못할 것이 없다."
그런데, 사람이 늙은 뒤에야 섭생하려고 생각하는 것은 마치 가난해진 뒤에야 저축하려는 것과 같이, 아무리 애를 써도 소용없다.

입 안에 말이 적고, 마음에 일이 적고, 뱃속에 밥이 적어야 한다. 이 세 가지의 '적은 것'이 있으면 신선도 될 수 있는 것이다. 술은 절제하여 마시는 것이 마땅하고, 성은 빨리 푸는 것이 마땅하고, 욕심은 힘껏 누르는 것이 마땅하다. 이 세 가지의 '마땅한 것'에 의탁하면 질병도 절로 없어진다.

"병을 물리치는 데는 열 가지 길이 있다. 첫째는, 조용히 앉아 공空을 관찰하여 '네 요소〔四大〕(즉 地水火風)는 원래 가상假

像이 모여서 된 것이라 함을 깨닫는 것이다. 둘째는, 눈앞의 번뇌를 죽음과 견주어 보는 것이다. 셋째는, 늘 자기보다 못한 사람을 생각하고 스스로 마음을 달래는 것이다. 넷째는, 조물주가 삶을 주어 나를 수고롭게 하지만 병을 만나 잠깐 쉬게 되니 오히려 다행하다고 느끼는 것이다. 다섯째는, 전에 지은 죄업을 지금 만났으므로 도피할 수도 없는 것이니 차라리 즐겨 받아들이는 것이다. 여섯째는, 집안이 화목하여 다투는 말이 없도록 하는 것이다. 일곱째는, 중생衆生에게는 각각 병의 근원이 있으니 늘 스스로 관찰하여 이를 극복하고 치료하는 것이다. 여덟째는, 바람과 추위에 주의해서 이를 막고, 기호와 욕심을 담박하게 하는 것이다. 아홉째는, 음식을 조절해서 과식하지 말고, 기거를 편안케 해서 무리하지 않는 것이다. 열째는, 고명한 친구를 찾아가 가슴을 풀고 속세를 초월하는 담론을 주고받는 것이다."[17]

소옹邵雍(字는 堯夫)은 '안락별장〔安樂窩〕'에 거처하고 있을 때, 스스로 이렇게 읊었다.

---

17) 이 인용문은 백거이白居易의 글임을 장경초張景樵가 밝힘(台北 : 國語日報社, 〈古今文選〉, 續篇, p.1682).

늙은이의 지체를 소중히 다루니,
'안락별장'에는 또 다른 봄이 있네.
만사에 무심하고 한가하게 움직이니
팔다리는 내 멋대로 뻗칠 수 있네.
(老年肢體索溫存, 安樂窩中別有春.
萬事去心閒偃仰, 四肢由我任舒伸.)

염천에는 대나무 옆 대자리가 시원하며,
엄동 설한에는 화롯가 털담요가 보드랍네.
낮엔 지는 꽃을 세고 새소리를 들으며,
밤엔 밝은 달을 불러 거문고를 뜯네.
(炎天傍竹凉鋪簟, 寒雪圍爐頓布裀.
晝數落花聆鳥語, 夜邀明月操琴音.)

음식은 소화 잘 되도록 절제를 늘 지키며,
의복은 따뜻하도록 껴입기를 게을리 말게.
누가 말했던가, 산골 노인은 행동이 서툴다고?
또한 자기 몸을 편안히 돌볼 수 있거늘!
(食防難化常思節, 衣必宜溫莫嬾增.
誰道山翁拙於用, 也能康齊自家身.)

양생養生의 길은 다만 '맑고, 깨끗하고, 밝고, 똑똑하다淸淨明了'란 네 단어로 요약된다. 안으로 몸과 마음은 '빈 것〔空〕'이라 함을 깨닫고, 밖으로 만물은 '빈 것'이라 함을 깨달으며, 여러 가지 망상을 깨뜨리고 어느 하나에도 집착하지 않는 것, 이것이 곧 '맑고, 깨끗하고, 밝고, 똑똑하다'는 것이다.

만병의 해독은 모두 '짙은 것〔濃〕'에서 생긴다. 풍악과 여색을 생각하는 마음이 짙으면 허겁병〔虛怯病〕이 생기고, 재화와 이득을 생각하는 마음이 짙으면 게걸병〔貪饕病〕이 생기고, 공로와 업적을 생각하는 마음이 짙으면 꾸밈병〔造作病〕이 생기고, 명성과 평판을 생각하는 마음이 짙으면 빨끈병〔矯激病〕이 생긴다. 아 '짙은 것'은 해독이 심하기도 하구나! 번상묵樊尙默 선생은 이 병을 고치는 약방문을 '엷은 것〔淡〕'이라 처방하고, 이렇게 풀이했다.

"흰 구름에 푸른 산, 흐르는 개울에 우뚝한 바위, 반기는 꽃에 웃는 새, 메아리치는 골짜기에 노래하는 나무꾼—이 모든 경치는 한가롭기만 한데 사람의 마음만 번거롭도다."

나는 세모歲暮에 담안淡安을 찾아갔었다. 온 방안에 먼지가 가득한데도 그는 태평이었다. 나는 탄식하면서 이렇게 말했다.

"거처하는 곳은 반드시 말끔히 청소해야 하오. 방을 잘 정리해서 더럽고 들레지 않게 말이오. 서재 앞에는 꽃나무들을 심어서 가끔 만물들의 생생한 마음을 바라보는 것도 좋겠소. 또 깊은 밤에 덧문을 열어제치고 달빛이 새어들게 해보시오. 그리고는 먼동이 틀 때까지 홀로 앉아 있으면 천지 만물의 맑은 기운이 먼 곳으로부터 다가와 나의 마음과 서로 유통되어, 다시는 막힘이 없게 될 것이오. 지금 방안이 더러운데도 치우지 않고 있으니 자네 마음에 누를 끼치지는 않겠지만 정신을 상쾌하게 하는 데에 도움은 되지 아니할 것이오."

나는 여러 해 동안 메마른 암자에서 조용히 지내 오면서 재빨리 옛날의 버릇을 말끔히 쓸어버렸다. 그리고 무성한 숲 속에서 크게 노래부르거나, 깊은 골짜기에서 외롭게 휘파람 불거나, 또는 개울가에나 호수 구석에 조그만 배를 대어 놓고 낚싯대를 드리우거나 한다. 이렇게 보이는 것과 들리는 것, 마음 쓰이는 것과 꾀하는 것을 모두 떨쳐 버리고 지낸다. 이런 생활이 오래되니 무언가 깨달은 바가 있는 것 같다.

진헌장陳獻章(明의 학자) 선생은 이렇게 말했다.

"바깥 사물에도 매이지 않고, 보고 듣는 것에도 매이지 않고, 눈 깜짝할 사이에도 매이지 않으면, '소리개 날고 물고기 솟구친다〔鳶飛魚躍〕'[18]는 것과 같은 천지 조화의 기틀이 나에게 있다. 이런 것을 아는 사람을 '잘 배웠다'고 말한다."

---

18) 〈시경詩經〉「대아大雅」한록旱麓에서 인용한 것임.

또한 장수의 비결이 아닌지 모르겠다.

성현들은 모두 즐겁지 않은 도리가 없었다. 공자님은 즐거움이 그 속에 있다고 말했고,[19] 안회顔回는 그 즐거움을 바꾸지 않았고,[20] 맹자는 부끄럽지 않고 창피하지 않은 것이 즐거움이라 말했으며,[21] 또 〈논어〉에서는 첫마디에 즐거움에 대해 얘기했고,[22] 〈중용中庸〉에서는 언제나 마음이 만족하다고 얘기했다.[23] 송宋나라의 정호程顥 · 정이程頤 · 주희朱熹 들이 공자와 안회의 즐거운 멋을 찾으라고 가르친 것도 모두 이 뜻이다. 성현들의 즐거움이야 내가 어떻게 감히 바랄 수 있을까마는 진헌장 선생의 다음과 같은 즐거움은 슬쩍 모방해 보고 싶다.

> 한 노인이 가운데 있거늘
> 허연 수염이 나부끼는도다.
> 처와 자식은 희희낙락,
> 닭과 개는 들락날락.

---

19) 〈논어論語〉「술이述而」에 보임.
20) 〈논어〉「옹야雍也」에 보임.
21) 〈맹자孟子〉「진심盡心 상上」에 보임.
22) 〈논어〉「학이學而」의 첫줄에 '벗들이 먼 곳으로부터 찾아오면 얼마나 즐겁겠느냐?'
23) 〈중용中庸〉 제14장에 보임.

(有叟在中, 白鬚飄然。

妻孥熙熙, 雞犬閒閒。)

　여름이건 겨울이건 언제나 해뜰 때 일어나야 할 것이지만, 여름에는 특히 좋다. 하늘과 땅에 가득 찬 맑은 아침 해의 기운은 가장 정신을 상쾌하게 해 주는 것이다. 이것을 잃는다는 것은 참 아까운 일이다. 내가 산사山寺에 거처하고 있던 동안, 여름이면 해뜰 때 일어나서 물과 풀의 향기를 받았다. 연꽃은 오므라든 채 아직 열리지 않았으며, 댓잎에 맺힌 이슬은 금방 떨어질 듯했다. 아주 상쾌했다고 말할 수 있다. 기나긴 여름이라 낮잠을 한 삼사십 분가량 잤다. 향을 피우고 얇은 휘장을 늘어뜨리고 도죽桃竹[24]으로 엮은 대자리를 깨끗이 깔고 충분히 자고 나면 정신이 맑아졌고 기운이 새로워졌다. 참으로 하늘나라의 신선과 다를 바 없었다.

　즐거움은 곧 괴로움이고, 괴로움은 곧 즐거움이다. 약간 부족한 점이 있는 것이 어찌 복이 아니라고 하겠는가? 온 집안의 모든 일이 뜻대로 되고 한 몸의 모든 것이 멋대로 된다는 완자한 광경은 곧 쓸쓸한 소식인 것이다. 성자나 현인도 액운厄運을 면치 못했고, 신선이나 부처도 겁운劫運을 면치 못했다. 다

---

24) 대의 일종, 사천四川省의 특산물임.

만 액운으로써 성자나 현인으로 도야되었고, 겁운으로써 신선이나 부처로 단련된 것이다.

남국의 소는 시원한 달을 보고도 헐떡이고 북국의 기러기는 더운 해만 따라 날지만 모두가 바쁜 세상인 것은 같으며, 벌은 향기를 찾고 파리는 더러움을 좇지만 한가지로 괴로운 생애인 것은 같다. 사람은 '이익과 명예'를 위해 소란스럽게 인생을 괴롭히고 있다. 아침과 낮, 추위와 더위를 가리지 않고 허둥지둥 생사를 재촉하고 있는 것은 모두 이 '이익과 명예'가 그르친 탓이다. '명예'란 석탄으로써 마음을 태우니 마음의 진액이 마르는 것이고, '이익'이란 전갈로써 마음을 쏘니 마음의 정기가 상하는 것이다. 지금, 마음을 편안히 하고 병을 물리치려면 이 '이익과 명예'를 깨끗이 씻어 버리지 않으면 안 된다.

나는 도연명陶淵明의 〈한정부閑情賦〉를 읽고 그 정을 쏟는 것에 탄복했으며, 〈귀거래사歸去來辭〉를 읽고 그 정을 잊는 것에 탄복했으며, 〈오류선생전五柳先生傳〉을 읽고 그 정이 있는 것도 아니고 없는 것도 아닌 것에 탄복했다. 그것은 정을 쏟으면서 정을 잊는 묘한 것이었다. 나의 친구 담안淡安[25]은 도연명을 몹시 사모했다. '도연명의 글은 애써 이해하려 하지 않아도 이해

---

24) 원문에는 담공淡公으로 되어 있음.

가 잘 되는 것이, 마치 술은 애써 취하려 하지 않아도 취하는 것과 같다'고 그 친구는 말했다. 또 나에게 이렇게 말했다.

"시는 어째서 꼭 '다섯 자〔五言〕'로 지었는가? 벼슬은 어째서 꼭 '다섯 말〔五斗〕'짜리를 지냈는가? 자식은 어째서 꼭 '다섯 명〔五子〕'을 두었는가? 집은 어째서 꼭 '다섯 그루의 버들〔五柳〕'이 있었는가? 참으로 뛰어난 분이오."[26)]

나는 꿈속에서 대구 하나를 얻었다.

오백 년을 홍진에 귀양 와 있으니
대충 유희되었고,
삼천 리에 창해를 갈라서 여니
바로 소요였도다.
(五百年謫在紅塵, 略成遊戲。
三千里擊開滄海, 便是逍遙。)

잠에서 깨어나 탁당琢堂에게 얘기했더니, 탁당은 두고두고 외울 만큼 뛰어난 구절이라고 했다. 그러나 또 누가 이 뜻에 공

---

26) 도연명陶淵明은 오언시五言詩를 주로 지었으며, 봉급이 '다섯 말'인 팽택령彭澤 슈을 팽개치고 〈귀거래사歸去來辭〉를 지었으며, '다섯 명의 아들'이 있다고 〈책자시責子詩〉에 썼으며, 집에 '다섯 그루의 버들'이 있다고 〈오류선생전五柳先生傳〉에 썼음.

감할 수 있겠는가?

    진정眞定縣의 양공梁公은 사람들에게 늘 이렇게 말했다.
    "매일 저녁 집에 있을 때면, 반드시 즐겁고 우스운 얘기를 찾아내어 손님과 환담한다. 수염을 쓰다듬으면서 한바탕 웃고 나면 하루의 대단한 피로와 울적한 기분이 풀린다."
    이것은 참으로 양생養生의 요체를 깨달은 말이다.
    전에 우리 시골에 백 살이 넘은 노인이 있었다. 내가 그 비결을 물었더니, 이렇게 대답했다.
    "난 시골 사람이라 아는 것이 없다오. 다만 한평생 그저 즐겁게만 지내 왔어요. 근심, 걱정 같은 것일랑 아예 몰랐지요."
    이 어찌 '이익과 명예'만 생각하는 사람이 할 수 있는 일이겠는가?
    옛날 왕희지王羲之(晉의 서예가)는 이렇게 말했다.
    "나는 과일 나무 심기를 무척 좋아한다. 이 가운데에 지극한 즐거움이 있는 것이다. 내가 심은 나무에 꽃이 하나씩 피고 열매가 하나씩 맺을 때는, 쳐다보기만 해도 사랑이 외곬으로 흐른다. 그리고 먹어 보면 더욱 맛이 난다."
    왕희지는 참으로 그 즐거움을 스스로 얻은 사람이라고 할 수 있겠다.
    육유陸游는 꿈에 신선의 별관에 갔다가,

기다란 낭하에서 '연꽃 파란 늪'을 굽어봤더니,

조그만 누각이 '담쟁이 푸른 봉우리'와 맞대었어라.

(長廊下瞰碧蓮沼, 小閣正對靑蘿峯。)

고 하는 시를 얻고서 가장 훌륭한 경치라고 여겼다. 나는 승방에 거처하면서 이러한 경치는 많이 봤으니 육유에게 뻐길 수 있겠다.

  나는 전에 유구琉球에 있었을 때, 낮이면 쓸쓸한 늪, 파란 시내, 커다란 소나무, 우거진 대밭—이 같은 곳을 거닐었으며, 저녁이면 심지를 돋우고 백거이·육유의 시를 읽었다. 향을 피우고 차를 끓여서 이 두 군자를 자리에 모시고 상대하노라면 그 담담하고 호탕한 금도襟度가 눈앞에 보이는 듯했다. 나는 몇 번이고 만사를 팽개치고 이 분들을 따라서 놀러 나갈 충동을 받았다. 이 또한 몸과 마음을 기쁘게 하는 데에 한 도움이 될 것이다.

  나는 마흔다섯 살 이후로부터 마음을 편안히 하는 방법을 강구하기 시작했다. 나의 조그만 마음을 텅 비우고 환히 밝혀, 기쁨과 노여움, 슬픔과 즐거움, 근심과 괴로움, 무서움과 두려움, 이 같은 일은 결단코 못 들어오게 했다. 그리고 마치 성을 하나 쌓아 놓고 성문을 굳게 닫아 둔 듯, 이 같은 일들이 함부로 들어올까봐 때때로 방비를 더했었다. 근래에는 함부로 들어오는 때가 적어진 느낌이 점차로 든다. 주인이 한가운데 앉아 있으면 곧 편안하고 즐거운 모습이 되는 것이다.

몸을 보양하는 길은, 첫째는 기호를 조심하는 데 있고, 둘째는 음식을 조심하는 데 있고, 셋째는 분노를 조심하는 데 있고, 넷째는 추위와 더위를 조심하는 데 있고, 다섯째는 사색을 조심하는 데 있고, 여섯째는 과로를 조심하는 데 있다. 이 가운데 하나라도 잘못되면 병이 나기에 족한 것이니, 어찌 시시때때로 조심하지 않을 수 있겠는가?

장영張英(淸의 학자)은 일찍이 이렇게 말했다.

"옛사람들은 〈문부文賦〉[27]를 읽고 양생養生의 이치를 깨달았거니와 그 가운데,

> 돌에 보석이 감춰 있어 산은 빛나고,
> 물에 진주가 품겨 있어 강은 고와라.
>
> (石韞玉而山輝, 水懷珠而川媚。)

고 한 구절에서 특히 힘을 얻었다."

이것은 참으로 옳은 말이다. 난초나 작약의 꽃받침에는 반드

---

27) 서진西晉의 시인 육기陸機가 지음. 원문에는 〈문선文選〉으로 되어 있는데, 〈문선〉 속에 〈문부〉가 있고, 〈문부〉 속에 이 인용구가 들어 있음.

시 이슬 한 방울이 있는데, 만약 이 한 방울의 이슬을 개미나 다른 벌레가 마셔 버리면 꽃이 시들어 버리는 것을 보았다. 또 죽순이 처음 돋아 나올 때, 새벽이면 반드시 이슬 몇 방울이 그 끝에 맺히고, 해가 뜨면 이슬이 도로 걷히어 뿌리로 내려가고, 저녁이면 다시 올라오는 것도 보았다. 전징지錢澄之(淸의 학자)의 시구,

> 저녁에 이슬 방울 보니 나무 끝으로 올라가더라.
>
> (夕看露顆上梢行。)

는 바로 이 뜻이다. 만약 새벽녘에 대밭에 들어가 봐서, 죽순 위에 이슬 몇 방울이 없는 것이 있으면 이것은 대나무로 자라지 못할 것이므로 캐어서 먹을 것이다. 벼 위에도 이슬이 있는데, 저녁이면 나타나고 아침이면 걷힌다. 사람의 원기도 온통 여기에 있는 것이다. 그러므로 앞서 말한 〈문부〉의 구절은 시시때때로 자세히 살피지 않아서는 안 된다. 비결 얻는 것은 진실로 많음에 있는 것이 아니다.

 내가 거처하고 있는 곳은 아주 좁다. 겨우 발이나 뻗을 수 있을 뿐이다. 그렇지만, 추운 겨울에는 방을 덥히고 여러 가지 꽃나무를 들여놓으며, 더운 여름에는 발을 내리고 커다란 홰나무〔槐〕를 마주본다. 하늘과 땅 사이에서 내 마음대로 즐기는 것은

오직 이것뿐이다. 그러나 만약 한 걸음 물러나서 생각해 보면, 나는 하늘로부터 이미 많은 것을 받았다. 이런 까닭에 나의 심기는 화평스럽고 부러움이나 원망함이 없다. 이것은 내가 만년에 들어서 스스로 깨달은 즐거움이다.

포옹圃翁은 이렇게 말했다.

"사람의 마음은 지극히 기민한 것이다. 지나치도록 수고하게 해서도 안 되고 지나치도록 안일하게 해서도 안 된다. 오직 글을 읽어서 수양해야 하는 것이다. 편하고 일 없는 사람이 종일토록 글을 안 읽으면, 모든 기거동작에 있어 몸과 마음은 안정시킬 곳이 없고, 귀와 눈은 안돈시킬 것이 없게 된다. 그러니 반드시 생각이 어지러워지고 성질이 나빠지게 마련이다. 형편이 나쁠 때 즐겁지 못한 것은 물론이지만 형편이 좋을 때도 즐겁지 못한 것이다."

옛사람은 또 이렇게 말했다.

"마당을 쓸고 향을 피우면 벌써 맑은 복이 갖춰진다. 복이 있는 사람은 여기에 글 읽기를 더하고 복이 없는 사람은 문득 딴 생각을 한다."

이 말씀도 훌륭한 것이다.

또 전부터 뜻에 거슬리는 일은, 글을 읽지 아니한 사람으로서 볼 때에는, 마치 나 혼자만 당하는 것 같아 아주 참기 어려워한다. 옛 사람은 뜻에 거슬리는 일이 이보다 백 배나 된다는 점은 특히 몸소 찬찬히 증험해 보지 못했기 때문에 알지 못하고 있다.

예를 들자면, 소식蘇軾 선생 같은 분이 있다. 이 분은 죽은 뒤, 고종高宗(構)과 효종孝宗(眷)의 우대[28]를 받고서야 그 글이 처음 빛을 보게 되었다. 그러나 당시에는 헐뜯는 참소를 여러 차례 받아 호주湖州·혜주惠州 등지로 고생스럽게 옮아 다녔으며, 또 맨발로 개울을 건너고 외양간 곁에서 잠을 자기도 했다. 이것이 어떠한 처지였던가? 또 백거이白居易는 자손이 없었고, 육유陸游는 주림을 참고 지냈다. 이 모두가 글에 씌어 있다. 그 분들은 천년에 이름을 날린 사람들이 아니었던가? 그런데도 이와 같은 일을 당했던 것이다.

실로 공평한 마음으로 조용히 살펴본다면, 인간 세상에 있어 뜻에 거슬리는 일들이 모두 눈 녹듯 사라질 것이다. 만약 글을 읽지 않는다면 내가 당하는 일만 아주 괴로운 것으로 여겨져서 한없는 원망과 분노가 불타 올라 조용해질 수 없다. 그 괴로움이 어떠할 것인가? 그러므로 글 읽기는 수양에 있어 첫째 요건이다.

소주蘇州에는 석탁당石琢堂 선생[29]의 성남노옥城南老屋이 있

---

28) 소식蘇軾은 고종으로부터 문충文忠의 시호를 받았는데, 그에 앞서 휘종徽宗(佶) 때엔 금서禁書를 당했음.
29) 탁당琢堂은 작자의 친구인데, 선생이란 칭호를 붙이는 것은 이상함.

다. 그 안의 오류원五柳園은 바위와 샘의 멋이 잘 갖춰져 있으며, 성 안에 있으면서도 교외의 풍경을 느끼게 한다. 참으로 정신을 수양하기에 좋은 곳이다. 여기에는 '자연의 소리〔聲籟〕'가 있어, 높고 낮게, 세고 여리게 나의 귓전에 감돌았다—새떼들이 숲 사이에서 울 때 나는 끊겼다 이어졌다 하는 소리, 산들바람이 나뭇잎을 흔들 때 나는 살랑살랑하는 소리, 그리고 맑은 물이 시내에서 흐를 때 나는 조잘조잘하는 소리, 나는 아무렇지 않게 곱다랗고 새파란 잔디에 반듯이 누워 말갛고 짙푸른 하늘을 바라본다. 참으로 한 폭의 훌륭한 그림이다. 여기에다 저 시끄러웠다 조용했다 하는 졸정원拙政園[30]을 견주면 참으로 차이가 많았다.

우리는 모름지기 즐겁지 않은 가운데 즐거울 수 있는 방법을 찾아야 한다. 즐거움과 즐겁지 않음이 만들어지는 것은, 물론 처해진 경우가 어떠하냐 함에도 달려 있지만, 그 주요한 뿌리는 역시 자가〔自家〕의 마음에서 자라나는 것이라 함을 먼저 철저히 분별해 내야 한다. 같은 사람으로서 같은 경우에 처해진다 하더라도 한 사람은 그 좋지 않은 환경을 이겨내는데, 다른

---

30) 소주蘇州 시내에 있음. 소주 4대 명원名園의 하나. 지금은 공원으로 개방하고 있음.

한 사람은 반대로 그 좋지 않은 환경에 지고 만다. 좋지 않은 환경을 이겨내는 사람은 좋지 않은 환경에 지고 마는 사람에 견주어, 보다 즐거울 것이다. 그러므로 다른 사람의 행복을 부러워하고 자갸의 박명을 원망할 것이 아니다. 이야말로 눈 위에 서리까지 덮인 격과 무엇이 다른가? 인생의 모든 것을 더욱 파괴시키는 것이다. 어떠한 경우에 처해진다 하더라도 울울할 것까지는 없다. 그 울울한 가운데에서 모름지기 희망과 즐거움의 정신을 낳도록 해야 한다. 이런 뜻을 우연히 탁당琢堂과 애기했더니, 탁당도 같은 생각이었다.

　집안은 늦은 가을 같고 몸은 저무는 저녁 같고 심정은 불 꺼진 연기 같고 재주는 떨어진 번개 같아, 나는 마지못해 그림과 시를 벗하고 지내는 것이다. 붓을 들어 먹을 펼침으로써 자기가 좋아하는 노래를 스스로 부르는 것이다. 마치 작은 풀은 적적하여 그 꽃을 스스로 뽐내고, 작은 새는 어쩔 수 없어 그 목청을 스스로 뽐내듯이, 소춘小春(음력 시월)에 놀이 처음 개고 봉우리가 처음 밝아지고 새소리가 처음 맑아지고 매화가 처음 피어날 때, 시와 그림도 처음 이루어진다. 매화와 더불어 서로 기뻐하고 새소리와 더불어 서로 뜻 맞고 봉우리와 더불어 서로 일어서고 놀과 더불어 서로 인사하는 것이다. 그림은 졸렬하지만 혹자는 교묘하다 여기며, 시는 씁쓸하지만 자신은 달콤하다 여긴다. 담벼락도 이미 허물어지고 바가지도 이미 닳아 버린

나의 집안이라서, 이 즐거운 가슴속을 축나게 하는 것이라곤 아무것도 없는 것이다.

포옹圃翁은 초당草堂에 걸 주련柱聯을 지어 주었다.

> 부와 귀, 빈과 천은
> 아무래도 뜻대로 되는 것 어렵나니,
> 만족할 줄 알면 곧 뜻대로 되는 것이오.
> 산과 물, 꽃과 대는
> 영구히 임자 되는 사람 없나니,
> 한가할 수 있으면 바로 임자 되는 사람이오.
> (富貴貧賤, 總難稱意, 知足卽爲稱意。
> 山水花竹, 無恒主人, 得閒便是主人。)

말은 좀 속되지만 지극한 철리哲理가 담겨 있다. 천하에는 훌륭한 산과 뛰어난 물, 이름난 꽃과 아름다운 데가 한없이 많건만, 부하고 귀한 사람은 이익과 명예에 골몰하고, 빈하고 천한 사람은 주림과 추위에 골몰하느라 그 멋을 얻는 일이 아무래도 드물다. 만족할 줄 알고 한가할 수 있으면 이야말로 그 즐거움을 스스로 깨닫는 것이며, 이것이야말로 섭생을 잘하는 것이다.

마음에 정지와 휴식이 없으면 온갖 근심과 걱정이 마음을 흔들고 어지럽힌다. 마치 바람이 물 위로 불어서 때때로 물결을 일으키는 것과 같다. 이것은 수명을 보양하는 길이 아니다. 대체로 정좌靜坐하는 방법을 택할 때, 처음엔 망령된 상념에 모두 버려지지 않는다. 하나의 상념에 집중하다가 나중에 이 하나의 상념마저 없애어 마치 물 위에 물결이 일지 않는 것처럼 하는 것이다. 그러면 고요한 나머지 한없는 담박淡泊함의 의미를 깨닫게 된다. 이 마음을 나는 세상 사람들과 함께 나누고 싶다.

왕수인王守仁(明의 학자) 선생은 이렇게 말했다.

"다만 양지良知[31]가 진실하기만 하다면 비록 과거科擧 공부를 한다 하더라도 마음에 폐가 되지 않는다. 또한 억지로 외우려는 마음이 있는 것은 잘못이니 곧 이를 극복하고, 빨리 성공하려는 마음이 있는 것은 잘못이니 곧 이를 극복하고, 박식함을 자랑하고 화려함을 겨루려는 마음이 있는 것은 잘못이니 곧 이를 극복한다. 이렇게 한다면 또한 종일토록 성현들과 마주 대하고 앉은 셈이라, 천리天理에 순수한 마음이 될 것이다. 아무리 글을 읽는다 하더라도 또한 이 마음을 조섭調攝하는 것이 될 뿐이다. 그러니 무슨 폐가 있겠느냐?"

이 구절을 적는 것은 독서의 본보기로 삼기 위해서다.

---

31) 인간의 본원本源적인 지知.

탕빈湯斌(淸의 학자)은 강녕江寧府의 순무巡撫로 있을 때, 날마다 오직 부추로 찬을 대었다. 그 도련님이 어쩌다가 닭 한 마리를 산 것을 안 탕공湯公은 이렇게 나무랐다.

"어찌 선비로서 채소를 먹지 않고 온갖 일을 할 수 있겠느냐? 갖다 버리도록 해라."

그런데 어떤가? 고기를 즐기는 세상 사람들은 그 기름을 짜서 배를 채우고, 이것을 분수에 맞는 것이라 여기고 있다. 하지만, 맛있고 연한 고기, 기름지고 톡톡한 국물은 바로 내장을 썩히는 독약이라는 것은 모르고 있구나! 대개, 병을 얻는 시초는 반드시 음식을 절제하지 않은 데에서 말미암은 것이다. 검소함으로써 청렴을 기르고, 담박함으로써 욕심을 줄이는 것, 여기에 가난하지만 마음 편한 도리가 있고 또 병을 물리치는 방법도 있는 것이다.

나는 마늘을 즐겨 먹으면서 원래 푸줏간의 것은 즐기지 않는다. 음식은 평소부터 검소하게 먹어 왔지만 운랑이 떠나가 버린 뒤로는 매화합梅花盒도 다시 사용하지 않았다. 아마 탕공에게 꾸중을 듣지 않아도 될 것이다.

장량張良과 이필李泌은 '하얀 구름 나라〔白雲鄕〕'에 숨었고, 유영劉伶·완적阮籍·도연명陶淵明·이백李白은 '술 나라〔醉鄕〕'에 숨었고, 사마상여司馬相如는 '따뜻하고 보드라운 나라〔溫柔鄕〕'에 숨었고, 진단陳摶은 '꿈 나라〔睡鄕〕'에 숨었다. 거개가 의탁할 데를 가지고 도피한 것이다. 그런데 내 생각으로는 '하얀 구름 나라'는 너무 아득하고, '술 나라'와 '따뜻하고 보드라운 나라'는 또한 병을 물리치고 수명을 연장시키는 것이 못 되니, 오직 '꿈 나라'가 나을 것 같다. 말을 잊고 몸을 쉬면 문득 소요逍遙의 경지에 다다르고, 자리를 조용히 하고 꿈을 이루면 빨리 안정의 나라에 이른다. 나는 시시때때로 짐을 벗고 쉬면서 그 맛을 되씹는다. 그러나 노생盧生[32]이 한단邯鄲 가는 길에 도사의 베개를 빌어 메조〔黃粱〕 삶는 동안 꾸었다는 꿈은 꾸지 않았다.

"양생의 길은 수면과 음식보다 더 중대한 관계가 있는 것이 없다. 채소는 악식이지만 달게 먹기만 하면 산해 진미보다 낫다. 수면은 많은 것이 좋은 것이 아니라, 다만 잡념 없이 깊이 잠들기만 하면 잠시 동안이라도 섭생에는 충분하다."[33]

육유陸游는 언제나 단잠을 즐거움으로 삼았다. 그러나 잠자는 데도 비결이 있다. 손진인孫眞人은 이렇게 말했다.

"마음을 쉴 수 있으면, 눈은 절로 감긴다."

또 채서산蔡西山은 이렇게 말했다.

---

32) 당唐나라 심기제沈旣濟가 지은 〈침중기枕中記〉의 주인공. 부귀 영화의 헛된 꿈을 꾸었음.
33) 이 인용문은 증국번曾國藩의 글임을 장경초張景樵가 밝힘(台北 : 國語日報社, 〈古今文選〉, 續篇, p.1682).

"먼저 마음을 잠재우고 나중에 눈을 잠재운다."

이것은 여태까지 없었던 절묘한 말씀이다.

스님은 나에게 기분 좋게 자는 방법에는 세 가지가 있다고 알려 주었다. 즉, '병든 용의 잠〔病龍眠〕'은 무릎을 굽히고 자는 것이며, '겨울 원숭이의 잠〔寒猿眠〕'은 무릎을 안고 자는 것이며, '거북과 두루미의 잠〔龜鶴眠〕'은 무릎을 맞대고 자는 것이라 했다.

나는 어렸을 때, 아버님께서 점심을 드신 뒤에는 잠깐씩 낮잠을 주무시는 것을 보았다. 그러면 밤늦도록 일하셔도 정신이 환히 빛나셨던 것이다. 나도 근자에 이것을 본뜨고 있다. 점심을 든 다음에 대나무 침상에서 잠깐씩 낮잠을 잤더니, 밤이 되어도 과연 맑은 기분을 느꼈다. 그래서 나는 아버님이 하신 일은 하나하나 모두 본받을 수 있는 것이라고 더욱 믿게 되었다.

나는 스님은 되지 않았지만, 스님의 뜻은 가지고 있다. 운芸이가 생애를 마친 뒤로 모든 세상 재미에 대해서 다 싫증이 났고, 모든 세상 인연에 대해서 다 비관이 생겼으니, 어찌 평정을 잃고 스스로 아프게 뉘우치지 않을 수 있겠는가? 나는 근년에 노스님과 더불어 '삶이 없음〔無生〕'[34]에 대해 얘기를 나눠 왔는

---

34) 천지 만물이 본래 생멸生滅이 없다는 것임.

데, 오히려 삶의 뜻을 비로소 알게 되었다. 세존世尊(석가모니의 존칭)께 이마를 조아리면서 과거의 죄과를 참회했다. 그리고 시를 지어 부처님께 바치고, 그림을 그려 스님께 드렸다. 그림이란 의당 조용해야 하는 것이고 시란 의당 외로워야 하는 것이니, 시와 그림은 반드시 선禪의 실마리를 깨달아야만 비로소 초탈超脫에 이르는 것이다.

부생육기 약도 1 - 소주 부근

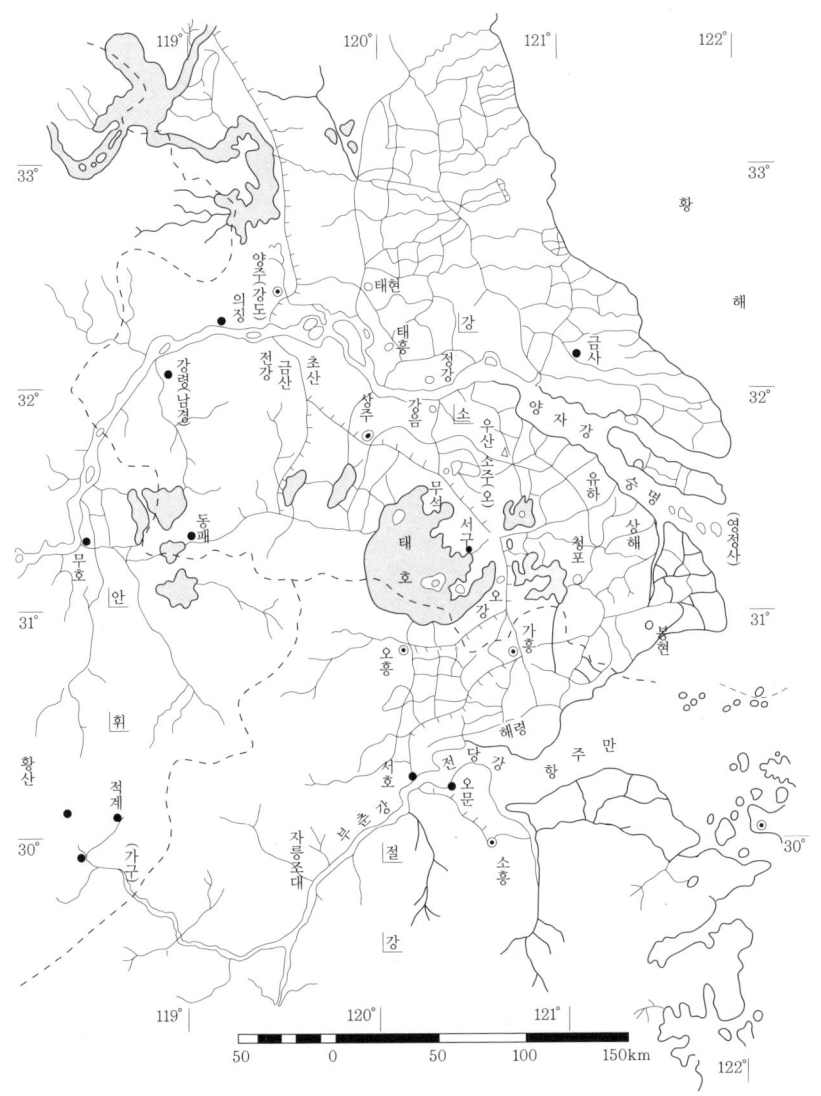

부생육기 약도 2 – 중국과 유구